생각의 역습

상대를 간파하고 나를 관철시키는 책략

키스호르 스리다르 지음 | 박병화 옮김

율리시즈

|차례|

6장 — 마침내 목표 달성

단거리 경주 스타트

주변사람들의 끊임없는 반발 때문에 소중한 시간을 허비할 일이 없다면 얼마나 좋을까? 모두가 당신이 원하는 대로 움직여준다면 인생살이가 훨씬 수월해지고 스트레스도 줄지 않을까?

무려 근무 시간의 4분의 1을 갈등을 해결하는 데 낭비하고 있는 우리는, 그럼에도 갈등을 성공적으로 해결하는 경우는 극히 드물다(2014년 250명의 직원 및 임원들을 대상으로 실시한 설문조사 결과). 사생활에서도 크게 다를 바 없다. 갈등이 반드시 다툼으로 이어지는 것은 아니지만, 그 때문에 약속이 지켜지지 않거나 일이 성사되지 않을 수도 있고 생각과 다른 방향으로 진행되는 상황도 생긴다. 이러한 마찰은 결국 불만을 일으키고 시간과 에너지를 소모한다. 원치 않는 싸움에 에너지를 낭비하는 이런 상황은 어떤 면에서는 발전을 위한 불가피한 싸움이기도 하다.

이때 정면 승부 대신 유도 기술처럼 상대의 힘을 이용한 역공을 생각해볼 수 있다. 뒤구르기 등으로 상대를 다시 매트에 눕힐 수 있는 것이다. 물론 비유적 의미이기는 하지만 이런 방법은 협상이나 거래 상담 또는 분쟁을 조정할 때 사용된다. 물론 성공적일 때도 있고 별로 그렇지 못할 때도 있다.

그렇다면 애초에 다툼이 전혀 일어나지 않는다면 어떨까? 유도 상대가 당신을 잠깐 바라본 뒤 매트 위에 눕는 게 더 편하니 스스로 매트 위에 누워버려야겠다는 기발한 생각을 한다면 어떨까? 바로, 행동경제학의 유연한 힘이 작용할 가능성이라면! 행동경제학은 행동심리학과도 통한다. 1950년대에 이미 사람들은 우리 인간이 논리적으로만 사고하고 행동하는 존재가 아니며 합리적인 틀에서 벗어나 행동하기도 한다는 사실을 알았다. 그때부터 일단의 심리학자들은 이 주제에 몰두하기 시작했지만 대중과학 잡지나 소책자의 흥미로운 일화들을 보면 유감스럽게도 행동경제학은 오늘날까지 일상에서 실제로 적용되고 있지 않다.

파티석상에서 익살거리로 주고받기에는 아까운, 들여다볼 만한 가치가 있는 행동심리학은 우리와 주변사람들 또는 우리 행동과 상호작용에 대해 완전히 새로운 사고방식과 시각을 갖게 해준다. 행동경제학의 유연성을 일상에선 어떻게 적용할 수 있는지, 이 책은 그것을 다뤄보고자 한다. 이를 위해 지난 몇 년간 여러 분야에서 나와 고객이 직접 테스트해본, 얼마간 성공적이었던 실제 사례들을 선별했다. 창의성을 발휘해 연습하다 보면 당신도 그 이상의 적용가능성을 다수 찾아낼 수 있을 것이다.

확신하건대, 당신은 얼마 지나지 않아 일상에서 이 기술들을 본능적으로 적용할 수 있을 것이다. 주변사람들은 물론, 사람들 사이의 상호작용 또한 완전히 다른 시각으로 보게 될 것이고, 쉽사리 당신 뜻대로 상대를 움직일 수 있을 것이다.

강연이나 컨설팅 프로젝트 행사에서 나는 의도적으로 사람을 대하는 건 비윤리적이지 않느냐는 질문을 종종 받는다. 하지만 반대로 묻고 싶다. 이상형에 가까운 모델이나 슈퍼모델이 광고에 나와 실제로는 전혀 필요하지도 않은 물건을 비싼 값에 사도록 부추기는 것은 비윤리적인 게 아닌가? 면접에서 구직자가 인사 담당자에게 자기 경력을 좋게 포장하면서 짤막한 공백기는 적당히 얼버무리려 한다면? 영향력 행사로 볼 수 있는 것과 그렇지 않은 것의 차이는 무엇인가?

세상은 이런 식으로 행동하는 사람들 천지니 덮어놓고 도덕군자로서 이 세계를 교화하겠다는 게 아니다. 다만 내 경우 언제나 유용했던 규칙들을 기꺼이 알려주고 싶을 뿐이다.

항상 상대가 오랫동안 좋은 감정을 갖도록, 그래서 당신이 앞으로도 떳떳하게 상대를 대할 수 있도록 행동하라. 주변사람들이 일시적으로만 좋은 감정을 갖는다면 그 다음에는 마음이 불편할 것이다. 첫 데이트를 생각해보라. 당연히 당신은 지속적인 행복을 염두에 두고 둘에게 좋은 영향을 끼칠 만한 목록을 모두 뽑아 행동했을 것이다. 몇 년 후 함께 당시를 되돌아보면, 처음 사귈 때 서로가 작은 전략과 책략으로 무장했던 것에 웃음이 나올 것이다. 열린 마음으로 사람들을 대할 수 있고 그들과 이런저런 트릭이 있었음을 회상하며 웃음을 나눌 수 있다면, 당신은 제대로 한 것이다.

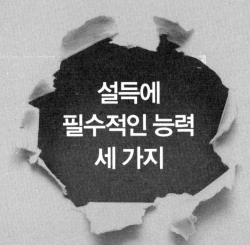

1장

설득에
필수적인 능력
세 가지

▶▶▶　사람들을 당신의 의지대로 행동하게 만들고 싶다면 그들의 이성이 아니라 어리석음을 활용해야 한다. 우리는 대부분 일상생활에서 객관적인 주장으로 상대를 설득하려고 하지만 뜻대로 되는 경우는 드물다. 진화론의 관점에서 합리적인 오성의 역사는 짧기 때문이다. 따라서 인간의 본능적인 태도, 즉 불합리한 행동방식이 훨씬 오래되고 더 강렬하다고 할 수 있다. 초기 인류는 위기상황에서 논리적으로 최선의 결론을 이끌어내기 위해 시간을 끌며 합리적 가능성을 저울질할 여유가 없었다. 그렇게 늑장을 부리다가는 원시시대의 동물들에게 잡아먹혔을 것이다. 그 밖에도 생각을 하는 데는 많은 에너지가 소모된다. 우리가 얻는 에너지는 최대 20퍼센트까지 머리에 있는 소뇌가 소비한다. 그러므로 먹을 것이 부족했던 시대에는 적게 생각하고 빨리 행동하는 것이 유리했다. 이런 이유로 인간의 뇌는 진화과정에서 특정상황에 대비한 생략과 비상대책 기능을 입력하게 되었다. 이런

14

보조수단을 통해 귀한 시간과 에너지를 절약했고 더 빨리 목표에 이르게 되었지만 항상 성공한 것만은 아니다. 잘못된 추론으로 왜곡된 결과에 이르는 경우가 많았기 때문이다.

객관적인 주장도 배후에 숨어 있는 불합리한 동기와 일치하지 않을 때는 애초에 의도한 대로 사람들이 움직여주지 않는 결과로 이어질 수 있다. 이러한 행동심리학의 효과를 알면 인간의 뇌가 행하는 생략기능도 알게 될 것이다. 자신이 객관적으로 논증할 수 있음을 인식한 사람이 불합리한 측면도 고려하고 특히 어떻게 불합리한 일이 일어날 수 있는지까지 이해한다면, 이 사람에게는 뜻밖의 기회가 주어질 수밖에 없다. 마치 토끼와 거북의 경주와 같다. 당신이 이런 유형이라면 주변사람들보다 항상 한발 앞서 가게 된다. 게다가 토끼가 달리는 길에 영향을 줄 수 있다는 이점 도 있다.

공동목표라는 환상

—   "왜 직원들이 협력하지 않지? 우리 에게는 공동의 목표가 있잖아!" 절망에 빠진 경영주는 머리를 쥐 어뜯으며 한탄했다. 기업혁신 조치를 예고한 지 두 달이 지났다. 목표가 확정되고 다들 무얼 해야 하는지 알았지만 혁신은 이루어 지지 않았다. 경영주와 직원들은 실제목표를 달성한다는 데는 의 견이 일치했지만 바로 잠재의식에 숨어 있는 불합리한 목표를 간 과했다. 이들은 널리 퍼져 있는 미신, 즉 공동목표라는 신화의 늪 에 빠진 것이다.

총매출과 사업일정, 중점적인 핵심전략 등에 대해 경영주가 직원들과 함께 분명한 목표를 확정한 것은 사실이다. 또 직원들은 모두 이 목표를 납득하고 흔쾌히 동의했다. '실제목표'에 모두의 의견이 일치한 것이다. 하지만 모든 목표에는 그것을 구성하는 다수의 요인이 있기 마련이고 실제목표는 그중 일부에 지나지 않는다.

그 다음으로 합리적인 목표로는 '절차적 목표'가 있다. 어느 방향으로 나가야 하는지는 알지만 그 목표에 어떻게 이를 것인지, 방법은 아직 정해지지 않은 것이다. 내일 베를린에 가야 한다면 그것은 실제목표에 해당한다. 앞의 사례는 베를린에 가기 위해 어떤 교통수단을 이용할 것인지, 어떤 구간을 지날 것인지는 미처 결정하지 못한 경우라고 할 수 있다. 그러므로 실제목표에 합의가 이루어졌다 해도 절차적 목표를 정하는 과정에서 의견대립이 일어날 수 있다. 이런 이유로 혁신전략에 실패한 것이다.

실제목표와 절차적 목표에는 여러 가지 합리적인 요인이 있을 수 있다. 다만 안타깝게도 합리적 요인은 행위에 미치는 영향력이 가장 적다. 인간의 행위에 70퍼센트까지 동기를 부여하면서도 정작 일상적으로는 별로 중시되지 않는 나머지 요인 중에는 무엇이 있을까?

한편으로 불합리한 측면에서는 '나는 누구인가? 나는 남들에게 어떻게 인식될까?'라는 '정체성의 목표'가 중요한 역할을 한다. 나는 어떤 존재로 인식되고 싶은가? 인간의 자아는 무의식적으로 끊임없이 이 질문을 제기한다. 자아에 어긋나는 일을 지속적으로, 또 자발적으로 하려는 사람은 아무도 없다. 당신이 만약 누군가에게 그의 자아가 빛을 발하는 행동을 한다는 느낌을 준다면, 당신이 객관적으로 설득할 때보다 그는 분명 더 적극적으로 행동할 것이다. 미국에서는 수십 년 동안 여러 학교에서 학생들에게 금연을 시키려고 했다. 이 과정에서 건강에 해롭다는 식의 통상적인 계몽 캠페인이 이루어졌다. 결과는 만족스럽지 못했다. 하지만 교묘한 방법을 사용해, 흡연을 교양 없는 사회적 하층계급의 이미지와 연결시키는 캠페인을 시작하면서 담배를 피우는 학생 숫자는 급격히 줄어들었다. 그다지 놀랄 일이 아니다. 흡연을 시작한 주원인은 광고에서 주입시키듯 구수한 담배 맛 때문이 아니라 담배를 피우는 사람이 멋있어 보여 자신도 그 집단에 속하고 싶은 심리에서 나온 것이기 때문이다.

흡연을 권하는 방향으로 자아를 충동질할 수 있다면 왜 그것을 억제하는 방향으로 나가게 하는 것이 불가능하겠는가? 광고 산업은 마치 피아노의 건반을 두드리듯 자아를 완벽하게 통제한다. 제품 자체는 별 차이가 없다. 어차피 광고업자에게는 제품의 차이가 중요하지 않다. 그들은 제품 하나하나마다 다양한 전략을 사용해 목표를 달성하기 때문이다. 어떤 경우에는 더 교묘한 술책을 사용해 성공을 거두고, 또 어떤 경우에는 남녀를 막론하고 줄을 서서 사갈 정도로 손쉽게 목적을 달성하기도 한다. 바꿔 말하면 설사 당신의 객관적 주장이 허술하기 짝이 없다 해도, 그것이 정체성의 목표에 호소한다면 통한다는 얘기다.

이에 못지않게 중요한 것으로 인간 사이의 관계라고 할 '관계 목표'가 있다. 당신은 집단의 구성원으로서 거기에 수용되는가? 친구가 있고 친구에게 사랑과 존중을 받는가? 어쩌면 우리는 팀이라는 조직에서 불편함을 느끼는 개별적 투사의 속성을 지녔는지도 모른다. 계급 질서상 아주 만족스러운 서열에 올라 있는가? 물론 무조건 최고서열에 있을 필요는 없다. 높은 것이 덮어놓고 좋은 건 아니기 때문이다. 몇 년 전 경력이 많은 엔지니어가 회사에서 공로를 인정받아 승진이 되었다. 이제 그는 직원 12명을 거느리는 책임자가 되었다. 6개월이 지나자 그는 사표를 내고 다른 회사로 옮겨갔다. 물론 객관적으로 추구할 가치가 있겠지만 그는 꼭 부서장이 되려고 한 것은 아니었다. 인간관계는 일상에서 우리에게 발판이 되고 안정감을 준다. 다만 누구나 저마다의 욕구가 다를 뿐이다.

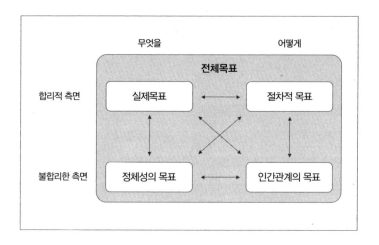

목표라는 말을 할 때는 앞에서 보았듯이 대개 실제목표를 말하는 것이며 절차적인 목표를 의미할 때도 많다. 하지만 대부분 이보다 더 중요한 불합리한 측면에 들어 있는 목표는 주목하지 않는다. 우리는 누구나 자라면서 부모에게 "애야, 이성적으로 판단해야 한다!"라는 말을 귀가 따갑도록 들었다. 아니, 성인도 잘 못하는데, 아이들이 어떻게 이성적으로 판단한단 말인가? 우리는 이성이라는 신화를 끌어안고 성장한 것이다. 직장에서 또는 사업을 하며 개인적 심리상태를 놓고 토론하는 것은 흔치 않은 일이다. 기껏해야 업무와 관련된 비판만 있을 뿐이다. 하지만 비판은 인간적 심리상태에 뿌리박고 있는 경우가 종종 있다. 최악의 경우 모든 비판은 실제목표를 망치고 계획을 실행에 옮기지 못하게 만들기도 한다. 정체성 목표와 어긋날 때는 그 사람의 적극적 참여를 기대할 수 없다. 또 자리에서 일어나 "그 일은 마음에 안 들어요, 내 정체성과 맞지 않으니까요!"라고 말하는 사람의 참여도 기대하기 어려울 것이다. 어쩌면 "여기서 모든 이성적 생각은 접고 우리의 불합리한 욕구를 생각해보죠"라고 말하는 것이 더 나을는지도 모른다. 이때 당신은 그렇게 해서는 안 된다고 생각한다. 누구나 이성적으로 판단해야 한다고 믿기 때문이다.

대개 사람들은 남의 어리석음에 대해서는 쉽게 말한다. 이때 우리는 우리 자신도 다를 바 없다는 것을 너무 쉽게 잊는다. 가까운 인간관계를 보면 알 수 있다. 사람은 누구나 자기 시각에서 이성적으로 주장한다. 단지 자기 시각으로 볼 때, 상대가(남자든 여자든 성은 관계없다) 완전히 불합리하고 감정적이며 완고하다고 여기는 것이다. 기업의 임원이나 이사, 경영주는 직원들의 어리석음을 한탄하지만 지나치게 이기적이기 때문에 이들이 훨씬 더 어리석을 때가 종종 있다. 토크쇼를 보면 정치인들은 객관성이 부족한 상태에서 서로를 비난하기 바쁘다. 푸틴은 서방세계가 현실을 외면하고 자기중심적이며 지나치게 반응한다고 비난한다. 러시아 텔레비전에 출연해서도 서방 정치인들에 대해 똑같은 말을 한다. 요컨대 어리석음이란 어디에나 있으며 다만 그 주체가 매번 바뀔 뿐이다.

행동동기

주변사람들의 불합리를(우리 자신의 불합리도 마찬가지다) 일단 인정하고 받아들이면, 그들을 우리 뜻대로 행동하게 만드는 것은 훨씬 더 쉬워진다. 그러기 위해서는 사람들의 행동에 실제로 동기부여를 하는 것이 무엇인지, 문제의 이면을 들여다볼 줄만 알면 된다. 근본적으로 사람은 자신의 자아와 안락, 욕망, 불안에 이끌리기 때문이다.

> ### 동기 = 자아 + 안락 + 욕망 + 불안

인간이 행하는 모든 것, 우리가 열망하고 달성하는 모든 것은 이 공식으로 표현된다. 어찌 보면 이 세상을 움직이는 공식일 수도 있다. 물론 인간의 행위를 이렇게 선뜻 가슴에 와 닿지 않는 동기로 제한하는 것에 사회적으로 의견일치가 이루어진 것은 아니며, 강연에서 이 공식을 언급할 때 얼굴을 찌푸리는 사람들도 적지 않다. 내가 인간의 행위를 이렇게 원초적 충동으로 정의할 때면 때로 인간을 너무 비관적으로 보는 게 아니냐는 질문을 받기도 한다. 그렇지 않다! 정반대다! 나는 철저한 낙관론자며 매우 긍정적인 인간관을 갖고 있다. 다만 사람이 이성적이고 냉정한 사고의 기계라고는 믿지 않는다. 나는 인간 개개인이 경이로운, 저마다 고유한 존재라고 믿는다. 또 사람들 내면에 깃든 인간적인 요소를 믿는다. 하지만 여기서 좀 더 자세하게 들여다볼 필요가 있다.

자아 ▶▶▶ "당신은 나에게 세상에서 가장 소중한 존재야." 이 얼마나 아름다운 말인가! 얼마나 기분 좋고 누군가 그런 말을 해주기를 얼마나 열망하는가. 그토록 아름다운데도 왜 그런 말을 하거나 듣는 일이 흔치 않을까? 어쩌면 바로 지금이야말로 배우자든, 부모나 자녀, 친한 친구든, 아니면 여자 친구든, 당신에게 세상에서 가장 소중한 사람에게 이 말을 해줄 바로 그 순간인지도 모른다. 책을 옆으로 치우고 당장 그 말을 해주는 것이 최선이다.

내 동창생 중에 배우가 있다. 몇 달 전 뮌헨의 어느 카페에서 만났을 때, 그에게 어떻게 배우가 되었는지 물었다. 나는 내심 예술에 대한 사랑, 사람들에게 뭔가를 제공하고 싶은 열망 등등의 대답을 기대했다. "그런 건 다 헛소리야" 라는 것이 그의 대답이었다. "내가 배우가 된 건 무대에 서는 다른 사람과 똑같은 이유에서였어. 사랑받고 싶은 거지. 무대에 서서 관객에게 사랑받고 싶다는 생각 말이야." 우리는 누구나 사랑받고 싶어 하며 이 열망을 추구한다. 여론 조사 기관인 갤럽은 연구 프로젝트를 통해 인정받는 직원, 즉 당연히 기대한 칭찬을 듣는 직원이 경영주와 더 강하게 결속되었을 뿐 아니라 아픈 경우도 적고 실수도 덜하며 더 생산적으로 활동한다는 사실을 밝혀냈다.

이런 예는 모두 자아가 얼마나 중요한지를 보여준다. 건강한 자아는 삶에 필수적일 뿐 아니라 아주 아름답기도 하다. 이웃사랑도 알고 보면 건강한 이기주의에서 나온다. 이타주의자들이 남을 도울 때 흡족해하고 돕지 못할 때 불편해하는 것을 봐도 그렇다. 만일 주변사람들의 자아를 더 존중한다면 당신이 주장하는 것 이상의 결과를 얻을 것이다.

안락 ▶▶▶ 안락은 게으름을 말하는 것이 아니다! 엄청 부지런한 일벌레도 안락을 추구하는 경향이 있다. 일벌레라고 해도 일을 마친 다음이면 아마 가족과 입씨름을 하지 않으려고 일을 핑계댈 것이다. 사람의 뇌는 기본적으로 편한 것을 좋아하기 마련이다. 소중한 자원을 아끼려고 복잡한 사고과정의 기능을 꺼버리고 생략기능을 가동한다. 물론 돈을 절약하려고 쇼핑 사이트를 뒤지지만 결국 세 페이지를 못 넘기고 검색을 포기한 다음 가장 유리한 가격이 아니라 유리해 보이는 가격의 제품을 구입한다. 판매자는 구매자를 상대로 설명을 늘어놓지만 아마 그 사이에 구매자들은 뇌가 꺼진 상태에서 이미 결정을 내렸을 것이다. 다만 판매자의 관점에서 보면, 그 결정은 어리석고 잘못된 것이다. 사람은 많은 말을 하면서도 목표에 이르지 못할 때가 많다. 상대의 뇌가 안락을 추구하는 경향이 있음을 간파했다면 우리는 좀 더 효율적으로 목표에 치중해 상대할 수 있다. 뿐만 아니라 주변사람들의 뇌가 행하는 생략과정을 의도적으로 부추김으로써 우리의 목표에 맞추게 할 수도 있다.

욕망 ▶▶▶ 욕망에는 부정적인 의미가 있다. 탐욕스러운 은행가나 정치인을 생각하면 될 것이다. 또 부모들이 끝없이 주입시키는 "식탐을 부리면 안 돼!"라는 말도 마찬가지다. 기본적으로 사람은 누구나 마음속에 욕심이 있다. 더 많거나 더 적다는 차이가 있을 뿐이다. 욕망은 뭔가를 갖고 싶다는 감정이다. 우리는 욕망 때문에 로토를 사거나 자동차를 새로 구입하기도 하며, 할인매장에 가서 필요한 바지는 한 벌인데도 두 벌 값에 세 벌을 준다는 소리를 듣고 덜컥 사버린다. 아마 인간의 욕망이 없다면 경제 시스템은 무너질 것이다. 많은 것을 포기하고 사는 사람일지라도 조금 욕심을 부려 갖고 싶은 것을 갖기 마련이다. 꼭 물질에 국한되는 것도 아니다.

내가 아는 어떤 이는 15년 전부터 달랑 가방 두 개만 들고 세계를 돌아다닌다. 브라질이나 미국, 중국, 한국 등지를 여행하며 매일 새로운 모험을 한다. 1년에 한 번씩 도중에 독일에 머물 때면, 우리는 그동안에 겪은 일을 놓고 이야기꽃을 피운다. 그러다 늘 그렇듯 흥분의 열기가 가라앉고 뭔가 차분하고 철학적인 분위기로 바뀔 때면, 그는 안타깝다는 표정으로 고개를 젓는다. 그러고는 "나는 자네가 갖고 있는 것이 하나도 필요 없어. 물질적인 것은 내게 아무 의미도 없다고. 나는 욕심이 없거든"이라며 매번 나를 설득하려고 한다. "내가 원하는 것은 모험이고 짜릿한 전율이야. 내게 필요한 것은 자유지. 그리고 늘 새로운 여자를 만나고 싶어. 그런데 그 관계가 석 달만 넘어가면 자유를 빼앗기는 기분이야."

결국 그도 뭔가를 원하는 것이다. 다만 물질이 아닐 뿐이다. 사람은 누구나 조금씩은 탐욕적이다. 그 대상이 물질이냐 비물질이냐의 차이가 있을 뿐 기본적으로는 똑같은 토대에서 출발한다. 하지만 대부분 두 가지를 다 원한다. 만일 당신이 상대가 무엇을 욕망하는지 정확히 안다면, 그리고 그것을 제대로 사로잡는다면, 당신은 이미 목표를 달성한 것이나 다름없다. 만일 당신이 방금 말한 내 친구에게 감동을 주고 싶다면 돈이나 자동차로는 안 될 것이다. 그에게는 그런 물질이 아니라 새로운 모험을 안겨주어야 한다.

불안 ▶▶▶ 사람의 마음속 불안은 다양하게 표현되며, 꼭 진땀을 흘리고 손을 부들부들 떨며 이불 밑으로 기어들거나 노이로제 증상 등으로 나타나는 것만은 아니다. 신중한 태도나 의심, 조심성 같은 것도 모두 불안의 형태다. 당신도 의심스러운 나머지 상대의 제안을 거절하거나 불안 때문에 친구에게 조언을 구한 적이 있을 것이다. 안전과 방향설정에 대한 열망도 마찬가지로 불안의 표현이다. 많은 산업분야는 이런 불안을 먹고 살며 컨설팅 전문지나 소비자보호 방송도 마찬가지다. 점술가나 자칭 증권전문가는 물론 사기꾼조차 안전을 보장한다고 주장한다. 우리가 다른 세 가지 동기보다 안전을 더 선호하는 상황은 아주 많다. 이때 상황을 타개하는 기술은 언제 안전이 필요한지, 어떻게 불안을 제거해 안전과 방향설정으로 연결시키는지를 아는 것이다.

사람의 행위에서는 모두 네 가지(자아, 안락, 욕망, 불안)의 방정식이 작용한다. 이 방정식은 정상적인 상황에서는 지속적으로 눈에 띄지 않는다. 우리는 이성적이고 합리적인 행동을 하지만 그 배후에서는 이 네 가지 비이성적인 작은 원인이 안내하며 계속 부추긴다.

사람과 상황에 따라 동기가 바뀌며 더 강력한 역할을 한다. 상대를 행동하게 만들려면 그때그때 어떤 동기가 더 강력한지 이해할 필요가 있다. 그 상황에 맞는 동기를 적용할 수 있을 것이다. 아니면 비이성적인 도우미의 역할 중에 약한 것을 강화시켜 우월한 입장에 선 상태에서 목표를 설정할 수 있을 것이다.

몇 가지 실례를 통해 이 4대 동기의 상호작용을 살펴보도록 하자. 사례를 자세히 읽어보고 각각의 행위에 어떤 것이 더 우월한 동기인지 생각해보라.

노트북 구매

합리적인 주장 | "새로 노트북을 구입했다. 무척이나 저렴한 가격이었다."

새로 노트북을 장만하려던 크리스티나는 인터넷 판매가를 조사해보기로 했다. 그녀는 퇴근길에 우연히 어느 PC 매장에 적당한 물건이 나온 것을 봤다. 아직 한 번도 거래해보지 않은 곳이었다. 20퍼센트 할인한 가격으로 아주 싸게 나온 것이라는 말에 크리스티나는 그 자리에서 노트북을 사버렸다.

 사장의 비판

합리적인 주장 | "좀 더 바짝 달려들어야겠어. 회사가 나를 필요로 하니까."

토마스는 석 달 전에 사장이 전망이 밝지 못한 프로젝트를 성공적으로 추진하고 있다면서 전체 팀원 앞에서 자신을 최고의 프로젝트 담당자라고 치켜세웠던 흐뭇한 기억이 있다. 그런데 오늘 사장은 그를 불러 그동안 실적이 부진했고 특히 가장 중요한 프로젝트에서 몇 가지 터무니없는 실수를 저질렀다고 질책했다. 충격을 받은 토마스는 초과근무도 불사하고 좀 더 바짝 달려들어야겠다고 생각했다.

 새로운 사업 아이디어

합리적인 주장 | "수익성이 아주 높은 새로운 사업구상을 해야겠어."

수잔네Susanne는 고만고만한 소득이 늘 불만이었다. 그런 점에서 새 사업 아이템은 눈이 번쩍 뜨이는 것이었다. 즉시 돈을 벌 수 있는 사업이었기 때문이다. 애써 고객을 찾을 필요가 없는 다단계 마케팅이었다. 떼돈을 벌 것이고 일도 아주 간단했다. 수잔네는 소득이 보장되는 할인판매에 3천 유로를 투자했다. 당장 내일부터 시작할 수 있는 일이었다.

합리적인 주장 | "다른 사람은 실적을 올리는 데 필요한 경험이 없다."

차일만Zeilmann 씨는 몇 년 전부터 혼자서 프로젝트를 책임지고 있다. 경영진은 이제 그가 회사 내의 동료와 관련 정보를 공유할 때가 되었다고 결정했다. 아무튼 차일만 씨는 퇴직을 3년 앞두고 있었고 어쩌면 그 이전에 그만둘지도 모르는 일이었기 때문이다. 하지만 그는 프로젝트와 관련된 고급정보를 다른 직원과 공유할 생각이 없었다. 이 핑계 저 핑계를 대면서 회사의 결정을 피해갔다. 경영진이 매섭게 질책하고 동료들이 압력을 가해도 프로젝트 정보를 일체 공개하지 않았다. 마침내 모두가 포기하자 그는 계속 자신만의 왕국에서 지배자로 군림할 수 있었다.

이제 이런 행동을 불러온 동기가 파악되는지? 첫 번째 경우는 욕망이 동기였다. 크리스티나는 당장 가격이 저렴한 노트북을 사고 싶었다. 여기서는 안락도 동기가 되었다. 그렇지 않으면 계속해서 번거롭게 인터넷 판매 사이트를 뒤지며 가격을 비교했을 것이다. 어쩌면 친구들에게 자문을 구해야 할지도 모른다. 크리스티나는 노트북이 저렴한 가격에 나온 것이라는 말을 믿었다. 그녀의 욕망과 안락추구가 그렇게 하도록 만들었다.

이와 달리 토마스의 경우에는 자아와 불안이 지배적인 동기로 작용했다. 최고의 프로젝트 책임자라는 사실에 자부심을 가졌다가 사장의 높은 평가와 호감을 잃자 불안해졌다. 그의 자아는 손상되었다.

수잔네의 경우에도 욕망과 안락이 주도적인 역할을 했다. 믿을 수 없는 사업구상에서 최고의 조합은 일은 별로 안 하면서 고소득을 올리는 것이다. 가능성이 희박할 것 같은데도 사람들은 순간적으로 이 말을 믿고 싶어 한다. 자아도 조금은 작용했다. 친구들에게 성공한 인물로 비치고 싶지 않은 사람이 어디 있겠는가? 여기서 불안은 아무 역할도 하지 않았다. 어쩌면 처음에 잠재의식 속에서 의심의 형태로 작용했을 수는 있지만 욕망과 안락추구 심리가 더 강했다.

차일만 씨의 경우에는 안락추구와 함께 불안이 강하게 작용했다. 그는 자신의 존재가치가 떨어지는 것을 두려워했다. 하지만 고급정보를 독점하는 한 무사할 수 있었다. 이 밖에 그는 정보를 공유하는 것에 익숙지 않았다. 너무 안락을 추구한 나머지 동료에게 모든 정보를 알리고 설명해줄 수 없었다. 처음에는 자아가 일정 역할을 했을지 모르지만 그의 명성은 어차피 시간이 지나면서 손상되었고 이는 그가 자초한 일이었다. 자아가 별 역할을 하지 못한 것은 불안과 안락추구 심리가 강했기 때문이다.

당장 각각의 경우에 해당하는 지배 동기를 파악하지 못했다 해도 앞으로 훈련을 통해 차츰 숙달될 것이다. 당신 자신과 다른 사람들을 관찰하면서 항상 네 가지 동기 중 어떤 것이 행위를 불러일으키는지 파악하려고 노력해보라. 며칠 지나지 않아 자연스럽게 그 동기를 알아차릴 수 있을 것이다. 자신과 주변사람들의 행동동기만 알 수 있는 것이 아니라 당신의 뜻대로 사람들을 움직이게 하려면 어디서 시작해야 하는지 본능적으로 깨닫게 될 것이다.

카메라맨의 시점전환

— 세상물정을 안다는 것은 순간적으로 주변사람들의 입장에서 생각할 능력이 있다는 것을 의미한다. "내가 좋으면 다른 사람도 좋다"라는 신조에 따라 사는 사람이 너무도 많다. 대기업조차 이런 믿음에 넘어간다. 마케팅 부서가 따로 있고 시장조사를 열심히 하면서도 오늘날까지 타성에 젖은 경영이나 제품에 대한 애착이 널리 퍼져 있다. 해마다 실패한 제품이 숱하게 쏟아져 나오는 까닭은 고객의 시각에서 개발하지 않았기 때문이다. 윈도우 8이 실패한 것은 이런 이유 말고는 설명이 안 된다. 고객의 사용방식을 주목하지 않고 회사에서 의도한 디자인에만 중점을 둔 것이다. 디자인도 좋지만 실용적이지 못한 제품에서 설득력 있는 판매전략이 나오는 경우는 아주 드물다.

> **자신이 원하는 목표를 달성하기 위해서는
> 상대가 무엇을 원하는지 알아야 한다!**

이 말은 시각을 전환할 줄 알아야 한다는 뜻이다. 당신이 할리우드 대형 영화제작사에 소속된 카메라맨이라고 가정해보자. 당신은 주변 풍경을 원하는 대로 촬영할 수 있는 텔레스코픽 암(차량을 공중에 매달아 상하좌우로 조절할 수 있는 장치—옮긴이)의 멋진 의자에 앉아 있다. 위치만 바꾸면 모든 각도에서 촬영할 수 있다. 또 누군가를 납득시키거나 당신의 주장을 설득하기 위해 다른 사람들의 위치로 텔레스코픽 암을 이동시킬 수도 있다. 그 사람의 시각으로 세상을 바라보는 것이다. 상대의 시각에서 보면 피상적

28

인 현실을 허물고 새로운 세계를 발견하게 된다. 상대의 시각으로 무엇이 중요하고 무엇이 중요하지 않은지 파악하라. 그의 시각에서 무엇을 할 수 있을지 상상하라. 그의 열망과 목표, 불안은 무엇인가? 단순히 그의 눈으로 보는 데서 그치지 않고 그 사람 자신이 되어야 한다.

터무니없는 소리 같다고? 그렇지 않다. 이것은 아주 간단하면서도 정말 즐겁다. 한번 시도해보라. 이 같은 시점전환의 훈련을 통해 당신은 더 쉽게 상대의 입장을 이해할 수 있을 것이다. 당신의 동료들을 움직이게 하는 원동력은 무엇인가? 특별히 그들을 가로막는 것은 무엇이며 그들은 자신을 어떻게 규정하는가? 그들은 어디서 자아를 확인하며 무엇을 열망하는가? 다시 당신 자신의 시각으로 돌아간다는 것만 잊지 않으면 된다. 상대의 시각에서 본답시고 정작 자신의 목표는 등한히 하고 상대의 즐거움만 생각하는 사람이 많다. 이는 주제를 벗어난 것이다.

이 밖에도 카메라맨이 하는 일은 많다. 줌렌즈로 대상을 확대하기도 하고 축소하기도 한다. 올바른 각도를 포착할 때 사진이나 영상은 전혀 다른 효과를 낸다. 줌 활용기술은 시각을 바꾸고 사물을 올바른 관계 속에서 보는 데 아주 중요하다. 피상적인 모습을 보기 때문에 주목을 끄는 대상은 많다. 우리가 신문에서 자주 접하는 상어의 공격이 이에 해당한다. 바다에서 수영을 하다가 갑자기 식인 상어에게 갈가리 찢긴 채 죽는다는 것은 상상만 해도 섬뜩하다. 평균적으로 상어 공격에 따른 사망사고는 1년에 15건 정도다. 이에 비해 하마의 공격으로 목숨을 잃는 사람은 평균 100명이나 된다. 이런 보도는 신문에 잘 나오지 않는다. 개중에는 왜 하마 가까이 가냐며 순전히 본인 책임이라고 생각하는 이도 있을 것이다. 하지만 똑같은 주장을 상어의 경우에도 할 수 있다면? 물론 그럴 수 있지만 상어는 사람에게 선택의 여지가 없는 곳에서 활동한다. 또 상어는 사람을 잡아먹으려고 달려들지만 하마는 그렇지 않다. 첫째 귀엽고, 둘째 먹잇감으로 오인한 경우에만 사람을 공격한다. 이와 달리 야자열매는 귀여워 보이지도 않는다. 1년에 야자열매에 머리를 맞고 죽는 사람은 약 150명이나 되는데도 아무도 여기에는 주의를 기울이지 않는다. 하마든 야자열매든, 공격적이거나 무섭지 않으며 의도적으로 사람을 죽이지는 않기 때문이다. 상어와 달리 사람을 잡아먹지도 않는다.

이런 사실을 감안해보면 사물을 판단하는 관점이 얼마나 다른지 알 수 있다. 1년에 150명 이상이 목숨을 잃는다 하면 크게 놀랄 테지만, 그것이 야자열매 때문이라는 말을 들으면 긴장이 풀린다. 반대로 상어의 공격 때문이라는 말에는 이내 시뻘건 피를 묻힌 잔인한 살육자를 연상할 것이다. 모든 것은 관점의 문제다. 결국 당하는 사람은 똑같은데도 말이다. 죽는다는 것은 똑같지 않은가.

못 봐주겠어!   야, 멋지다!

세상을 당신의 시각으로만 보지 말라는 얘기다. 상대의 시각으로 보기 시작하면 여유와 재미를 맛볼 것이다. 누군가를 설득시키려고 한다면 끊임없이 이렇게 생각해야 한다.

세상에서 가장 소중한 사람이 내 앞에 앉아 있다!

인내와 타이밍

— 또 최고의 타이밍에 대한 감각도 중요하다. 이것에 대해서는 이 책에서 순서에 따라 적절한 시점에 설명하려 한다.

무리하게 서둘러서 되는 일은 없다. 가령 당신이 누군가의 자아에 대해 언급할 때, 당사자가 더 민감해지는 상황이 있을 수 있다. 신선한 기분으로 하루를 시작하는 사람은 안락이라는 동기에 덜 민감하다. 그러다 몇 시간만 지나면 세상은 다르게 보인다. 최대의 경쟁사가 위기에 빠졌다는 기사를 보고 당신의 사장이 속으로 고소해하고 있는데, 그 시점에 존재에 대한 불안을 겨냥한 기술을 사용한다면 성공률이 높지 않을 것이다. 이런 경우는 세무서에서 추가 세금고지서가 날아오는 오후까지 기다리는 편이 좋다.

적절한 타이밍은 주변사람의 기분을 직감적으로 간파하고 무엇보다 인내하는 것을 의미한다. 비록 힘이 들더라도 자신의 관심사는 뒤로 미루는 것이 좋을 때가 많다. 분위기와 무관하게 성급히 일을 마무리할 생각에 실수를 저지르면 안 된다. 실제로 급한 일이라면 그 상황에 맞는 다른 방법을 적용해야 할 것이다. 어쨌든 다음의 적절한 기회를 기다리는 것이 낫다. 대개 그 기회는 생각보다 빨리 온다. 인생은 매시간 냉온탕을 번갈아 제공하기 마련이다. 그저 기다리다가 그 기회를 잡기만 하면 된다. 인내가 성공의 수단이다.

2장

현장에서
번개처럼 사용할
수 있는 기술

▶▶▶　　　이렇듯 가장 중요한 능력 세 가지를 명심했다면 이제 곧 실천 영역으로 들어갈 수 있다. 당장 일상에 적용할 수 있고 경우에 따라 매우 빠른 성공을 보장하는 방법 몇 가지만 사용하면 된다. 앞으로 자세히 살펴보겠지만 이 속성기술은 더 복잡한 상황에 적용하는 더 높은 기술의 기초이기도 하다.

알파와 오메가:
5초 내에 상대의 마음을 사로잡아라

―　　　　　　　　　　　모든 설득기술보다 더 중요한 것은 순식간에 사람을 정서적으로 자기 쪽으로 끌어들이는 것이다. 당신은 누구를 돕고 싶은가? 누구에게 호의를 베풀고 싶은가? 대상은 생판 낯선 사람인가, 잘 알고 연고가 있는 사람인가? 당연히

당신과 친숙한 사람일 것이다. 그 밖에 다른 사람의 마음을 사로잡고 싶을 때는, 먼저 낯선 사람들 사이에 깔린 잠재의식의 장벽부터 허물어야 한다. 그리고 그 상대가 뭔가를 행할 수 있도록 아주 특별한 연결고리를 확보해야 한다. 그렇게 하려면 여러 해가 걸리기도 하지만 그보다 훨씬 더 빠를 수도 있다.

쉽게 타인의 공감을 불러일으키는 사람도 많다. 한 번도 만난 적이 없는 사람이라고 해도, 서로 얼굴을 마주 보며 몇 마디 얘기를 나누다 보면 마치 오래전부터 알아온 사람 같은 느낌이 들기도 한다. 내 사업파트너 중에 이런 사람이 있다. 그가 손을 내밀고 미소를 지으면 누구나 그를 좋아하지 않을 수 없는 그런 사람이다. 다른 사람도 크게 다를 것이 없다. 우리는 우리에게 공감하는 사람의 말에 귀를 기울이고 호의를 보이려고 하며 별다른 의심 없이 그 말을 받아들인다. 내 사업파트너는 자신의 장점을 잘 알고 정확하게 다음의 원칙에 따른다. "판매 상담은 두 번째야. 가장 중요한 건 사람들이 나를 따르고 좋아하지 않을 수 없게 만드는 거지. 그러면 알아서 사게 되어 있어." 그의 말대로 되는 것을 자주 보았기 때문에 그의 말이 옳다고 인정하지 않을 수 없다. 물론 경쟁이 치열할 때는 핵심적인 사실을 둘러싸고 끈질긴 설득을 할 때도 있지만, 기본적으로 그의 판매전략은 짧은 시간에 인간관계의 고리를 만들어내는 것이다.

공감을 일으키는 아주 자연스러운 방법

누구나(정말 모든 사람이!) 간단하게 공감을 불러일으키는 방법을 배울 수 있다. 대부분 아주 쉽게 배울 수 있다. 이 기회를 활용하면 불필요한 수고를 줄이고 당신의 뜻대로 사람들이 행동할 확률을 대폭 높일 수 있을 것이다.

공감은 언제나 눈을 맞추고 미소를 짓는 데서 시작된다. 물론 종종 들어본 말일 것이다. 그래서 대부분 이를 알고 있지만 실행에 옮기는 사람은 드물다. 아무리 토론 기술을 이론적으로 열심히 배워도 지극히 간단한 기술에서 실패하는 사람이 많다. 눈맞춤만 제대로 해도 마음을 열 수 있는 법이다. 하지만 반대로 아무리 호의에서 나온 것이라고 해도 시선을 잘못 주고받으면 벽이 생기고 이내 불안해지며 신경이 날카로워지거나 심할 때는 적대적인 분위기가 형성되기도 한다.

세 가지 규칙만 조심하면 아주 간단하게 올바른 눈맞춤 기술을 발휘할 수 있다.

1 | 대화시간의 40~60퍼센트는 상대의 눈을 바라보라. 40퍼센트 이하일 때는 거리감이 생기거나 멋쩍은 분위기가 형성된다. 60퍼센트가 넘으면 상대는 자신을 응시한다는 느낌을 받을 것이다.
2 | 상대를 바라보는 시선이 10초가 넘으면 불쾌감과 치근대는 느낌을 준다.
3 | 눈맞춤이 2초 미만이고 계속 딴 곳을 보면서 눈빛이 쉴 새 없이 오락가락하면 불안감이 생겨 상대는 민감해진다.

바로 이거다. 이 규칙만 지킨다면 당신은 눈맞춤의 효과를 최대로 활용할 것이다. 이제 당신에게 물어보자. 당신의 눈빛은 어떤가? 자신의 눈빛을 궁금해하는 사람은 드물다. 당신 가까이 있는 사람들에게 당신의 눈빛에 대해 물어보라.

재미삼아 눈맞춤의 힘을 테스트해보라. 나는 기분전환을 하고 싶을 때 자주 이 방법을 사용한다. 대화를 시작할 때 앞서 말한 규칙을 적용해보라. 그리고 잠시 후에 눈맞춤을 멈추고 아주 가볍게 상대를 스치듯 바라보라. 그러면 상대는 점점 당황해하면서 의식적으로 당신과 눈빛을 마주치려고 할 것이다. 갑자기 눈맞춤을 멈추면 상대는 당혹스러울 수밖에 없다. 그러므로 의식적으로 눈맞춤을 줄임으로써 불신을 표현하거나 상대를 불안하게 만들 수도 있다.

올바른 눈맞춤뿐 아니라 적절한 미소도 아주 중요한 역할을 한다. 물론 습관적으로 항상 얼굴 가득 미소를 짓는 사람도 있다. 이런 태도는 보통 부적절할 뿐만 아니라 멍청해 보이기까지 한다. 이러면 안 된다. 문제는 여유가 있고 진지하다는 인상을 주어야 한다는 것이다. 불쾌한 상황에 있거나 신경이 날카로울 때는 이렇게 하는 것이 특히 힘들다. 이럴 때의 미소는 눈맞춤과 마찬가지로 원초적 본능에 해당한다. 아기들이나 어린애들을 보면 미소에 대해서 긍정적인 반응을 보이고 유난히 미소를 좋아한다는 것을 알 수 있다. 비행기를 타고 여행할 때 옆자리에 아기가 있을 때는 절대로 — 정말 절대로— 아기에게 미소를 짓는 실수를 해서는 안 된다. 그랬다가는 비행하는 동안 내내 편히 쉬지 못할 것이다. 우리 같은 성인은 그렇지 않다. 미소를 짓는 사람은 호감을 주고 우리는 그것을 함께 있어서 좋다는 의미로 받아들인다. 미소를 짓는 사람에게는 더 친근감이 느껴진다. 그러므로 모든 대화는 미소로 시작하는 것이 좋다.

복잡한 상담이나 거래를 할 때도, 미소나 적당한 유머를 통해 무거운 분위기를 순식간에 부드럽게 바꿀 수 있다. 놀라운 효과가 나오기도 한다. 미소의 효과는 이것만이 아니다. 매력적인 미소를 짓는 사람은 자신감이 있어 보이고 불안감이 있어도 미소로 간단히 가릴 수 있다.

직접 사람을 대면하는 게 아니라 사진으로도 미소의 마력은 통한다. 온라인 쇼핑이나 회원제 소식 사이트는 미소 짓는 사진을 바탕에 실었을 때, 유난히 조회 수가 높다.

또 눈맞춤 못지않게 적절한 악수도 중요하고 효과가 뛰어나다. 악수를 할 때도 신뢰감을 높이고 공감을 느끼게 하는 방법이 있다. 악수할 때는 자신감이 있고 여유가 느껴질 정도의 세기로 상대의 손을 잡아야 한다. 또 상대가 손이 아플 정도로 꽉 잡아도 안 된다. 이때도 상대의 눈을 바라보는 것이 매우 중요하다. 악수를 하며 누군가 다른 사람을 쳐다본다거나 커피 잔을 흘끔거리면 안 된다. 그런데도 주변에서는 이런 모습이 아주 흔하다.

우리는 연구를 통해서 가장 유쾌한 기분이 드는 악수시간은 얼마가 적당한지를 밝혀냈다. 나는 대학생 몇 명과 이 실험을 했다. 독자는 이 책을 읽다 보면 불쌍한 내 학생들이 온갖 실험으로 '학대' 당했다는 것을 알게 될 것이다. 우리는 서로 모르는 신입생 약 200명에게 악수를 하며 인사를 해달라는 부탁을 했다. 이 중 100명에게는 사전에 얼마 동안이나 악수를 해야 하는지, 서로 다른 지침을 주었다. 그리고 시간을 짧은 것(1초 미만), 중간치(1~2초), 긴 것(2~4초), 아주 긴 것(4초 이상)으로 구분했다. 아울러 악수시간에 대하여 사전지침을 주지 않은 나머지 학생들에게는 공감과 신뢰성, 진지성 등에 따라 소개받은 학생들의 성격특징을 평가해 달라는 부탁을 했다. 여기서 아주 분명한 결과가 나타났다. 최악의 평가는 시간이 가장 짧은 그룹(1초 미만)과 가장 긴 그룹(4초 이상)에서 나왔다. 이와 달리 2초에서 4초 이내에 악수한 그룹은 가장 좋은 평가를 받았다. 그리고 이 결과는 외모나 옷차림새 등 다른 영향과는 무관했다.

악수는 보통 1초를 넘지 않는다. 그러므로 좀 더 긍정적인 인상을 주려면 통상적인 시간보다 1~2초 상대의 손을 더 잡고 있는 것이 좋다. 그리고 친절한 미소로 상대의 눈을 쳐다봐야 한다. 진부하게 들릴지 모르지만 이 기술을 의도적으로 활용하라. 공감은 단순히 우호적인 느낌만 주는 것이 아니라는 것을 늘 생각하라. 공감을 느끼게 하는 상대는 우리에게 신뢰감과 안정감을 준다. 그리고 안정감을 주는 사람은 이미 행위의 네 가지 동기(자아, 안락, 욕망, 불안) 중 하나를 전달하는 것이다. 이와 반대로 불안정한 태도는 불쾌감을 준다. 악수를 할 때, 이미 이런 태도가 전달되는 것이다.

닮은 점이 공감을 부른다

누군가가 우리와 비슷하다는 생각이 들수록 우리는 그 사람에게 더 공감을 느낀다. 닮았다는 것은 외모나 행동에서 먼저 드러난다. 그러므로 친숙한 관계를 만들기 위해서는 상대의 표정이나 제스처를 그대로 따라 하는 태도가 필요하다. 만일 상대가 앞으로 몸을 구부리면 의식적으로 따라 구부리는 것이다. 턱을 긁으면 따라서 턱을 긁는다. 이런 방법이 공감을 높여준다는 말이다. 적어도 이론상으로는 그렇다. 실제로 이런 효과가 측정되기도 한다. 그렇기는 해도 나는 이런 방법을 말리고 싶다. 이런 거울 테크닉은 지금까지 소개한 방법과는 반대로 전혀 자연스럽지 못하기 때문이다. 끊임없이 상대의 제스처를 따라 하는 것은 너무도 힘든 일이다. 중요한 문제에 정신집중을 할 수가 없기 때문에 대화의 주제를 벗어나기 십상이다. 게다가 이런 모방은 상대의 눈에 띄어 자신을 놀린다는 느낌을 줄 수 있다. 뿐만 아니라 이런 기술은 익히 알려진 것이라 사람들이 자신을 그렇게 유치한 방법으로 조종하려고 한다는 것을 상대가 눈치 채면 좋을 리가 없다. 상대를 조종하고 싶다면 좀 더 세련된 방법을 사용해야 한다.

거울 테크닉은 기껏해야 당신이 누군가에게 영향을 준다는 지표의 의미밖에 없을 것이다. 만일 당신이 누군가를 본능적으로 반영하는 태도를 취한다면 분명 성공할 것이다. 신뢰감도 줄 수가 있다. 하지만 내 경험상, 거울 테크닉은 이 이상의 효과는 내지 못한다.

공통점이 있다는 것은 공동의 관심사보다 훨씬 큰 효과를 일으킨다. 조금만 관찰하면 이런 효과는 언제나 확인할 수 있다. 상대의 책상만 봐도 많은 정보를 알게 된다. 거기에는 자녀들의 사진이라든가 응원하는 축구팀의 엠블럼도 있을 수 있고 어쩌면 즐겨 찾는 산의 사진이 보일지도 모른다. 그러면 이미 상대에게 접근한 셈이다. 또 의복도 많은 단서를 준다. 날염 머플러나 우아한 손목시계, 아프리카 부족의 장신구 같은 것도 작은 연결고리가 될 수 있다. 무조건 똑같은 취미를 가질 필요는 없고 똑같은 관광지를 여행할 필요도 없다. 예컨대 똑같은 팀의 팬이 아니라고 해도 당신이 축구를 즐기는 것은 가능하다. 아프리카에 대해서 아는 것이 전혀 없다고 해도 당신은 적어도 관심을 갖고 "이건 아프리카 장신구인가요? 신기하네요. 아프리카에는 자주 가시나요?"
라고 물어볼 수는 있다. 관심이 있다는 것만으로도 공감은 생긴
다. 사람은 자신이 좋아하는 얘기를 즐겨 하기 때문이다. 그리고
또 한 가지, 사람은 자기 자신에 대한 얘기를 가장 좋아한다는 것
을 잊지 말아야 한다. 지금 당장 동료의 취미가 무엇인지 물어보
는 것으로 시작해보라. 만일 이 동료와 대화를 하며 당신 편으로
끌어들이거나 뭔가를 부탁하고 싶다면 이 방법으로 지금 씨를 뿌
려서 다음 주면 수확을 볼 것이다.

공감을 부르는 더 빠른 길

누군가가 당신의 마음에 들지 않는다면 어떻게 이것을 표현할 수
있을까? 마음에 들지 않는다고 그 사람에게 말하면 된다. 파티에
나가서 지루할 때 이 방법을 써보라. 누군가와 대화를 하면서 그
사람이 당신 마음에 들지 않는다고 말하면 분명 효과가 있을 것
이다. 파티를 빨리 끝낼 수 있다. 세상 이치는 쌍방향으로 작용하
기 마련이다. 공감과 반감은 언제나 상호관계에서 나온다.

　이를 확인하기 위해 우리는 아주 간단한 실험을 실시했다. 학
생들을 각각 5명씩 두 그룹으로 나누어 서로 모르는 다른 40명의
학생들과 5분씩 2인 대화를 하도록 했다. 한 그룹에게는 대화를
끝낼 때, "네 말에 아주 공감해"라고 말하도록 했다. 또 한 그룹
은 평소처럼 대화를 마치도록 했다. 그리고 40명의 학생들에게
는 자신과 대화한 상대가 얼마나 마음에 드는지 평가하도록 했
다. 공감한다는 말로 대화를 끝낸 학생들은 40명 중 90퍼센트 이
상으로부터 기분이 좋다, 친절하다, 공감이 간다는 평가를 받았
다. 정상적으로 대화를 끝낸 학생 중에 이런 평가를 받은 학생은

60퍼센트에도 못 미쳤다.

여기서 확인된 효과를 실생활에도 적용할 수 있다. 누군가를 상대할 때 그에게 공감한다고 말해보라. 처음 본 사람이든 오랫동안 알고 지낸 사람이든 상관없다. 언제나 효과가 있을 것이다. 단, 공감한다는 발언을 배우자에게 할 경우에는 엉뚱한 결과를 부를 가능성이 높다. 이 경우에는 공감 이상의 것을 요구하기 때문이다.

지나치게 직접적으로 공감을 표하는 것이 부담스러운 사람은 간접적인 방법을 선택할 수도 있다. 그저 단순하게 누군가의 행동방식에 공감한다는 말을 하면 된다. "당신의 유머는 정말이지 딱 내 스타일이에요"라든가 "당신의 근무방식에 공감해요." 또는 "당신이 전화할 때의 목소리는 정말 편안해서 무슨 얘기에도 공감할 수 있을 것 같아"라는 발언은 효과가 크다. 당장 이 방법을 적용하면 놀라운 결과가 나타날 것이다.

사물에 의미를 부여하라

—   삶의 의미는 무엇인가? 이것은 인간이 가장 많이 제기하는 물음 중 하나다. 인간의 삶은 그 속에서 의미를 발견할 때 더 가치가 있어 보인다. 운명이 가혹하게 우리를 거스를 때, 우리는 그런 시련에도 의미를 부여하면서 위로를 받으려고 한다. 인간의 천성에는 '왜'라는 물음이 늘 따라다닌다. 그러므로 아무리 상투적인 것이라고 해도 사람들에게 이유를 제시하면 더 쉽게 그들의 행동을 불러일으킬 수 있다. 어떤 요구를

할 때, 이유가 분명한 것이더라도 다시 이유를 제시하면 상대가 실제로 그 일을 할 가능성은 더 커진다. 가령 "책상 좀 치워!"라는 말보다 "책상 좀 치워, 그래야 깔끔하고 보기 좋잖아!"라는 말이 더 효과적이라는 것이다.

이유나 의미는 행동에 대한 우리의 자세를 강화시켜준다. 우리는 실험을 통해 이런 이치를 더 정확하게 연구했다. 우리는 200명에게 이메일을 보내 설문조사에 초대했다. 그중 절반에게는 다음과 같은 초대장을 보냈다.

'당신을 설문조사에 초대합니다. 주제는 협상에 관한 당신의 경험입니다. 설문에 참여해주시면 고맙겠습니다.'

나머지 100명에게는 다음과 같은 메일을 보냈다.

'당신을 설문조사에 초대합니다. 주제는 협상에 관한 당신의 경험입니다. 협상방법에 대한 연구가 목적입니다. 설문에 참여해주시면 고맙겠습니다.'

메일 내용의 차이는 두 번째 그룹이 받은 것 중, 설문의 목적을 제시한 세 번째 문장밖에 없다. '협상방법에 대한 연구가 목적입니다'라는 말은 길지도 않고 큰 의미가 있는 설명도 아니며 크게 설득력이 있는 것도 아니다. 그래도 효과가 있었다. 첫 번째 메일을 받은 사람들은 7퍼센트밖에 설문에 응하지 않은 데 비해, 이유를 전달받은 사람들은 18퍼센트나 설문지를 작성한 것이다. 중요한 것은 이유의 질적 수준이 아니라 이유가 있다는 것이다.

배후에 담긴 의미나 이유를 알면 문제에 대한 이해도가 높아진다. 기차여행을 해본 사람이라면 이 말을 이해할 것이다. '승객 여러분의 양해를 구합니다. 이번 열차는 운행일정에 장애가 생겨 연착되겠습니다'라는 말을 보자. 연착은 그 자체가 운행일정의 장애라고 할 수 있다. 그러므로 실제의 내용은 열차가 늦어져서 연착되겠다는 말이나 다름없다. 어쨌든 이 말 대신, 단순하게 '승객 여러분의 양해를 구합니다. 이번 열차는 30분 연착되겠습니다'라고 말하면 어떤 느낌을 받을까? 즉시 '왜'라는 의문이 생길 것이다.

그러므로 가장 좋은 것은 당연히 인간행동의 동기(자아, 욕망, 안락, 불안)를 하나든 여러 개든 긍정적으로 어루만져주는 것이다. 당신의 아이가 수업이 싫어서 학교에 가지 않으려고 할 때, "규칙적으로 공부하지 않으면 나쁜 점수를 받을 거야. 그러면 얼마나 힘들어지는지 알아?" 이렇게 말하면 어느 정도 효과는 있겠지만 아이는 별로 공감하지 못할 것이다. 위협적인 방법은 제한된 의미밖에 주지 못한다. 그보다는 "규칙적으로 공부하면 좋은 점수를 받을 거야. 그러면 수업에 대한 걱정도 사라져"라는 말이 더 낫다. 긍정적인 의미 부여이기 때문이다. 불안에서 빠져나갈 돌파구를 보여주는 것이다.

행위의 이유가 분명하다면 꼭 그것을 알려주지 않아도 된다. 별다른 설명이 필요 없기 때문이다. 그래도 간단히 한 마디만 해주면 당신의 뜻대로 상대가 행동할 가능성은 배가된다. 그리고 그 말이 긍정적인 의미를 전달한다면 더 말할 것도 없다.

생판 낯선 사람이 당신의 부탁을 들어주도록 하라

—   이제 실생활로 들어가 보자. 문제는
이론적인 지식이 아니라 우리가 실제로 누군가를 움직이도록 하
는 데 있기 때문이다. 그러기 위해서는 우리의 쾌감대(인체에 가장
쾌적하게 느껴지는 온도, 습도, 풍속에 의하여 정해지는 일정한 범위—옮긴
이)에서 빠져나와야 한다. 낯선 사람에게 뭔가 부탁을 하면서(물
론 그 사람이 그렇게 하도록 만들면서) 당신의 능력을 단련하는 것이
가장 좋다. 그에 필요한 간단한 도구는 여기에 이미 준비되어 있
다. 별다른 준비가 필요하지도 않고 그때 발생하는 상황도 아주
간단하다. 따라서 공감할 자세를 갖추고 당신의 요청에 의미를
부여하기만 하면 된다.

이 밖에 또 다른 효과가 나타날 것이다. 우리는 어릴 때부터 누
군가를 돕지 않는 것은 예의가 아니라고 배웠다. 협동심은 어느
문명사회에서나 귀한 가치다. 세상 사람들은 누군가 "죄송하지만
저 좀 도와주실 수 있으세요?"라고 물으며 도움을 청할 때 기꺼
이 협력할 태도를 보여준다. 단순히 부탁하는 것보다는 이런 말
이 훨씬 더 효과적이다. 부탁이란 정신적으로 비용과 연관되는
반면, 도움을 베푸는 것은 인간적인 의무에 해당한다. 친구나 지
인, 동료를 상대로 뭔가를 부탁하거나 도움을 청할 때, 그들이
어떤 반응을 보이는지 실험해보라. 물론 상대의 협동심을 악의
적으로 이용하려고 하면 안 된다. 이런 이유로 다음의 연습은 아
무도 부당한 부담을 지지 않는 방향으로 짜여졌다.

그 과정을 간단하게 살펴보면 다음과 같다.

1| 따뜻한 미소와 최적의 눈맞춤으로 즉시 공감을 불러일으킨다.

2| (원한다면 속성으로 공감을 부르는 기술을 활용해도 된다. 예컨대 "당신에게 크게 공감하기 때문에 도움을 청하고 싶습니다만……"이라는 말로 대화를 시작하라.)

3| 부탁이 아니라 도움을 청하라.

4| 당신의 관심사를 표현하라.

5| 그 관심사에 의미를 부여하라.

다음에 소개하는 훈련은 예상을 벗어나는 것이기 때문에 생각 이상으로 간단히 효과를 낼 것이다. 만일 당신이 보행자 전용구역에서 행인들에게 한두 푼 구걸한다면 이 행위는 별로 예상을 벗어나는 것이 아니어서 사람들은 이미 그에 대한 방어기제(개체를 외부의 위협으로부터 보호하기 위하여 자아가 채용하는 방법을 말하며 자아방어와 같다— 옮긴이)가 준비되었을 것이다. 다음의 훈련에서는 방어기제가 발동될 가능성이 별로 없다.

연습 1: 정보조회

우선 간단한 연습으로 시작해보자. 서비스에 익숙한 상대를 골라 부탁을 해보는 것이다. 가령 현재 당신이 이용하지 않는 호텔 프런트를 선택하면 된다. 당신이 호텔 숙박 손님이 아니라고 솔직하게 말하라. 그리고 인터넷으로 당신이 응원하는 축구팀의 승부 결과나 로토당첨번호, 아니면 주식시세 같은 것을 확인해줄 수 있는지 도움을 청해보라. 이때 당신이 열렬한 팬이라거나 승리를 믿는다거나 또는 주식을 갖고 있다는 식으로 이유를 밝히는 것이 중요하다. 이유는 적당히 생각해내면 된다. 어쨌든 별 부담 없는 연습일 뿐이다.

연습 2: 낯선 사람의 휴대전화를 이용하기

길거리에서 만난 사람에게 잠시 휴대전화를 빌려 한 통화만 할 수 있는지 부탁해보라. 이 정도만 해도 조금 힘이 들 것이고 좀 더 난관을 극복해야 할 것이다. 하지만 내 경험에서 말하건대, 이 말을 들은 사람이 당신에게 도움을 베풀 가능성은 첫 번째 연습보다 작지 않다. 이때도 공감과 협동심, 이유만 있으면 된다. 간단한 재미 하나를 곁들인다면, 당신은 이때 손쉽게 예쁜 여자나 매력적인 남자의 전화번호를 얻을 수 있다. 전화기를 어디 두었는지 모르겠다고 하면서 그저 단순하게 상대의 휴대전화를 이용할 수 있는지 물어보기만 하면 된다. 그런 다음 당신의 휴대전화 번호로 전화를 한다. 이때 상의 주머니에서 전화벨이 울리면 즉시 "이런, 내 정신 좀 봐, 여기 있었네요. 고맙습니다. 기회가 있으면 전화할게요. 당신 번호가 저장되었으니까요"라고 말하면 된다.

연습 3: 짐을 나를 때 도움 청하기

누군가에게 무거운 장바구니를 자동차나 버스 정거장까지 들어달라고 도움을 청해보라. 이때쯤이면 당신도 어떻게 도움을 청하는지 충분한 연습을 했을 것이다. 나 자신은 오늘도 이 연습을 기꺼이 하고 싶다. 이 연습은 재미도 있을뿐더러 자신의 능력이 발휘되는 것을 보면 얼마나 기분이 좋은지 모른다. 믿을 수 없을 만큼 친절한 사람을 많이 알게 될 것이다.

전화의 달인 되기

—   전화로는 개인적인 관계를 형성하기가 쉽지 않다. 상대를 볼 수 없어서 심리적 장벽이 가로막기 때문이다. 감정이입을 잘하는 사람도 전화를 하면 갑자기 냉정해지거나 거리감을 느끼게 하는 경우가 많다. 오늘날은 전화로 상대를 설득하거나 순식간에 개인적인 인연을 맺는 것이 어느 때보다 중요하다. 당신은 이미 그렇게 하고 있으며 전화로 힘들이지 않고 문제를 해결하는가? 그렇다고 해도 다음을 계속 읽어보면 아직도 개선할 것이 많다는 것을 알게 될 것이다. 나 자신도 다음 사항을 규칙적으로 반복한다. 그래야 효과가 계속 유지되기 때문이다.

당신의 전화 목소리가 자연스럽게 특별한 의미를 전달하려면

▸ 공감을 주고 낙관적이며 동시에 자신감 있는 음색을 갖춰야 한다. 힘든 내용의 통화를 하기 직전에는 뭔가 즐겁고 재미있는 일을 생각하라. 이런 생각이 당신의 음색을 긍정적으로 바꿔준다.

▸ 큰 소리로 또박또박 분명하게 말하라.

▸ 말하는 속도를 상대의 속도에 맞춰라. 상대가 천천히 말하면 당신의 속도를 늦추고 빨리 말하면 당신도 조금 속도를 높여라.

당신이 주의해야 할 규칙은 이 밖에도 더 있다.

▶ 온전히 대화에 집중하라. 가능하면 라디오를 끄든가 조용한 방으로 옮겨 통화에 방해가 되는 소음을 피하라. 필기도구나 받침 등 필요한 것을 모두 미리 준비하라.

▶ 통화중에 이메일 작성이나 인터넷 서핑 같은 것을 하면 안 된다. 멀티태스킹(다중작업)을 할 수 있는 사람은 아무도 없다. 단지 관심을 여러 가지 활동으로 분산시킬 뿐이다.

▶ 특정 상대와 통화할 때는, 미리 신뢰의 검색엔진을 가동해서 상대의 이미지를 찾아보라. 머릿속에 있는 이미지는 개인적인 인연을 맺는 일을 더 쉽게 만들어줄 것이다. 사진이 없거나 상대를 전혀 알지 못할 때는, 통화할 때 떠오르는 상대의 모습을 상상하면 된다.

▶ 당신의 이름을 분명히 알려주어라. 이름이 복잡하고 길다면 더 분명하게 발음해야 한다(경험에서 하는 말이다).

이런 준비는 대개 몇 초 걸리지 않지만 아주 중요하다. 이런 상태에서 통화를 시작하라. 다음의 예는 전화로 어떻게 공감을 주고 친근감을 불러일으키는지를 보여준다.

카우프만 씨는 통신구매 대금을 늦게 납부했다. 이후 독촉장과 함께 연체료 고지서를 받았다. 그는 연체료를 물고 싶지 않았다.

고객 상담원: "상담원 엘제 슈나이더입니다. 무엇을 도와드릴까요?"
카우프만: "슈나이더 씨, 안녕하세요."[이름 반복] "제 이름은 카우프만인데요."(기다림)
슈나이더: "안녕하세요, 카우프만 고객님, 무엇을 도와드릴까요?"

카우프만: "문제가 생겨서요, 도움을 받을 수 있는지 알고 싶습니다." [도움 요청]

슈나이더: "물론입니다. 고객번호를 말씀해주세요."

카우프만: "네, 제 번호는 235433456789예요. 매일 입력하는 번호가 엄청나겠어요." [상황에 대한 이해]

슈나이더: "그럭저럭 할 만해요."(웃음) "네, 곧 찾아드릴게요."

카우프만: "알겠습니다. 저도 고객이 전화를 하면 평소보다 시간이 두 배나 걸리더라고요." [상황에 대한 이해]

슈나이더: "네, 일이 안 풀릴 때는 그렇죠."

카우프만: "이렇게 공감해주시니 통화하는 기분이 나쁘지 않네요." [직접적인 공감 표시]

슈나이더: "감사합니다, 친절하시네요. 네, 이제 찾았어요. 무슨 문제가 있으신가요?"

카우프만: "독촉장이 왔어요. 대금을 제 날짜에 이체하지 못했거든요. 제 잘못이지만 혹시 연체료를 탕감해주실 수 없으실까요?" [단순한 해결]

슈나이더: "저야 해드리고 싶지만 시스템이 허용하지 않아요."

카우프만: "알겠습니다, 그런데 일을 제대로 처리하지 못했다고 아내가 짜증을 내거든요." [의미부여] "혹시 대신 예외적으로 쿠폰이나 한 장 주실 수 있으실까요? 그러면 도움이 되고 다시 거기서 구매할 수 있을 텐데요." [두 번째 단순한 해결 + 상담원의 능력]

슈나이더: "그건 해드려야죠."

여기서 당신은 잠깐 동안의 전화로 어떻게 개인적인 인연을 맺는지 보았을 것이다. 적절한 기술을 활용하도록 방법 몇 가지를 더 소개하기로 한다.

이름 부르기

앞의 예에서는 대화를 시작하며 상담원의 이름을 자연스럽게 따라 불렀다. 사람은 누구나 다른 사람이 개인적으로 말을 걸며 자신의 이름을 부르는 것을 좋아한다. 전화통화를 할 때는 눈맞춤을 하지 못하는 상황을 보완하기 위해 의식적으로 이런 방법을 사용할 수 있다. 상대의 이름을 정확하게 알지 못할 때는 다시 한 번 물어보라.

이름 부르기의 효과를 테스트하고 싶다면, 슈퍼마켓이나 우체국에 가서 일을 마치고 인사를 할 때, 직원의 이름을 불러주면 된다. 직원들이 명찰을 다는 것은 그런 용도 때문이다. 그리고 그다음에 찾아갔을 때 이름을 부르며 인사를 한다면 아마 전부터 알고 지낸 사람처럼 대접을 받을 것이다. 물론 당신도 적당한 기회에 자신의 이름을 소개해야 한다. 분명히 효과가 있다. 이렇게 친절한 대접에 길이 들어서 그런지 우리 집 아이들은 루키카드(스포츠 스타의 얼굴을 담아 비닐 코팅된 종이에 인쇄된 트레이딩 카드로 교환(거래) 및 수집의 대상으로 판매하는 게임용 카드를 말함—옮긴이)를 모으는 데 엄청 재미를 들렸다. 슈퍼마켓에서는 보통 10유로 이상 구매하면 카드를 받을 수 있다. 아이들은 최소한 카드 3다스를 받기 전에는 슈퍼마켓에서 나오려고 하지 않는다.

이름을 부를 때의 효과는 상대 입장에서도 마찬가지다. 당신의 이름을 아는 사람은 당신과 좀 더 가깝다는 느낌을 받는다. 이런 이유로 이름을 알려준 다음에는 카우프만 씨처럼 잠시 뜸을 들여야 한다. 그러면 대개 상대는 당신의 이름을 반복해서 부르기 마련이고 그러는 사이 무의식중에 당신과 개인적인 관계가 조성된다.

그렇다고 이름을 자꾸 부르면 안 된다. 이런 통화의 생리를 아는가? 그곳은 당신이 뭔가를 구매하려고 하는 곳이고 통화상대가 말끝마다 당신의 이름을 반복하는 곳이다. 그 상대는 아마 판매에 대한 훈련을 받은 사람이기 때문에 잘 보이려고 할 것이고 조급한 마음도 있을 것이다. 그러므로 자연스러운 것이 좋다. 이름을 한두 번 부르면 공감을 불러일으키겠지만 그 이상은 반대로 인위적이어서 불쾌감을 줄 것이다.

도움 요청

침착하게 어떻게 말할 것인지 생각하라. 당혹스럽거나 절망적인 표정을 지을 수도 있다. 예를 들자면 이런 식이다.

> "저를 도와주실 수 있을 것 같은데요."
> "제가 지금 난처하네요."
> "어떻게 해야 좋을지 모르겠어요."
> "정말 갑갑하네요."

공감을 불러일으키기

공감을 불러일으키는 데도 많은 방법이 있다. 전화상으로 다양한 수법을 동원해 비슷하다는 느낌을 주거나 간단한 칭찬을 해준 것처럼 여기서도 잘 통하는 말을 몇 가지 소개한다.

> "이런 우연이 있나요, 제 친한 친구와 이름이 똑같아요."
> "슈나이더라면, 그 유명한 철학자와 이름이 똑같네요."
> "목소리가 아주 친절하네요. 얼마든지 기다리죠."
> "모든 상담원이 이렇게 친절하다면 얼마나 좋아."
> "이렇게 친절한 상대와 통화를 하다니 정말 좋네요."
> "여기는 뮌헨인데요, 거기도 날씨가 좋은가요? 여기 햇볕을 조금 보내드릴.
> 까요?"

몇 차례 연습하면서 당신에게 어울릴 만한 말을 생각해보라.
하다 보면 잘 통하는 표현이 생길 것이다. 나는 새로운 표현을 시
험하는 것이 언제나 재미있다. 그리고 그 말이 효과 있을 때는 늘
어린애처럼 좋아한다.

불만을 제기할 때는 제대로 하라!

——   지금까지는 즐거운 상황만 예시해
보았다. 이와 달리 불만을 제기할 때는 대개 더 힘들다. 하지만
이미 상황이 악화된 것이기 때문에 불만을 제기해도 더 이상 나
빠질 것은 없다. 누구나 제대로 서비스를 받지 못할 수도 있고 배
달된 물건이 기대와 다를 수도 있으며 동료가 약속을 안 지키는
일이 있을 수도 있다. 이때 불만을 제기하는 대신 말없이 화를 내
거나 좌절하며 손사래를 치는 사람들이 있다. 사실 이것도 나쁘
다고 할 수는 없다. 하지만 화를 내는 데는 다 그럴 만한 이유가

있다. 아무튼 법적으로나 적어도 윤리적으로 제대로 대접을 못 받는 일이 있을 수 있다. 이때 불만을 제기하는 것은 자신의 정당한 권리를 찾는 유일한 방법인데도 대부분 잠자코 있다. 잘못인 줄 알면서도 갈등을 싫어하고 원만한 관계를 원하는 사람이 많기 때문이다. 당신은 기꺼이 불만을 제기하는 사람 중에 속할는지도 모르겠다. 기분이 나빠도 그대로 두고 보면서 꾹 참는 사람도 있지만 이런 태도는 뭔가를 시정하는 데 최선의 방법이 못 된다. 별 문제가 없을 때도 있고 문제가 생길 때도 있지만 대부분 이런 틀에서 벗어나지 못한다. 그러다 보면 스트레스가 쌓여도 잘 느끼지 못한다.

불만을 제기할 때는 화를 내서는 안 된다. 제대로만 하면 오히려 재미있게 할 수도 있다. 나는 불만을 쉽게 제기하는 편이라 일종의 습관처럼 되어버렸다. 불만을 터트리고 나면 상황이 개선되고 나에게 불만을 들은 사람도 누군가의 문제를 해결해주었다는 생각에 기분이 좋아지기 때문이다. 그리고 당신이 상냥하게 불만을 제기하면 해결 가능성이 아주 높다는 것을, 장담할 수 있다.

몇 년 전, 나는 가족을 데리고 외국에서 이사를 와서 무척 정신이 없었다. 아이들 학교를 새로 알아봐야 하고 새로운 도시에 적응해야 하는 등 여러 문제가 있었고 몇 달 동안이나 건축현장에서 지내야 했다. 쌓인 피로를 풀기 위해 우리는 푸에르테벤투라로 휴가를 가기로 했다. 여행사에서 제공하는 호텔은 멋져 보였고 일정을 보면 환상적인 휴가를 보낼 것 같았다. 하지만 광고는 광고일 뿐, 현실은 완전히 딴판일 때도 있는 법이다. 호텔은 번잡한 대로변에 있었고 객실의 옷장문은 경첩이 떨어져나가 덜컹거

렸다. 그 호텔은 컬러텔레비전이 막 나왔을 때 수리를 한 것이 마지막이었다. 하지만 실망을 억제하고 기대를 갖기로 했다. 재미있는 시도를 할 기회라는 것을 알았기 때문이다. 불만을 제기하는 것이다.

저녁때 인사를 나누는 자리에서 단체로 휴가를 온 사람들 40명이 완전히 실망한 표정을 지으며 불쌍한 가이드 주위로 몰려들었다. 친절한 이 여자 가이드는 차츰 스트레스를 받으며 문제를 하나하나 해결할 테니 줄을 서라고 참석자 전원에게 요구했다. 내 차례는 열여섯 번째였고, 앞에서 대강 3분의 1쯤 되었다. 불쌍한 이 여자는 30분 가까이 고객의 아우성을 들어야 했다. 한결같이 비난을 퍼붓는 고객들은 터무니없는 관광요금을 반환하라고 요구했지만 가이드는 참석자 전원에게 친절하지만 단호한 태도로 이 요구를 거절했다. 고객들은 계속 성난 목소리로 50유로 이상의 여행 할인권으로 손해를 배상하라고 주장했다.

내 차례가 되자 나는 의식적으로 목소리를 낮추고 가이드 쪽으로 고개를 숙이며 신뢰하는 태도를 보였다. 그리고 친절한 음성으로 조용히 설명했다. "프라우Frau(미혼 기혼을 막론하고 여성에게 붙이는 존칭 — 옮긴이) 퀸, 이제 모든 요구사항을 들었을 테니 불만제기는 그만 하기로 하죠. 우리가 원하는 것이 뭔지 아실 것입니다." 그러자 가이드는 갑자기 고맙다는 표정을 지으며 미소를 지었다. "그럼요." 나는 "나도 고객들과 일을 해봐서 알아요. 현실에 맞지 않는 요구를 할 때가 많죠"라고 덧붙였다. 이제 가이드는 완전히 다정한 태도로 바뀌었다. "네, 정말 이런 상황을 잘 아시겠네요." 이제 토대는 깔렸다. 내 관심사를 조용히, 그리고 분명히 알리면 된다. "그래서 더 이상 성가시게 할 생각은 없습니다.

프라우 퀸이 직접 호텔을 수리할 수도 없는 노릇이니까요. 그런데 내 가족이 아주 힘든 시간을 보냈어요. 적극 추천해서 참여한 여행인데 말이죠. 그러니 이렇게 하는 게 어떨까요. 좀 더 나은 호텔로 바꿀 수 있도록 도와주시면. 5성급 호텔이면 가장 좋고요." 그러자 믿을 수 없는 대답이 선뜻 나왔다. "네, 한번 해볼게요." 나는 "안 되면 해변에 있는 4성급이라도 좋습니다"라며 두 번째 옵션을 제시했다. 이쯤 되면 가이드는 약속에 대한 책임을 느끼지 않을 수 없다. 그래서 나는 내 휴대전화 번호를 주고 그녀의 번호를 물은 다음 오후 3시까지 답변을 해달라고 부탁했다. 그리고 혹시 연락이 되지 않을 때는, 내 쪽에서 4시까지 전화를 하겠노라고 덧붙였다. 물론 친절한 미소로 고맙다는 표정을 지었고 내 가족도 일제히 손을 흔들며 똑같이 감사표시를 했다.

한 시간도 지나지 않아 전화가 왔다. 가이드는 우리를 위해 호텔 두 곳을 확보해두었다. 3킬로미터 떨어진 내륙에 있는 5성급 호텔과 해변에 있는 4성급 호텔이었다. 우리는 즉시 수락했다. 이렇게 해서 휴가를 망칠 뻔한 위기에서 벗어났다. 나는 당연히 여행사에 이메일을 보내 친절한 프라우 퀸의 활동을 언급하며 분명한 어조로 칭찬했다. 위협이나 분노에 찬 욕설을 하지 않고도 단시간 내에 즐거운 휴가로 분위기를 바꿀 수 있었기 때문이다.

이 얘기는 사람에게 영향을 주는 다양한 기술이 얼마나 놀라운 상호작용을 하는지를 보여준다. 개별적인 기술 하나하나는 그 자체로 효과가 있지만 서로 조합이 될 때 비로소 완전한 위력을 발휘한다. 이 사례를 좀 더 정확하게 살펴보고 네 가지 동기 중에 어떤 것이 여기서 작용을 했는지 알아보기로 하자.

타이밍 - 최소 반발의 순간

불만을 제기할 때는 안락의 동기가 작용할 수 있도록 반발력이 최소화되는 순간을 기다려야 한다. 지속적으로 반발하는 것은 힘이 들기 때문이다. 우리가 어떤 일을 할 때, 진행성과를 평가할 수 있다면 보통 3분의 1쯤 진행되었을 때, 신체적·심리적 힘이 처음으로 저하된다. 마라톤 경기에서 선수들이 처음 피로를 느끼는 구간이 12킬로미터 지점부터인 것과 같은 이치다. 당신이 아침 8시부터 오후 5시까지 근무해야 한다면, 첫 번째 휴식은 10시 30분에서 11시 사이에 갖는 게 좋다. 이런 이유로 나는 3분의 1 지점에 줄을 선 것이다. 두 번째로 힘이 떨어지는 것은 다시 3분의 1이 지났을 때다. 전체적으로 보면 3분의 2가 지났을 때다. 이것은 스포츠를 봐도 알 수 있다. 축구경기에서는 70분이 지났을 때고 마라톤에서는 35킬로미터 지점, 복싱에서는 9라운드에 해당한다. 따라서 당신에게는 상대가 힘이 빠진 순간을 활용해서 불만을 최선으로 제기할 기회가 두 번 있다고 할 수 있다.

물론 이 순간을 기다리는 것이 언제나 가능한 것은 아니다. 그 이전에 무슨 일이 있었고 무슨 일이 더 남아 있는지 파악하지 못할 때도 있기 때문이다. 그래도 조금만 창의력을 발휘하면 몇 가지 가능성은 생기기 마련이다. 예를 들어 당신이 고객센터의 불만접수자가 정상 근무를 한다는 사실을 안다면, 11시나 오후 3시가 적당한 시간일 것이다. 그리고 근무시간이나 택배물량을 모르는 경우에도 당신은 적어도 당신 앞에 배달로 '피곤하게 하는' 당사자가 나타날 때까지 기다려야 한다. 가령 공항 매표구의 줄이 길지 않다면 시간여유가 좀 있을 것이다. 이때 불만을 제기하려고 한다면 문제를 일으킨 당사자가 나타날 때까지 기다려라. 그러면 당신의 관심사를 더 쉽게 해결할 것이다.

이런 효과는 비단 불만을 제기할 때만 이용할 수 있는 것이 아니다. 만일 파트너와 함께 장기적인 쇼핑여행을 계획하고 있다면, 정말 관심이 가는 상점은 3분의 1이나 3분의 2를 거친 다음에 찾아가라. 당신이 올바로 돈을 지출한다면, 파트너의 불만은 훨씬 줄어들 것이다.

불안 - 놀라게 하는 사람이 게임을 주도한다

사람은 천성적으로 뭔가를 기대한다. 기대에서 안정감이 나온다. 그러므로 뜻밖의 상황은 언제나 불안을 몰고 온다. 이때 사람의 뇌는 새로 방향을 설정하고 상황을 재평가해야 하며 결론을 이끌어내야 한다. 놀란다는 것은 심리적으로 볼 때 잠시 방향을 잃는 짤막한 스트레스 순간이다. 실생활에서 간단히 실험을 해보자. 누군가와 다정하게 마주 앉아서 담소를 나누다가 갑자기 진지하게 "그 말은 전혀 마음에 안 드는군요"라고 말해보라. 상대는 즉시 당황해할 것이다. 당신은 상대를 놀래게 해서 불안을 조성한 것이다. 당신이 "아, 중요한 거 아니에요, 다음에 봐요"라고 말하면 불쌍한 상대는 이후 여러 시간 동안 기분을 망칠 것이다. 반대로 친절한 태도를 보일 수도 있다. "너무 시간이 없는 게 아쉽네요. 정말 즐거운 대화였어요."

불안하게 만드는 수단은 의식적으로 안정에 대한 열망을 거스름으로써 작용한다. 즉 불안이라는 동기를 유발하는 것이다. 마술사도 이런 효과를 이용한다. 관객 중에 한 사람을 무대로 부른다. 그러면 대부분의 사람들에게 이것은 완전히 기습적이고 익숙지 않은 상황이다. 갑자기 수많은 사람이 보는 가운데 조명이 비치는 무대에 서기 때문이다. 그러면 이런 상황에 익숙하고 자신감이 있는 사람에게 심리적으로 의지하기 마련이다. 이 경우에는 마술사가 바로 그런 사람이기 때문에 무대로 불려나간 관객은 시키는 대로 고분고분 따르지 않을 수 없다.

원리는 간단하다. 의도적으로 불안을 조성해서 상대의 잠재의식을 향해 스스로 안전보장의 발판을 자청하는 것이다. 사기꾼은 물론이고 바람둥이나 사이비종교의 교주, 쇼 무대의 최면술사도 모두 이런 원리에 따라 활동한다. 멜로영화에서 써먹는 가장 고전적인 수법은 무엇일까? 여주인공이 비틀거리다가 쓰러진다. 어머나 어쩜 좋아! 이때 남자 주인공이 여자를 품에 안는다. 관객은 안도의 한숨을 쉰다. 맞다. 너무도 통속적이다. 하지만 원리는 같다.

여행 가이드에게 일어난 일도 같은 이치다. 가이드는 나도 똑같이 화를 내며 달려들 것으로 예상하고 그에 맞게 심리적인 대응자세를 취했다. 하지만 내가 그 반대의 행동을 함으로써, 즉 조용하고 친절하게 말하고 더욱이 이해한다면서 그녀의 편을 들어줌으로써 당황해했다. 그녀의 행동양식은 이때 아무런 의미가 없었고 새로운 행동양식은 아직 준비가 되지 않았다. 하지만 내가 해결책을 제공했기 때문에 문제가 없었다. 그래서 내가 요구한 방식을 따르기만 하면 된 것이다.

간단한 해결 - 편한 길을 보여주어라

당신이 불만을 제기하는 상대가 압박을 받는 상황에서 갑자기 창의적인 해결책을 찾아낼 것으로 생각하면 안 된다. 그럴 수 있는 사람은 거의 없다. 그러므로 그에게 무조건 부담을 덜어주고 한 가지, 두 가지면 더 좋고, 구체적인 해결방안을 제시하라. 먼저 더 좋은 방안을 보여주는 것이 좋다. 상대가 동의하지 않고 그에게 마땅한 대안이 없는 것을 감안해서 두 번째 방안을 가지고 있어야 한다. 물론 당신은 강력한 요구를 해야 한다. 그래야 차선책으로 두 번째 방안이 현실적으로 보이기 때문이다. 이런 '틀짜기 기술'은 뒤에 가서 더 자세하게 살펴볼 것이다. 어쨌든 적어도 한 가지 방안은 실현 가능한 현실적인 것이라야 한다. 불가능한 요구는 상대를 움직이게 할 수 없다. 기차가 연착될 때면 나는 늘 역무원들이 안됐다는 생각이 든다. 승객들은 큰 소리로 "어떻게 좀 해 봐요!"라고 따진다. 역무원이 무엇을 할 수 있단 말인가? 기차를 끌어오기라도 하란 건가? 기관사에게 속도를 높이라고 강요하란 말인가? 철도회사 대표에게 개인적으로 전화를 해 그 열차를 1순위로 보내도록 명령이라도 하란 말인가? 비현실적인 요구로는 목표를 달성하지 못한다.

행동에 대한 압박 - 기대하는 것을 확실하게 관철하라

가벼운 압박은 행동에 대한 적극성을 눈에 띄게 키워준다. "지금 당장 구매하세요!", "4월 25일까지 주문하세요!" 이런 광고 문구를 흔히 보았을 것이다. 시간은 사람의 행동을 자극하는 아주 효과적인 압박수단이다. 그렇다고 늘 통하는 것은 아니다. "무슨 일이 있어도 내일 2시까지 전화할게요"라고 고객이 말했다. 우리는 크리스마스 연휴 내내 전화를 기다렸다. 고객들은 정확한 시간에 전화하지 않는다. 우리 동료들이나 계열사에서는 고객이 일정한 시간을 정하면 호의적인 반응에서 한 말로 본다. 따라서 다시 연락하겠다는 말로 '위협'해야 한다. 만일 어느 고객에게 오퍼를 보낸다면, 목요일까지 대답을 해달라고 부탁하라. 그리고 답변이 없으면 다시 월요일에 연락하겠다고 하라. 이런 식으로 고객에게 친절한 안내를 하면서도 제안을 뿌리치지 못하게 하는 메시지를 보내는 것이다.

불만을 제기할 때도 이치는 똑같다. 앞에서 소개한 친절한 가이드는 내가 3시까지 자신의 전화를 기다린다는 것을 알았고 더욱이 어떤 경우에도 내가 4시에 연락하리라는 것까지 알고 있었다. 이것은 강력한 행동압박이다. 그렇다고 전화가 언제나 정확한 시간에 오는 것은 물론 아니지만 당신의 관심사는 긴급성을 띠게 된다. 또 상대는 심리적으로 압박을 받고 동시에 당신의 불만제기가 긍정적인 결과로 이어질 가능성은 훨씬 커진다. 압박에는 재치가 필요하다. 불만을 제기할 때, 특히 전화로 불만을 제기할 때의 비결은, 내 경험으로 볼 때 통화 상대의 이름과 전화번호를 말하게 하는 것이다. 이 방법은 이름을 통해서 개인적인 관계의 분위기를 유도하는 데 의미가 있다. 또 한편으로는 이쪽에서 전화를 할 수도 있으며 일이 꼬일 때는 고객 불만신고서에 그 상대의 이름이 부정적으로 표현될지도 모른다는 생각을 하게 만든다. 미묘한 행동압박을 추가하는 것이다.

따라서 불만제기가 성공적인 결과를 낳으려면

▶ **타이밍**: 불만제기가 3분의 1이나 3분의 2 정도 진행되었을 때, 또는 어려운 불만사항을 접수한 직후에 해결방안을 제시하면 동의할 가능성이 커진다.

▶ **불안하게 하기**: 예상과는 다른 행동으로 놀라게 하는 것이 가장 좋다. 아주 조용하게 말하거나 이해한다는 것을 보여준

다. 터무니없는 농담은 필요한 만큼 상대를 방향 상실로 몰고 갈 수도 있다.

▶ **단순한 해결** : 한두 가지 현실적인 방안을 주도적으로 제안하면 상대로 하여금 생각할 수고를 덜어주고 당신이 제시한 방안을 수용할 가능성이 커진다.

▶ **행동에 대한 압박** : 시한을 정하고 상대의 이름과 전화번호를 묻는다.

직장에서의
활용술

고집스러운 상사
불친절한 동료
까다로운 고객을 상대하는 법

▶▶▶ 이제 낯익은 사람을 상대하는 방법으로 들어가보자. 친한 동료나 사장, 고객을 내 뜻대로 움직이게 하려면 어떤 기술을 활용할 수 있을까? 이들은 우리가 알고 있고 또 그쪽에서도 우리를 알며 빈번히 함께하는 일이 많은 상대다. 따라서 더 힘들 수도 있지만 반드시 그런 것도 아니다. 인턴사원이건 사장이건 상관없이 사람은 누구나 앞에서 말한 네 가지 동기로 움직인다는 사실을 명심하라. 이 중 한 가지는 특히 사무실에서 다양한 형태로 발생할 수 있다.

사무실은 노이로제의 서커스 공연장이며 자아는 강력한 서커스 단장이다. 물론 나머지 세 개의 동기도 두드러진 역할을 하지만 자아를 배려하고 자아를 감동시킨다면 많은 것을 얻을 것이다. 자아는 단지 고전적인 형태로만 노출되지 않는다. 수줍고 인기 없는 여자에게도 자아는 있다. 다만 분명히 드러나지 않을 뿐이다. 더욱이 자아는 그 사람 개인과만 관계되는 것도 아니다. 자녀, 부모, 애완동물 등, 우리의 마음속에 있는 대상도 자아에 포함될 수 있다. 예컨대 매력적인 파트너가 있는 사람은 확대된 자아에 속하는데, 이때는 자신을 덜 내세우며 본래의 자아보다 훨씬 큰 역할을 할 수 있다. 누군가에게 그 집의 아이들이 멍청하다고 말해보라. 그러면 그 사람은 설사 당신의 말이 맞는다고 해도 모욕감을 느낄 것이다. 왜 그런 반응을 보일까? 그 사람 자신이 아니라 아이들이 멍청하다고 말한 것인데. 자녀는 확대된 자아에 속하기 때문이다. 그리고 확대된 자아는 대부분 더 중요하다.

그러므로 어떤 자아에 대고 말을 할 것인지 조심해야 한다. 만일 당신이 어느 팀장에게 뭔가 호소한다면 그때의 대상은 그 사람의 지배적인 자아일 수도 있고 아니면 그의 팀원이 포함된 확대된 자아일 수도 있다. 상대의 언행을 주목하면 어떤 자아가 더 두드러진 것인지 비교적 쉽게 확인할 수 있다. 상대가 자신을 전면에 내세우기(개인적인 자아)를 좋아하는가, 아니면 본인은 의식적으로 한 발 물러나고 다른 사람(확대된 자아)의 활동과 실적을 강조하는가. 무엇보다 이때의 행동에 얼마나 진정성이 있는가를 관찰하라. 어느 팀장이 예를 들어 "내 팀에 그렇게 하라고 했어……", "내 팀에 그렇게 말했어……"라는 말을 한다면 이것은 그 사람의 개인적인 자아가 드러난 것이다. 대신 "내 팀이 했어……", "내 팀의 아이디어야……"라는 표현은 확대된 자아의 징표라고 할 수 있다.

주변사람들의 자아를 얼마나 잘 활용할 수 있는가는 에셀테 라이츠 영국지사의 영업부장인 줄리의 예가 잘 보여준다. 이 회사는 서류철이나 펀치, 호치키스 등 문구로 잘 알려져 있다. 물론

이 밖에도 이 회사에서 만드는 제품은 아주 많다. 하지만 기본적으로 제품이 단조롭다는 인식이 많았는데, 단순한 일상용품이었기 때문이다. 그런데 에셀테 라이츠는 몇 년 전에 대부분의 시간을 직장에서 보내는 회사원들이 사무실에서도 집처럼 편하게 지내고 싶어 한다는 것을 알았다. 이들이 책상을 화분이나 사진, 온갖 장식품으로 꾸미는 것은 바로 그 때문이다. 그렇다면 왜 사무용품을 그런 용도에 맞게 만들 수 없단 말인가?

이 같은 발상에서 제품라인이 아주 매혹적으로 디자인되었다. 색깔과 디자인이 우선시되고 소비자의 다양한 기호를 충족시켜 줄 수 있는 제품을 출시했다. 비용은 조금 더 들지만 디자인이 다양한 제품을 선보인 것이다. 줄리는 영업 관리자로서 이런 제품이 자아에 호소하는 힘이 얼마나 강력한지 재빨리 깨달았다. 마침내 이 제품이 평소의 일터를 더 아름답게 꾸며주고 재평가하는 계기를 만들어주었기 때문이다. 줄리는 이 효과를 활용했다. 줄리는 거래처를 방문할 때면 미리 선정한 여직원에게 엄선한 디자인 제품군 전체를 선물로 주었다. 이후 많은 사람이 이 홍보용 선물을 받았다. 단 이 선물을 사무실에 두고 사용한다는 조건을 달았다. 여기서 그녀가 말하는 "데스크 엔비Desk Envy(흔히 신입사원이 시각적으로 우아하고 잘 정돈되었으며 큼직한 임원의 책상을 보고 이것을 상대적으로 우월한 지위의 상징으로 보고 동경하는 현상—옮긴이)", 즉 '책상 선망'이라는 효과가 나타났다. 그리고 그 효과는 엄청났다. 선물받은 여직원의 동료들이 이 제품들을 보고 정말 멋지다고 생각했기 때문이다. 이들은 보기 드문 디자인 제품에 샘을 내며 자신도 갖고 싶어 했다. 불과 몇 주 만에 모든 회사로부터 주문이 폭주했다. 줄리는 여기서 한 발 더 나갔다. 가장 안 팔리는 색깔의 제품을 계속 선물한 것이다. 하지만 이 색깔도 효과가 컸다. 디자인이 매혹적이라 누구나 욕심을 내서 샀고 더구나 동료와 똑같은 것을 갖고 싶어 하는 사람도 있었다. 이런 방법으로 줄리는 지속적으로 최대의 효과를 일으켰고 모든 색깔과 모든 디자인을 조절해가며 성공시켰다.

똑같은 방법을 필수적인 크리스마스 선물에 적용할 수도 있다. 해마다 고객과 공급자에게 선물하는 쓸데없는 물건이 얼마나 많은가! 저질 포도주, 메모지, 볼펜 등 기본적으로 모든 선물이 무익한 것이며 효과도 없다. 물론 뭔가를 받는다는 것은 기분 좋은 일이지만 이런 선물은 어차피 오래가지도 못한다. 포도주는 마셔 버리고 나면 사실 누가 주었는지도 잘 기억하지 못한다. 소비재는 빨리 사라지기 마련이다. 우리가 초과근무를 하면 누가 가장 괴롭고 또 누구 앞에서 우리는 성공을 거두고 인기를 끌고 싶은가? 그것은 바로 가족, 즉 확대된 자아다. 그러므로 가족에게 가지고 갈 수 있는 선물을 하라! "여보, 이것 좀 봐, 멋진 선물을 받았어!" 아이들 장난감이나 칼이 딸린 4인용 고급 모듬치즈 같은 것은 30유로 이하에 살 수 있다. 이런 선물은 집으로 들고 가게 되며 손님이 올 때마다 또는 그것을 사용할 때마다 당신의 회사를 생각할 것이다. 이제 어떻게 하면 상대의 자아를 당신 자신을 위해 활용할 수 있는지 알아보자.

최고호칭의 위력

—   나는 러시아 프로젝트 관계로 뮌헨
지방법원을 수시로 드나들며 문서 공증이나 감정을 받는다. 법원
에서 시달려 본 사람은 그 일이 얼마나 힘든지 잘 안다. 두툼한
안경에 확대경을 들고 앉아 있는 법원 관리들은 꼭 중대 범죄와
관련된 보석을 감정하듯 한다. 어느 날 약 20명 정도 되는 사람이
지루하게 차례를 기다리고 있었다. 다양한 용무로 온 사람들이었
다. 출신국 증명서의 검증을 받으려는 사람도 있었고 가족의 후
속이주에 따른 서류가 필요한 사람도 있었다. 대부분 가족상황이
나 체류권, 보유한 현금과 관련된 용무였다. 그러므로 꽤나 긴장
되는 분위기였다. 대기자와 담당관리 중에 누가 더 과민상태일지
모를 만큼 경직된 곳이다. 공개된 사무실이라는 것도 도움이 되
지 않았다. 담당자가 뭘 하는지 다 보였고 편하게 앉아서 늑장을
부린다고 수군대는 소리도 담당자의 귀에 다 들릴 정도였다. 대
기자들은 담당자가 모든 자료를 확대경으로 들여다보며 거들먹
거린다고 투덜댔다. 이들은 마치 자신들이 사기꾼이나 문서 위조
범 같은 부당한 대우를 받는다고 느꼈다. 한마디로 말해 유쾌한
분위기는 못 되었다.

내 차례가 되었다. 나는 담당자가 도저히 친절하다고는 할 수
없는 인사를 하며 바이에른 토박이답게 무뚝뚝한 시선을 보내도
기분 나쁜 반응을 보일 수는 없었다. 나는 용건을 설명하며 말했
다. "정말 책임이 막중한 일을 하시네요." 그러자 담당 관리는 확
대경에서 눈을 떼며 다소 당혹스런 표정으로 나를 바라보았다.
진심으로 한 말인데 놀리는 것처럼 들렸단 말인가? 나는 조용히

덧붙였다. "하루에도 수백 건씩 문서의 진위 여부를 확인하셔야 겠네요. 그것도 여러 나라의 서류를 말입니다. 그러자면 알아야 할 지식도 엄청나겠죠. 여기서 용케 빠져 나가는 위조문서는 거의 없을 것 같군요." 갑자기 그의 태도가 변했다. 그는 미소를 지으며 30초 만에 내 서류의 확인을 마쳤다. 보통 증명필 인을 받는 데는 한 시간 정도가 걸린다. 그런데 그는 고맙게도 내 서류에 '긴급'이라는 말까지 기재했다. 나는 10분 만에 법원의 인증을 통과한 서류를 들고 그곳에서 나왔다. 일주일 뒤에 다시 서류를 들고 찾아가자 그 직원은 즉시 나를 알아보고 대기열에 있는 나에게 눈인사를 했다. 차례가 되자 우리는 1~2분간 잡담을 주고 받았다. 나는 그의 일처리에 감명받았다는 인사를 보냈고 손쉽게 필요한 서류의 인증을 마칠 수 있었다.

매일 고맙다는 인사도 못 받고 일하는 수많은 사람을 생각해보라. 이들은 자신의 일과 서비스에 욕을 먹는 대신 인정을 받을 때면 몹시 기뻐한다. 이를테면 동료들의 여행경비를 정산하는 경리사원, 세무관리, 주차단속원, 주택관리소 직원 등이다. 이들은 평소에 주목받지 못하지만 마음속으로 인정받기를 바라며 조용히 일하는 일상의 주역들이다. 이들이 하는 일이 중요하다는 느낌을 갖게 해준 사람은 평생의 친구가 생기는 동시에 많은 시간과 노력을 절약하게 된다.

그러므로 상대가 당신을 위해 뭔가 해주기를 바란다면, 당신은 그에게 긍지를 갖게 해주어야 한다. "정말 최고 전문가네요, 혹시 이 도표작성 좀 도와주실 수 있을까요?" 이런 행동방식은 "미안하지만 이 도표작성 좀 도와줄 시간이 있나요?"라고 말하는 것보다 효과가 훨씬 뛰어나다. 두 번째 방식은 상대의 시간과 자원을 요구하는 말이다. 즉 당신이 상대에게 뭔가를 요구하는 것이다. 첫 번째 방식은 상대에게 뭔가를 제공하는 것이다. 말하자면 그가 얼마나 솜씨가 뛰어난지 상대에게 보여줄 기회를, 또 감명을 줄 기회를 제공한다. 나는 이 방법을 '최고호칭의 방법'이라고 부른다. 누군가의 행위를 최고의 솜씨라고 칭찬하는 것이기 때문이다. 그리고 사람은 누구나 조금씩은 최고가 되고 싶은 마음이 있지 않을까?

내 아내도 나에게 이런 전술을 정기적으로 사용한다. 내가 뭔가 해주기를 바라는 게 있을 때는 먼저 내 자아에 호소한다. "당신 손기술은 정말 타고났어, 여보 옷장이 고장 났는데⋯⋯", "당신은 문안을 정말 잘 짠다니까, 미안하지만 생일초대장 좀 써줄 수 있어요?", 또는 좀 더 세련된 방법으로 제3자의 말을 인용하기도 한다. "나타샤가 그러는데, 당신이 아이들하고 아주 잘 놀아준다고 하더라고요, 이번 여자들 모임 때 당신이 좀⋯⋯."

물론 나도 아내의 수법을 잘 알면서도 매번 부탁을 들어준다. 사람의 자아는 확인을 받으려는 열망이 너무도 강해서 상대가 바라는 것에 조종당하기도 한다. 조종을 받아도 아주 기분이 좋기 때문이다.

아내가 나타샤의 말을 인용한 것처럼 제3자의 영향도 무시할 수 없다. 다른 사람들이 보는 가운데 직접 최고호칭의 방법을 적용할 수도 있다. "우리 팀에서 엑셀 솜씨로 치자면 클라우스를 따라갈 사람이 어디 있어, 너희들도 그렇게 생각하지?"

또 최고호칭 방법은 사실과 전혀 맞지 않을 때도 통한다. 나는 사실 손기술이 형편없다. 그래서 좀 달라지기를 바랄 때가 많다.

그런데 아내가 내 손기술을 칭찬할 때면 그 말이 너무도 기분 좋게 들린다. 그래선지 언젠가는 내 속에서 잠자고 있는 손재주가 발휘될 날이 있을지도 모른다는 일말의 희망을 품는다. 또 그런 일이 생길 때마다 더 열심히 매달린다. 설사 형편없는 결과가 나오더라도 아내가 자초한 일이니 어쩌겠는가.

물론 이 방법도 남용하면 안 된다. 이 방법은 누군가가 실제로 능력이 있거나 해당능력을 갖고 싶어 한다는 생각이 들 때만 의미가 있다. 이와 달리 당사자 스스로 그런 능력이 없다는 것을 정확히 알고 있을 때는 효과가 없다. 나머지 사람은 모두 바쁜데 마침 사무실에 부탁을 들어줄 만한 사람이 한 명 있다고 쳐보자. 그에게 다가가 "당신 힘깨나 쓰게 생겼는데, 미안하지만 지하실로 복사지 20팩만 가져다줄 수 있어?"라고 말하면 상대는 자신을 놀린다고 생각할 것이다. 이때는 조금 창의력을 발휘해서 최고호칭 방법을 적용할 수 있다. "당신이 할 일은 아니지만, 지금 할 만한 사람이 없고 당신은 믿을 수 있으니까 물어보는데, 혹시……." 신뢰성이라는 특징은 다목적 무기 같은 것이다. 물론 믿을 수 없는 사람은 예외겠지만. 그리고 목표를 달성하기 위해서는 늘 진실해야 한다.

이메일을 보낼 때도 최고호칭 방법은 효과를 발휘한다.

'당신이 정확성과 신뢰를 중시한다는 것을 알기 때문에 지난번에 약속한 자료를 보냅니다. 혹시 달리 원하는 것이 있다면 당신을 위해 준비를 할 수 있도록 1월 25일 4시까지 빠른 회신을 보내주시면 고맙겠습니다.'

가장 결정적인 내용은 첫 문장이다. 이 말로 상대의 자아를 부각시키기 때문이다. 작성자는 상대의 긍정적인 특징으로서 정확성과 신뢰성을 언급했다. 그러면 수신자는 이 자아를 확증하려고 애를 쓰게 된다. 하지만 수신자 자신이 일처리가 정확하지 않다는 평판이 있다는 것을 알 경우에는 다른 방향의 자아를 강조해야 한다.

'당신이 팀의 신속한 정보를 중시한다는 것을 알기 때문에 지난번에 약속한 자료를 보냅니다. 회신에 의존해야 하므로 혹시 달리 원하는 것이 있다면 당신을 위해 준비를 할 수 있도록 1월 25일 4시까지 빠른 회신을 보내주시면 고맙겠습니다.'

여기서는 '팀의 신속한 정보'와 '회신에 의존'한다는 짤막한 문장이 팀 활동의 자아를 부각시킨다. 미묘한 표현의 차이로 큰 효과를 기대할 수 있다는 말이다. 우리는 언젠가 무작위 분할테스트를 실시했다. 우리는 할인제품의 오퍼를 보내면서 고객 50명에게는 표준 양식의 이메일을 보냈고 나머지 50명에게도 같은 이메일을 보내면서 해당 고객이 정확성과 신뢰성을 중시하는 것을 안다는 말 한 마디를 추가했다. 그러자 첫 번째 집단에서는 기한 내에 답신을 보낸 사람이 24명밖에 안 되는 데 비해 한 마디가 더 추가된 이메일을 받은 집단에서는 39명이나 답신을 보냈다.

앞의 두 가지 이메일에서 혹시 눈에 띄는 것은 없는가? 두 가지 다 마지막 문장에 '당신을 위해'라는 조금은 기대 이상의 효과를 낼 표현을 삽입했다. 회신은 우리를 위한 것이 아니라 '당신을 위해' 뭔가를 하기 위해서라는 의미를 부여한 것이다. 낮은 차이지만 성공률을 높이는 방법이다.

자아를 부각시키는 방법은 뛰어난 효과를 가져다준다. 누군가의 기분을 좋게 해주는 것보다 더 좋은 방법이 어디 있는가? 다만 자칫하면 역효과를 내기 때문에 조심하지 않으면 안 된다. 가장 많이 저지르는 실수는 본의 아니게 한 사람의 자아를, 그가 전혀 도움을 줄 수 없는 방향으로 부각시키는 것이다. '당신이 아주 바빠서 이 메일에 회신할 시간이 거의 없을 거라는 것을 알고 있습니다'라는 문장으로 시작되는 이메일을 받은 사람이 회신할 가능성은 얼마나 될까? 이 이메일을 작성한 사람은 정중하고 상대를 배려한다는 인상을 주고 싶었을 것이다. 하지만 작성자는 아주 바쁜 사람의 자아를 부각시켰기 때문에 당연히 상대는 회신을 보내지 않을 것이다. 친절한 미사여구를 집어넣는다는 것이 원했던 것과는 반대의 결과를 가져오는 셈이다. 그러므로 만일 당신이 나에게 이메일을 보낸다면 내가 바쁘다는 것을 강조할 필요가 없다.

또 이 밖에 누군가의 자아를 부각시켰다가 통제할 수 없는 문제가 발생할 수도 있다. 나는 언젠가 동료에게 그가 나보다 마케팅에서 훨씬 뛰어나다는 말을 한 적이 있다. 나는 틈만 있으면 마케팅과 홍보 분야에서 보여주는 그의 재능을 칭찬했다. 물론 그는 이 분야의 과제를 기꺼이 떠맡았다. 그리고 마침내 이 분야에서 최고가 되었다. 그러다가 한번은 그의 계획을 비판했다가 즉시 다음과 같은 답신을 받았다. "마케팅은 누구보다 내가 잘 알아."

의식적으로 자아를 키우면 항상 그 결과를 의식하고 견딜 수 있어야 한다. 만일 당신이 고객에게 지나치게 가격을 따진다고 말한다면 그 고객은 앞으로 당신을 볼 때마다 값을 깎지 않고는 못 배길 것이다. 고객을 상대할 때는, 가격과 생산비용을 훤히 꿰뚫고 있다고 말하는 것이 더 좋다. 이후로 계속 가격에 집착한다고 해도 언제나 생산비용의 측면을 강조할 수 있다. 전에 내 동료가 이런 문제에 부딪쳤을 때, 나는 광고와 마케팅을 잘 아는 사람은 고객과 생산자의 관점을 확인하고 감안하며 거기서 최선의 타협점을 짜내는 사람이라는 의견을 제시한 적이 있다. 이후로 동료는 내 말에 귀를 기울이기 시작했다. 그러므로 실제로 어떤 자아를 부각시키고 싶은지 정확하게 판단하라!

그 밖의 적용사례

▶ 특정 주제에 대하여 동료가 귀를 기울이게 만들려면, "프라우 랑게, 이 문제는 당신이 품질 전문가로서 관심을 가질 것 같은데요"라고 말하라.

▶ 도움이 필요한데 반드시 동료의 지원을 받는다는 보장이 없을 때는 다음과 같이 일석이조의 효과를 내는 방법이 있다. "이 일은 너무 힘들어서 내가 완전히 신뢰하는 사람의 도움이 있어야 해. 실제로 능력도 있고 입이 무거운 사람이면 좋겠는데, 내 생각엔 당신밖에 없어."

▶ 누군가 당신을 위해 성가신 인터넷조사를 해줄 필요가 있을 때는 이렇게 말해본다. "인터넷에서 도저히 찾지 못하는 것을 찾아내는 데는 당신이 천재잖아. 그래서 말인데……."

▶ 누군가의 동의가 필요할 때는 "마이어 씨가 숫자를 다루는 일에는 우리 중에서 최고가 확실한데, 마이어 씨, 안 그래요?"라고 말하는 것도 방법이다. 당신 말이 완전히 틀린 것만 아니라면 칭찬을 들은 마이어 씨는 그 말에 얼른 동의할 것이다.

일이 마무리될 확률을 높이기

—— 동료에게 이메일을 보내거나 사장
의 책상에 검토하라고 서류를 갖다 놓으면 아무 일도 되지 않는
다. 그 일을 거듭 거론해도 되는 일이 없을 것이다. 물론 이때 최
고호칭 방법을 적용할 수 있겠지만 일상의 분주한 환경에서는 일
을 빨리 진행해야 하므로 매번 동료의 자아를 키워줄 수는 없는
노릇이다. 이런 상황에서도 일이 차례차례 마무리될 확률을 높여
야 한다. 가능하면 개인적인 분위기에서 요청하거나 지시하는 간
단한 요령만 있으면 된다.

사회학자인 랜디 가너 Randy Garner 는 이것을 이른바 부착메모지
실험에서 인상적으로 보여주었다. 가너는 실험집단을 세 그룹으
로 나누어 설문지를 보냈다. 첫 번째 그룹은 표지에 응답을 부탁
하는 글씨가 쓰인 설문지를 받았다. 두 번째 그룹은 똑같은 자료
를 받았지만 노란색 쪽지, 이른바 포스트잇을 부착한 것이 달랐
다. 쪽지에는 아무 말도 없었다. 세 번째 그룹이 받은 것도 쪽지
가 붙어 있었는데 거기엔 설문지를 작성해서 보내달라는 내용이
적혀 있었다. 그러자 주목할 만한 결과가 나왔다. 쪽지가 없는 설
문지를 받은 집단은 34퍼센트의 응답률을 보인 데 비해 노란 포
스트잇을 붙인 경우는 응답률이 43퍼센트나 되었다. 그리고 작성
을 부탁하는 내용의 쪽지가 붙은 설문지를 받은 집단은 무려 75
퍼센트나 응답한 것이다.

이와 똑같은 효과가 레스토랑의 팁에도 작용한다. 서빙 담당
종업원이 고맙다는 말을 계산서에 적고 미소를 지으며 거기에 서
명까지 해서 내밀면 고객이 주는 팁은 눈에 띄게 올라갔다. 따라

서 기본적으로 적용되는 규칙은 다음과 같다.

> **개인적인 분위기에서 부탁이나 과제를 제시할수록
> 일이 성사될 가능성이 커진다.**

긴급히 처리해야 할 서식이나 문서가 있을 때는 쪽지를 붙이고 거기에 글씨를 남긴다. 물론 어휘선택이 결정적인 역할을 한다. 조그만 쪽지에 깨알 같은 글씨로 잔뜩 써넣는다든가 성의도 없고 내용도 없이 '확인!'이라고만 쓰는 것은 효과가 없을 것이다.

이와 달리 다음의 표현이 담기면 아주 효과가 클 것이다.

'긴급, 우선처리'

시간을 압박하는 표현은 사람의 정신적인 의제에서 상위를 차지한다. 시간을 한정하면 더 효과가 크다. 인간의 오성은 측정할 수 있는 것을 더 잘 실현하기 때문이다.

'조심, 주의'

학습된 신호, 인간 내면의 경보가 작동한다.

'부탁 / 감사'

고전적인 수법을 잊는 경우가 종종 있는데, 이것은 여전히 협력태도를 놀랍게 키워준다. 사실 언급할 필요가 없을지도 모르지만 일상적으로 우리에게 부족한 것이 이런 말이 아닐까? 바로 이런 말을 상대에게 하라!

'사랑의 인사를 보내며 / 사랑스러운 그대'

사람은 누구나 사랑받고 싶어 한다. '사랑'이란 말은 우리의 마음속에서 뭔가 마력적인 힘을 발산하며 행동을 자극한다.

이 항목에 다른 것을 더 추가할 수도 있다. 당신 스스로 상황과 활동분야에 따라 신호가 될 만한 말을 생각해보고 편하게 실험해보라. 단 원칙적으로 모든 기록에 포스트잇을 붙일 필요는 없다. 너무 자주 사용해서 익숙해진 것은 효과가 없다. 비결은 정보의 홍수로부터, 또 자체의 정보로부터 늘 뭔가를 돋보이게 만드는 것이다.

이메일의 효과를 높이기

—   포스트잇 방법은 이메일 소통에서도 효과가 잘 나타난다. 이메일은 아주 중요한 의사 전달형식 중 하나가 되었고 빨리 쓸 수 있으며 비용도 거의 들지 않는데다가 실시간으로 보낼 수 있다. 사무직 200명을 대상으로 한 설문에서, 일주일간 이메일을 거르는 것과 전화를 거르는 것 중, 어느 것이 더 큰 문제냐는 물음에 응답자의 81퍼센트는 이메일을 거르는 것이 더 큰 문제라고 답했다. 더 놀라운 것은 이메일이 대부분 심리적인 측면에서 제대로 표현되지 못한다는 것이다. 철자나 문법적인 오류를 말하는 것이 아니다. 이런 것은 어떻게든 견딜 수 있는 문제다. 이게 아니라 수신자에게 심리적으로 잘못 표현된 이메일을 말하는 것이다. 수신자에게 심리적으로 의사전달을 못하는 사람은 상대의 행동을 끌어내지 못한다. 포스트잇 방법은 이메일의 경우에도 두드러진 효과를 발휘한다. 이메일의 홍수에 대처하기 위해 우리의 뇌는 짧은 순간에 중요한 것과 중요하지 않은 것을 구분하는 법을 학습했다. 하지만 빠르게 판단할 때는

자주 실수가 발생한다. 이메일에 심리적인 쪽지가 붙어 있을 때, 수신자의 뇌는 순간적으로 '중요한 것이야! 무조건 읽고 처리해야 해!'라는 신호를 보낸다.

중요한 것은 제목줄이다

이메일에서 첫 번째 쪽지기능을 하는 것은 제목줄이다. 제목이 구체적이고 개인적일수록 그에 적합한 반응을 불러일으킬 가능성이 높다. 제목과 관련해 가장 많이 범하는 실수는 대부분 수신자가 아니라 작성자의 시각에서 표현된다는 것이다. 제목이란 내용을 짤막하게 요약한 것이나 다름없다. 예컨대 '실질적인 판매 지표'나 '오퍼 초안' 같은 제목이 여기에 해당하고 '안내'라는 말도 자주 쓰인다. 또 이메일은 자주 주고받기 때문에 단순히 'RE: RE:~'이란 제목일 때도 많다. 본문과 관련된 제목이 없는데 솔직히 어떻게 내용을 안단 말인가?

그러므로 나는 내용 관련 제목 대신 행동 관련 제목을 중시한다. 이것은 쪽지 기능을 할 뿐만 아니라 수신자에게 생각할 수고를 덜어준다. 제목이 단순히 내용만 알려준다면 수신자는 무엇을 해야 할지, 한다면 무엇을 어떻게 해야 할지 생각을 정리해야 한다. 모든 사고의 과정은 아무리 작은 것이라고 해도 장애물이며 이 장애물 때문에 실제로 행동을 할 가능성은 줄어든다. 행동과 관련된 제목은 다음의 예에서 보듯 간단하게 표현할 수 있다.

상황	(통상적인 예) 내용 관련 제목	(최적화한 예) 행동 관련 제목
수정된 오퍼를 보내고 싶을 때	오퍼 수정	오늘 저녁까지 수정된 오퍼를 보시기 바람
프로젝트 진행정보가 필요할 때	프로젝트는 어떻게 진행되고 있습니까?	긴급: 실질적인 프로젝트 진행상황을 알려주기 바람
배송지연을 고객에게 알려야 할 때	배송지연에 따른 정보를 고객에게 알리기	주의: 즉시 고객에게 해당 정보를 보낼 것!
당신이 아는 정보를 제공할 때	이 자료는 당신에게 필요한 정보입니다	무조건 읽어볼 것!

행동과 관련된 제목은 우리의 뇌에 빠르게 입력되고 우리는 무엇을 해야 하는지 즉시 알아차린다. 고전적인 쪽지와 마찬가지로 이런 제목은 목표를 일깨우고 가치를 인식시켜준다. 당신이 여러 가지 프로젝트를 추진할 때, 이메일 제목에 프로젝트 명이나 고객 이름을 포함시키면 큰 도움이 될 것이다. 이렇게 하면 수신자도 쉽고 당신이 받은 편지함에서 특정 프로젝트에 대한 이메일을 찾을 때도 편하다.

당신은 제목으로 주의를 환기시키고 당신이 보낸 메일을 읽게 만들 것이다. 실제로 주목해서 읽고 나서 처리를 안 하기는 어렵다.

분명히 당신도 그런 경험이 있을 것이다. 동료가 당신이 처리해줘야 할 이메일을 보냈다고 하는데, 안타깝게도 당신은 아무리 생각해도 그 부탁을 기억하지 못할 수 있다. 당신은 이메일을 받았는지 기억이 확실치 않다. 동료의 부탁을 주목하지 않았기 때문이다. 이런 일은 너무도 흔하게 일어난다. 편지함을 열고 읽어볼 때도 중요한 정보를 놓치기 십상이다. 이후로 보낸 것을 확인 시켜주는 이메일이 오기도 한다. '내가 메일을 보냈는데 제대로 읽지 않았군요.' 하지만 기술적으로는 도움이 되지 못한다. 문제는 쓰는 것이 아니라 읽는 것이다.

이메일은 단순한 전자우편이 아니다. 우리가 이메일을 읽는 방식은 편지나 인쇄된 기록물과는 전혀 다르다. 자세히 읽는 것이 아니라 대강 훑어본다는 말이다. 이메일을 보면서 다른 일을 할 때도 있다. 전화를 하든가 동료와 수다를 떨면서 내용에 집중하지 않는 것이다. 게다가 이메일을 태블릿 컴퓨터나 휴대전화로 읽는 일이 늘어나면서 간단한 문장을 건너뛰기도 하고 스크롤하는 사이에 전체 문맥을 파악하지 못하기도 한다. 따라서 이메일을 작성할 때는 이렇게 읽힐 것에 대비해야 한다. 다음의 단계를 거치면 이메일은 큰 비용을 들이지 않고도 심리적으로 최적화할 수 있으며 동시에 효과도 클 것이다. 비록 시간이 몇 초 더 걸릴지는 모르지만 그만한 가치가 있을 것이다.

분량- 적은 것이 더 낫다

내용이 긴 이메일만큼 나쁜 것은 없다. 복잡한 글을 한 줄 한 줄 정성스럽게 읽을 사람이 어디 있겠는가? 그러므로 내용은 짧을수록 좋다. 간단하게 표현하려면 생각을 해야 하므로 시간이 더 걸릴 것이다. 예전에 괴테도 실러에게 긴 편지를 보내면서 다음과 같은 문장으로 끝맺은 것을 볼 수 있다. '편지가 긴 것을 양해해 주십시오. 짧게 표현할 시간이 없네요.' 이런 이치는 당시나 지금이나 다를 것이 없다. 그러므로 생각나는 대로 마구 써내려갈 것이 아니라 시간이 걸리더라도 짧게 줄여서 표현해야 한다. A4 용지로 반이 넘는 이메일은 길다고 볼 수 있다. 어느 글이든, 반 페이지가 넘는 것은 주제별로 분류해야 한다. 내용을 반 페이지 이하로 줄일 수 없다면, 차라리 나누어서 두 번에 보내는 것이 좋다. 또 작위적으로 이상한 복합문을 쓰는 것을 삼가야 한다. 멋있게 보일지는 모르지만 읽는 사람은 이해하기 힘들 것이다. 늘 상대의 편의를 염두에 두어야 한다. 간단한 것은 그만큼 빠르기 마련이다. 내용이 복잡해 보인다면 당장 읽지 않고 뒤로 미룰 것이다.

일목요연 - 틀 갖추기

짧은 이메일이라고 해도 늘 한눈에 알아볼 수 있는 것은 아니다. 이때도 간단한 요령만 있으면 큰 도움이 된다.

4~5행씩 묶어 단락을 지어라. 그러면 사람의 뇌는 숨 돌릴 여유를 갖게 되고 포함된 정보를 더 잘 처리하게 된다. 우리는 현장 실험을 통해 이 같은 단락이 얼마나 효과가 있는지를 테스트했다. 실험에 참여한 한 학생은 세미나가 시작되기 세 시간 전에 우리가 공동으로 작성한 이메일을 약 50명의 세미나 참여자에게 보냈다. '세미나가 시작되기 전에 읽어볼 것'이라는 제목이었다. 내용은 세미나 개최에 따른 다양한 조직적 측면을 다룬 것이었다. 이메일의 발송자를 의도적으로 교수가 아니라 학생으로 한 것은 교수진이 보낸 이메일은 지나치게 꼼꼼히 읽는 경향이 있기 때문이다. 어쨌든 우리 교수진은 이런 방법으로 실험의 왜곡된 결과를 배제하려고 한 것이다. 참여 학생 절반은 단락이 없이 23행으로 된 이메일을 받았다. 나머지 절반도 똑같은 메일을 받았지만 4~5행씩 단락을 지은 것이 달랐다. 이어 세미나가 시작될 때 참여자들은 이메일의 내용에 대한 설문지를 받았다. 우리는 이런

실험을 서로 다른 네 그룹의 학생들, 즉 총 200명 정도의 참여자들에게 반복 실시했다.

결과는 분명했다. 단락이 없는 메일을 받은 그룹에서는 평균 약 58퍼센트가 이메일 내용에 대한 물음에 옳게 답했다. 하지만 단락을 지어 표현한 메일을 받은 그룹에서는 옳게 대답한 학생이 83퍼센트나 되었다. 단락은 정보 습득과 처리의 효과를 1.5배 높여준 것이다.

그러므로 텍스트를 쉽게 읽도록 하려면 무조건 단락을 짓는 것이 좋다. 회사에서 여름축제를 열 때 보내는 단순한 초대장도 마찬가지다. 이뿐만 아니라 목록 나열이나 강조 표시, 획이 굵은 볼드체, 밑줄 등 메일의 틀을 짜기 위한 여러 방법을 고려해야 한다. 물론 아이들 그림책처럼 이메일을 현란하게 작성하라는 말이 아니다. 간결하게 하되, 구조적인 틀을 짜는 것이 해답이다.

이메일의 쪽지 부착

제목을 첫 포스트잇 기능으로 활용한 다음에는 내용에서도 심리적인 쪽지를 부착해서 메일에 대한 처리 가능성을 대폭 높일 수 있다. 심리적인 쪽지 부착은 노란 종이쪽지를 붙이는 것과 같은 기능을 해서 무의식적으로 수신자의 행동을 압박하게 된다.

기본적으로 상대의 행동을 불러일으키려고 하는 이메일은 모두 다음과 같은 정보를 담아야 한다.

1ㅣ 이것이 수신자의 어떤 반응을 유발하는가?

2ㅣ 당신이 원하는 것은 정확하게 무엇인가?

3ㅣ 최종적인 행동 강화 요인

일상적으로 범하는 실수는 우리가 두 번째 물음에만 관심을 갖는다는 데 있다. 그것이 실제목표이기 때문이다. 세 가지 물음 전부에 관심을 쏟을 때, 어떤 효과가 있는지 살펴보자.

이것이 수신자의 어떤 반응을 유발하는가? ▶▶▶ 자신의 관심사를 앞에 내세우는 것은 사회적으로 세련된 수법이 아닐지 모르지만, 상대의 잠재의식에서는 사회적인 인습을 무시한다. 상대의 머릿속에서 끊임없이 제기되는 물음은, '이메일에 담긴 내용을 내가 행할 때, 나에게 무슨 일이 일어나는가?'라는 것이다. 이메일을 작성하면서 이 물음에 긍정적인 답을 할 수 있다면, 당신은 수신자의 잠재의식을 당신 편으로 끌어들일 수 있다.

물론 이때도 평소 사람의 행동에 동기부여를 하는 네 가지 요인, 즉 자아와 안락, 욕망, 불안 중 하나 또는 그 이상이 작용을 한다. 처음부터 이 요인에 호소한다면 그것은 즉시 효과를 발휘할 것이다. 자아가 어떻게 작용하는지는 이미 최고호칭 방법에서 보았다. 다음에 제시하는 목록은 이뿐만 아니라 4대 핵심동기 전부를 표현한 예를 보여준다.

자아	"당신이 엑셀을 너무 잘 다루기 때문에 이렇게 부탁드립니다만……." "다음과 관련해서 당신의 전문 지식이 필요할 것 같은데요……."
불안	"프로젝트가 실패하지 않도록……." "…… 손실을 막기 위해" "…… 불필요한 지출을 하지 않기 위해" "고객이 외면할 수도 있기 때문에"
욕망	"…… 비용을 절감하려면" "즉시 매출을 높일 수 있는 아이디어가 있습니다." "당신의 초과근무에 더 많은 보상을 해줄 수 있는 방안이 있는데요……."
안락	"이것은 많은 노력을 줄일 수 있는 방안……." "귀찮은 문제에서 벗어나기 위해……." "…… 많은 시간을 절약할 수 있으므로"

이 밖에 상대를 직접 호칭하기보다 1인칭 복수(우리)의 표현을 하는 것이 좋다. 사람은 누구나 자신의 이익을 추구하지만 그것을 구체적으로 드러내는 것은 피하기 마련이다. 특히 그것을 글자로 표현하는 것을 꺼리는 사람이 아주 많다. 자신의 기회주의적인 의도가 드러날 뿐만 아니라 그것이 기록으로 남기 때문이다. 그러므로 개인적이고 비공식적인 대화를 할 때는 상대의 이익을 거론하는 것이 대부분 문제가 없지만, 문서 형식으로 표현할 때는 언제나 '우리'라는 표현으로 바꾸는 것이 좋다.

당신이 원하는 것은 정확하게 무엇인가? ▶▶▶ 당신은 이제 본론으로 들어가 관심사가 무엇인지 말할 수 있다. 이때 정확하게 강조할 내용을 말하되 자신 외에 이메일의 수신자도 이해하도록 해야 한다. 바로 이런 점이 흔히 부족한 경우가 많다. '몇 주 전에 부탁한 것을 다시 한 번 보내줄 수 있어? 뭔지 알 거야, 고마워!' 같은 형식이 고전적인 예에 속한다. 아니, 모르겠는데! 무슨 부탁? 무슨 내용인데? 정확하게 뭔데? 의문은 끝없이 이어진다. 발송자는 자신이 하는 말을 정확히 알지만 수신자는 완전히 혼란을 느낀다. 기껏해야 주제가 무엇이었는지 설명하기 위해 다시 이메일을 주고받기 마련이다. 최악의 경우, 수신자는 뒤늦게 자세히 보지 않은 메일을 다시 열어 본다. 또 무슨 말인지 이해하려고 몇 번이고 다시 읽어야 할 메일은 얼마나 많이 받았는가? 혹시 당신이 보낸 이메일의 수신자도 이와 같지는 않은가?

올바른 이메일의 열쇠는 분명하고 가능하면 간단하며 일목요연한 내용에 있다. 주제가 좀 더 복잡할 때는, 무조건 행동단계별로 나누어 열거해야 한다. 사람의 머리는 생각을 적게 요구할수록 소화도 더 잘 시키기 마련이다.

최종적인 행동 강화 요인 ▶▶▶ 수신자는 당신이 원하는 것을 안다고 해도 당연히 게으른 반응을 보일 수 있다. 그 요구를 처리한다는 것은 노동을 의미하고 이것은 다시 잠재의식에서 뭔가 달갑지 않은 것이 될 수 있다. 그러므로 수신자를 움직이게 하려면 게으른 본성에서 벗어나게 하는 작은 활력제가 필요하다. 이 세 번째 단계는 필요한 지원을 해주는 심리적인 요령으로 이루어진다.

행동을 자극하기: 이때 이메일을 시작하며 다시 한 번 간단한 말로 행동을 자극해야 한다.

행동요구: 모든 이메일은 구체적인 행동의 요구로 끝을 맺어야

한다. 단순한 해결의 원칙은 이미 불만을 제기하는 법에서 언급했다. 물론 모든 것은 중간 부분에 들어가 있다. 하지만 우리 인간은 분명한 행동요구가 필요한 법이다. 정신적인 긴장은 뭔가가 이루어질 가능성을 현저하게 떨어트리는 잠재의식의 장벽이다. 뭔가를 결정할 때도 마찬가지다.

가벼운 행동압박: 간단하면서도 효과적인 행동압박으로 요구의 영향력을 높여라. 예컨대 기한을 정하는 것도 한 가지 방법이 될 수 있다. 기한이 구체적일수록 효과는 크다. 그러므로 '오늘 퇴근 전까지'라는 말보다는 '오늘 저녁 5시 30분까지'가 더 낫다. 또 손실, 이를테면 괴로운 결과의 발생 가능성을 추가하는 것도 행동압박으로 작용할 수 있다('~하지 않으면 비용이 더 들 것', 또는 '그렇지 않으면 오늘 중에 발송을 못해 고객이 화를 낼 것' 등).

실제로 세 가지 '자극 요령'만 문장에 삽입하면 매끄러운 행동압박이 될 수 있다.

'당신의 전문성을 활용할 수 있도록 오늘 4시까지 자료를 보내줘요. 그러면 계약을 놓치는 일은 없을 것입니다.'

여기서 중요한 것은 분명한 표현이다. 무례하다는 인상을 주지 않고도 얼마든지 원하는 것을 직접 표현할 수 있다. 다음의 예를 보자.

'정정할 것을 잡아내는 당신의 능력이 나에게는 아주 중요합니다. 내일

오전까지 검토해주면 고맙겠습니다.'

이것은 친절한 표현이긴 하지만 '검토'라는 말은 강력한 표현이 아니다. 여기엔 구체적인 행동지침이 들어가 있지 않다. 또 내일 오전은 무슨 뜻인가? 8시를 말하는가 아니면 11시를 말하는가? 정확한 시간이 당신에겐 중요하지 않을지 몰라도 내용이 모호하면 구체적인 결과를 이끌어낼 수 없다. 오전 시간은 빠르게 지나가기 마련이고 그러다 보면 오전에서 한 시간 지나서 답변이 올 수도 있다. 그때는 점심시간이기 때문에 다시 2시로 늦춰질 수도 있다.

행동압박을 최적화하면 다음과 같은 표현이 될 것이다.

'정정할 것을 잡아내는 당신의 능력이 나에게는 아주 중요합니다. 그래서 말인데요, 내일 아침 10시까지 정정된 자료를 보내주면 고맙겠습니다.'

성공적인 이메일은 말이 분명해야 한다. 시간표시에 밑줄을 긋고 행동을 자극하는 중요한 말은 볼드체로 써서 부각시키는 것이 좋다.

다음의 실례를 보면 성공 가능성이 희박한 이메일이라도 간단한 요령으로 최적화된 표현을 사용하면 성공확률을 눈에 띄게 끌어올릴 수 있다.

제목: 정정 자료

안녕 게르트,

정정 자료를 보냅니다. 시간을 들여 꼼꼼하게 읽어주기를. 별도의 의견
이 있으면 직접 본문에 쓰고요. 정정할 것이 있으면 내가 바꾼 것을 알아
볼 수 있도록 말로 설명하면 좋겠습니다. 또 3장에서는 프로젝트 설명에
대한 당신의 글을 삽입해줘요. 내가 한 것이 완전하지는 않으니까요. 끝
부분에 수치도 봐주시고 시간문제는 보충 인력을 잘 아는 마리안네와 상
의해요. 가능하면 시간을 맞춰주고요.

정정 자료를 가능하면 빠른 시간에 보내줄 수 있겠어요?

이 이메일대로 처리되지 않을 가능성이 높다 해도 이상할 것이
없다. 이것을 심리적인 측면에서 최적화한 이메일로 바꾸면 다음
과 같을 것이다.

제목: 오늘 저녁까지 오퍼를 수정해줘요!

게르트 보세요,

이런 프로젝트는 당신이 최고라서 부탁합니다. 당신의 전문지식으로 실
질적인 오퍼가 되었으면 해요. 당신밖에 믿고 맡길 사람이 없네요.
다음과 같이 해줄 수 있겠지요?

▶ 자료를 다시 세밀하게 검토
▶ 내가 당신의 생각을 빨리 알아보도록 정정내용을 말로 설명
▶ 3장: 프로젝트 설명에 대한 당신의 경험을 보충

> ▸ 마지막 장 : 수치를 확인하고 당신의 생각을 말하기
> ▸ 시간문제 : 보충 인력은 마리안네와 상의하고 여기에 맞추기
>
> 제때에 오퍼를 발송할 수 있도록 오늘 4시까지 자료를 보내줘요.
> 도와줘서 고마워요. 당신의 경험은 프로젝트 성공에 아주 중요합니다.

이 메일은 복잡한 내용을 단순하게 설명하고 중요한 심리적 포스트잇을 모두 적절하게 배치했다. 그것이 뭔지는 당신이 직접 찾아보라. 그리고 이렇게 최적화한 방법을 다음에 보낼 이메일에 적용해보라. 또 다른 사람의 메일을 심리적인 관점에서 분석해보는 것도 훌륭한 연습이 될 것이다. 많은 오류와 더불어 많은 장점도 배우게 될 것이다.

미소는 늘 기적을 낳는다 ▶▶▶ 이메일은 물론 늘 형식화된 인상을 줄 필요는 없다. 간단한 유머를 적절하게 활용하면 큰 효과를 볼 것이다. 미소는 언제나 사람의 마음에 햇볕을 쪼여준다. 내 생각에 미소는 세상에서 가장 강력한 효과를 주는 신호다. ;-) 이 스마일리 Smiley를 보면 기분이 어떠한가? 아마 이런 생각은 해보지 않았을 것이다. 느낌이 나쁜가? 아마 그렇지 않을 것이다. 이런 표시를 책에서 본 적이 없기 때문에 당황할지도 모르겠다. 하지만 당신 기분이 좋아질 가능성은 매우 높다.

스마일리는 아주 효과적이며 전반적으로 거부감을 주지 않는다. 물론 지극히 공식적인 글에 스마일리를 넣으면 안 되겠지만 의도적으로 당신의 이메일이 공감을 자아내도록 할 필요는 있다. 필요하다면 전화를 할 때 당신은 웃기도 할 것이다. 삭막한 이메

일 소통에서는 의도적으로 스마일리를 넣는 것이 좋다. 믿을 수 없을 만큼 분위기가 호전되는 것을 경험할 것이다. 그러면 전반적인 이메일 교류가 부드러워지고 수신자와 연관된 전화통화에도 영향을 끼쳐 상대는 훨씬 더 친절하고 거의 우호적으로 바뀔 것이다. 온라인 세계든 오프라인 세계든 미소는 대개 미소를 부르는 법이다.

이메일을 남발하지 마라!

단순하게 생각하는 사람이 많다. 이들은 자신이 보고 다른 사람도 재미있을 것이라고 생각하는 것이 있으면 즉시 이메일로 보낸다. 그러다가 이 사람에게 흥미를 끌 아이디어라고 생각하면 다시 다음 메일을 보낸다. 그리고 다양한 프로젝트의 진행 상태를 보며 기한이 될 때마다 이메일을 또 보낸다. 그 결과 짧은 시간 안에 똑같은 수신자에게 보낸 이메일이 10여 통이 쌓인다. 빨리 보낸 것은 빨리 처리가 되어야 하지만 쌓이다 보면 처리는커녕 읽어보지도 않게 된다. 이메일은 대부분 필요한 정보를 담고 있어야 하므로 이렇게 발신자가 수시로 보낸 것은 스팸메일로 간주돼 읽어보지 않고 그 결과 후속 메일을 보내게 된다. 그러다 보면 실제로 중요한 메일이 와도 즉시 읽지 않는다. 그러므로 이메일을 남발하면 안 된다. 당신은 자신의 소통욕구를 자제할 줄 알아야 하며 흥미로운 정보가 있다면 그때마다 보낼 것이 아니라 모아서 한 번에 보내야 한다. 조금 절제를 하면 중요한 이메일의 효과를 높일 수 있고 상대도 이메일의 늪에서 허우적대지 않고 처리할 시간을 벌게 된다. 적을수록 효과가 큰 법이다.

당신만의 개인적인 규칙을 정하라

— 일상적인 규칙은 공동생활의 규정에 그치지 않고 안정적인 토대를 제공하기도 한다. 규칙은 투명한 소통을 하면서 기대되는 것을 명확하게 한다. 일반적으로 통용되는 상호관계의 규칙 외에 개인적인 규칙도 있다. 사람은 누구나 직장에서든 사생활에서든 마음에 품고 있는 가치와 규칙이 있다. 하지만 이런 규칙이 자신에게 중요하다는 것과 다른 사람이 안다는 것은 전혀 별개의 문제다. 예를 들어 나는 정확성 외에 두 사람 간의 문제가 즉시 투명하게 논의되어야 한다는 기대가 있다. 나는 갈등이 발생했을 때, 단지 분위기를 흐리지 않으려고 얼버무리고 넘어가는 것을 큰 잘못이라고 본다. 내 경우 누군가의 눈을 바라볼 때, 보이지 않는 장벽이 없어야 마음이 놓이기 때문이다. 그러므로 문제가 있을 때는 24시간 내에 개인적으로 조정하는 것을 원칙으로 삼는다. 물론 내 가치관이 꼭 이상적인 것은 아니다. 개인 간의 갈등이 정식 의제에 속하는 것도 아니고 공식적인 시간에 개인의 갈등을 다루어서도 안 된다는 생각을 가진 사람도 있다. 사람은 누구나 자신만의 가치관이 있으며 나는 내 주변사람들도 마찬가지일 거라고 생각한다. 그리고 모든 사람이 자신의 가치관을 지키라고 말하고 싶고 또 그러기를 희망한다.

하지만 현실은 그렇지 않다. 이런 이유에서 개인의 규칙은 기회 있을 때마다 소통이 이루어져야 한다. 그래야만 기대가 충족될 수 있을 것이다. 내 규칙은 나와 교류하는 주변사람들에게 투명한 방향제시를 하는 것이다. 이것을 분명히 하지 않아 소통의 기회를 차단한다면 그것은 잘못일 것이다. 당신이 무엇을 기대하며 무엇에 가치를 두는가를 분명하게 전달한다면, 당신은 주변사람들에게 호감을 주고 일상도 더 편해질 것이다.

그리고 주변사람들에게 어떤 이점이 있는지를 분명하게 설명한다면 당연히 당신의 규칙이 유지될 가능성이 커진다. 가령 "나는 정확한 사람이기 때문에 정확한 것에 대한 기대가 있습니다. 당신의 소중한 시간을 기다리는 데 낭비하는 것은 당신도 내키지 않을 것입니다"라고 말할 수 있다. 또 다음과 같이 투명한 태도가 필요하다. "나는 두 사람 사이에 문제가 있을 때, 즉시 해명되는 것을 좋아합니다. 마찬가지로 당신도 내가 우리 둘 사이에 뭔가 잘못이 있다는 생각을 할 때, 즉시 그 문제가 해결되기를 바랄 것입니다. 우리가 만날 때 내가 미소를 지으면 그것이 진심에서 우러난 것이라는 것을 알면 좋겠어요."

직접적인 이점이 없을 때, 당신 스스로 상대의 이점을 이끌어 낼 수도 있다. 예를 들어 회사의 경리사원은 가능하면 빠른 시간에 여행경비를 결산하고 싶다고 말할 수 있다. '가능하면 빠른 시간에'라는 말은 물론 몹시 불분명한 것이며 내가 볼 때는 우리의 어휘목록에서 완전히 삭제해야 할 개념에 속한다. 다음과 같이 말할 수도 있을 것이다. "여행경비에 대한 정산서는 늦어도 일주일 내에 제 책상에 놓아주시면 좋겠습니다." 여기서 동료 직원들은 직접적인 이점을 발견할 수 없으므로 경리사원은 '당신의 작업을 위해 동료들이 시한 내에 자료를 보내기를 바라듯이'라는 표현으로 이점의 근거를 제시할 수 있다. 시각을 바꿔서 이점을 이끌어내는 것이다.

이런 규칙은 그 밖에도 아주 긍정적인 효과를 일으킨다. 동료들이 당신의 규칙을 안다면 당신의 일거리를 덜어주기 시작할 것이며 당신의 이름을 볼 때마다 그 규칙을 지키려고 할 것이다. 몇 년 전에 나는 컨설팅 회사에서 새 직책을 맡았다. 새 동료는 서둘러서 분명한 어조로 나에게 다음과 같이 강조했다. "사장님은 아주 정확해. 조심할 것은 당신이 프레젠테이션을 하거나 서류를 올릴 때 서식이 틀리면 안 된다는 거야. 행 간격이 일정해야 하고 그림도 정확해야 해. 그림에 대해 따로 설명할 필요 없이 말이야." 모든 동료가 나를 볼 때마다 이 말을 반복했다. 따라서 사장은 규칙의 준수에 대하여 전혀 신경 쓸 필요가 없었다. 물론 사장은 나머지 부분에서도 자신을 존중하는 태도를 원했다. 사장은 설사 서식상의 오류가 없을 때도, 느닷없이 강조 표시를 두드러지게 해서 자신의 관점을 분명히 부각시키라고 요구한다는 것을 누구나 알았다. 이런 마당에 만날 때마다 규칙을 강조할 필요는 없을 것이다. 다만 당신은 이렇게 규칙을 별도로 강조할 때의 효과를 무조건 이용할 줄 알아야 한다. 또 다른 회사의 여비서는 자신이 대인관계에서 매우 원만한 사람이지만 커피 잔을 주방의 싱크대에 가져다 놓지 않으면 자신이 성가시게 된다는 점을 분명하게 알렸다. 이후로 누구나 여비서의 규칙을 지키도록 서로 알려주었다. 이후 주방은 언제나 깨끗하게 유지되었다.

규칙을 분명하게 알려주면 누구나 지킬 것이라고 판단하는 것은 물론 순진한 생각일 것이다. 하지만 규칙이 투명할 때 그것을 지킬 가능성은 훨씬 커진다. 당신은 개인적으로 어디에 가치를 두는지 한번 생각해보라. 당신이 화를 내는 상황이 좋은 기준이 될 수 있다. 당신이 정확하게 무엇에 화가 나는지 생각해보고 거기서 동료들이 분명히 측정할 수 있는 규칙을 이끌어낸 다음 그것을 투명하게 소통하라. 내가 워크숍에서 이 주제를 논의할 때면 많은 사람이 자신의 생각을 표현한다. 솔직하게 말하다 보면 동료들에게 호감을 잃을지도 모른다. 하지만 사실은 그 반대다. 원만하고 분위기에 적응을 잘하는 것이 편할지는 모르지만 이런 태도는 소통이 안 되고 알맹이가 없다. 우리가 실제로 사랑하고 존중하는 사람은 소신이 분명한 사람이다. 그러므로 자신의 개인적인 의견을 드러내는 것은 전혀 나쁜 일이 아니다. 의심이 들 때는 끊임없이 생각하라. 대인관계에서 투명한 규칙은 공정성의 문제에 해당한다. 무엇을 기대할 수 있을지 아는 사람만 이 기대를 충족하기 마련이다. 주변사람들에게 이런 기회를 제공하라.

세상에서 가장 값진 화폐를 활용하라

— 이 세계를 움직이는 통화는 무엇인가? 유로나 달러를 말하는 사람도 있을 것이고 어쩌면 사이버상의 인터넷 화폐를 말하는 사람도 있을지 모르겠다. 또 금이나 백금, 석유를 말하는 사람도 있을 것이다. 물론 이런 것들이 경제가 돌아가도록 만드는 중요한 도구인 것은 분명하다. 하지만 가장 소중한 화폐는 다른 사람의 마음에 든다는 데 그 본질이 있다. 나는 주로 상대의 호감을 사서 성공을 거둔 기업인들을 알고 있다. 이들은 전반적인 광고비를 절약한다. 호감이 화폐로서 유난히 흥미로운 기능을 하는 것은 순수하게 이론적으로 보았을 때, 종종 마음대로 만들어 늘릴 수 있다는 점 때문이다. 물론 마음대로 만들 수 있다면 별로 가치가 없는 화폐일 것이다. 사람들이 대부분

게을러서 못 만들거나 만드는 방법을 몰라서 안 만드는 상황은 당연히 예외다. 또 화폐가 시간이 가면서 빠르게 가치를 잃듯이 호감도 똑같다.

행동과학자인 데이비드 스트로메츠^{David Strohmetz}는 인상적인 연구를 통해 작은 호감의 효과를 실험한 적이 있다. 그는 레스토랑의 종업원들에게 손님들이 계산할 때, 작은 과자 같은 것을 감사표시로 줘보라고 했다. 그러자 과자를 주지 않은 비교집단에 비해 팁이 3.3퍼센트가 늘어났다. 가는 정이 있어야 오는 정도 있는 법이다. 심리학에서는 이것을 호혜, 즉 상호주의 원칙이라고 부른다. 두 번째 실험에서는 과자를 두 개로 늘려서 감사를 표했다. 물론 그 가치라야 몇 푼 안 되는 것이지만 선물을 하지 않은 비교집단에 비해 팁은 14.1퍼센트가 늘어났다. 이 실험은 흥미로운 추가효과를 보여준다. 사람은 자신이 받은 것 이상으로 되돌려주는 성향이 있다. 데이비드 스트로메츠는 세 번째 실험도 했다. 이번에는 종업원들에게 먼저 과자 하나를 주고 돌아서 갈 때 머뭇거리면서 테이블에 다시 과자 한 개를 놓도록 했다. 계산상으로는 두 번째 실험과 같았지만 '방법'이 바뀐 것이다. 여기서는 놀랍게도 팁이 비교집단에 비해 23퍼센트나 늘어났다. 따라서 호감은 적절하게 표현할 때 효과가 뛰어나다는 것을 알 수 있다.

하지만 호감은 앞에서 언급한 대로 빠르게 가치가 떨어진다는 데 약점이 있다. 흔히 좋은 일을 하고도 욕먹는다는 말을 보면 알수 있다. 이것은 잘못된 것이다. 사람은 호감을 잊어버리는 성향도 있다. 그러므로 호감을 보일 때는 제대로 해서 과거사가 되지 않도록 주의해야 한다. 또 공공연히 당신이 기대하는 대가와 연관 지어도 안 된다. "아빠, 오늘 입으신 셔츠 멋있어요. 초콜릿 좀 사주세요." 전에 다섯 살 난 내 아들이 이렇게 말하며 나를 유혹한 적이 있다. 졸렬하고 서투른 수법이었다. 당신이 동료에게 일주일 전에 커피를 갖다 주었다고 해서 그가 호의를 베풀 것으로 기대하지 마라. 이와 달리 30분 후에 타자를 부탁할 것이 있어서 여자 동료에게 커피를 갖다 주면 효과가 있을 것이다. 호의가 작을수록 효과는 빨리 사라진다. 반대로 호의가 중요한 의미를 가질수록 효과는 오래간다. 또 자신이 이용되지 않도록 주의해야 한다. 누군가가 늘 사람에게 호의를 베푼다면 인기를 끌겠지만 그의 협동심은 당연한 것으로 인식될 것이다. 따라서 호의는 뭔가 특별할 때 베풀어야 한다.

다음의 규칙은 당신이 상호주의 원칙을 지킬 때 성공할 확률을 높여줄 것이다.

▶ 호의는 예상치 못한 상태에서 개인적으로 이루어져야 한다.
▶ 호의가 다시 필요할 때까지 많은 시간을 흘려보내면 안 된다.
▶ 많은 비용을 들이지 마라. 조금만 베풀어도 대개 당신이 주는 것 이상으로 받는다.
▶ 당신이 베푼 호의와 당신이 기대하는 대가를 드러나게 연관 짓지 마라.

일상 속에서 작은 호의를 자연스럽게 베풀 수 있고 또 비물질적인 것도 여기에 포함될 수 있다는 것은 다음의 예가 보여준다.

성가신 과제에서 벗어나라

———   단순히 직장에서 처리해야 할 성가신 일이 있을 수 있다. 또 어쩌다 마주치는 피곤한 임무가 있다. 어쩌면 잘못 판단한 의무감에서 아니면 달리 마땅한 사람을 찾지 못해 맡았지만 정말 하고 싶지 않은 일일 수도 있다. 이런 과제는 대개 다른 동료도 똑같이 좋아하지 않는 일이므로 그 임무를 다른 사람에게 맡기는 것은 매우 어렵다. 당신의 의무감과는 상관없이 이럴 때는 언제나 누가 이 일을 맡아줄까를 생각하지만 그러면 두 배로 힘들 뿐이다. 당신에게 재미없는 일, 때로는 몹시 짜증나는 일로 다시 시간을 허비하는 것이기 때문이다. 다른 한편으로 당신은 다른 일에 방해를 받아 정작 본연의 임무를 제대

로 처리하지 못할 수도 있다. 결국 실적과 업무평가에서 손해를 본다. 최악의 경우 당신이 받는 급여의 대가인 본연의 임무를 제대로 처리하지 못한다는 이유로 사장에게 칭찬이 아니라 책망을 듣기도 한다. 호의로 시작한 일이 이중으로 피해를 본다면 좋은 거래라고는 할 수 없다.

본디 다른 사람이 맡을 수도 있을 그런 성가신 과제를 처리할 때 시간을 얼마나 소비하는지, 또 거기서 얻을 이점이 얼마나 형편없는지 스스로 점검해보라. 규칙적으로 한 주의 근무를 되돌아 보면 본래 당신의 업무영역에 속하지도 않는 비생산적인 일 때문에 너무 허덕였다는 것을 알고 깜짝 놀랄 것이다. 우리가 이런 임무와 마주치는 까닭은 대부분 누군가 우리에게 최고호칭의 방법을 적용했기 때문이다. 그리고 이런 과제에서 벗어나고 싶은 사람은 다시 최고호칭의 방법을 사용한다. "우리를 이대로 모른 척하진 않겠지?", "우리 팀은 당신에게 달렸어." 물론 우리는 동료들이 궁지에 빠졌을 때 외면하지 않는다. 그러므로 우리는 직장에서 원만히 지내기 위해 정말 원치도 않는 임무에 매달리느라 두 배의 에너지를 쏟는다. 최악의 경우 그 일을 마무리하느라 너무도 많은 노력을 들이기 때문에 이후로는 계속 불평하는 것이 습관이 될 수도 있다. 그러므로 성가신 과제를 떠맡는 것은 좋지 않은 결과만 낳을 뿐이다. 적절한 방법으로 가능하면 빨리 거기서 벗어나야 한다.

성가신 과제에 대처하는 최선의 전략은 완전히 서투른 솜씨로 그 일을 마무리하는 것이다. 정말이다. 앞에서 말한 대로 잘하게 되면 계속 그 일을 떠맡게 된다. 학교에서 칠판 당번을 누가 맡는가? 당연히 칠판을 가장 잘 닦는 학생이지 못 닦는 학생이 아니다. 일을 형편없이 처리하는 방법만이 성가신 과제에서 빠르게 벗어나고 다시는 그 일을 맡지 않게 될 것이다.

자신의 명성을 떨어트리지 않고 또 훼방을 놓는다는 인상을 주지 않고 이런 일에 대처하려면 어떻게 하는가? 솔직해지면 된다. 자신은 그런 일에 적합하지 않고 누군가 다른 사람이 더 잘할 것이라 생각하지만 그래도 팀을 위해 노력해보겠다고 말하는 것이다. 이렇게 정직하게 실상을 지적하면 대개 당신이 먼저 그 과제를 떠맡게 되는 경우는 없다. 어쩌다가 다시 그런 임무가 주어지더라도 말없이 고개를 끄떡일 것이 아니라 당신은 그런 일에 적합하지 않다고 터놓고 말해야 한다. 이렇게 경고를 했는데도 사장이 당신에게 맡기려고 한다면 일이 잘못되어도 그것은 사장의 자업자득이다. 이제 당신은 팀이 필요할 때 외면하지 않고 최선을 다해야 하는 처지가 되지만 그 임무에 대한 기대치는 높지 않을 것이다. 이 경우에도 재치 있게 최고호칭 방법을 적용할 수 있다. 동료 한 사람을 부르고 당신이 그의 능력을 높이 평가한다면서 도움을 청하는 것이다. 모든 일이 마무리되면 특히 직원들 앞에서 그 동료를 칭찬하고 전문지식이 풍부하고 머리가 명석하다고 칭찬을 해주어야 한다. 그가 없었다면 당신 혼자서는 절대 과제를 마칠 수 없었을 것이고 오히려 일을 망쳤을 것이라고 강조하는 것이다. 그러면 다음번에는 누가 그 일을 맡을 것 같은가?

경고! 성가신 과제를 무조건 떠맡아야 할 때

위에서 말한 방법을 사용하면 문제없이 직장생활을 견딜 수 있을 것이다. 하지만 특별한 경우에는 몇 가지 중요한 이유 때문에 당신이 불쾌한 과제를 무조건 떠맡을 수밖에 없게 된다. 가령 당신의 직무나 동료의 직무와 직결되는 과제라든가 당신이 빠져나갈 때 당신의 명성이 손상되는 임무가 있을 수 있다. 회사를 살릴 기회를 저버리는 모습은 어리석게 보일 것이다. 게다가 마음에 안 드는 일은 모두 다른 사람에게 떠넘기고 자신은 손가락 하나 까딱하지 않는 모습은 우리 주제의 핵심을 벗어난 것이다. 집단은 언제나 모든 인력을 필요로 하기 때문이다. 다만 과제를 선택할 때 조심해야 한다. 그러므로 당신의 본래 임무와 가까운 일, 그래서 제대로 마무리할 수 있는 과제를 맡으라는 말이다. 성가신 임무에 적용되는 구호는 '적게 맡을수록 얻는 것이 많다'라는 것이다.

커다란 과제를 처리하는 데에는 단계적 방법을

—   우리는 비용이 들어가는 커다란 임무를 주변사람들이 해주기를 바랄 때가 많다. 이런 경우, 느닷없이 용건을 꺼내는 것은 바람직하지 않다. 서서히 접근하는 것이 훨씬 노련한 방법이다. 제대로 접근한다면 작은 일을 승낙 받음으로써 더 많은 결과를 더 빨리 이끌어낼 수 있으며 상대는 큰 부담을 느끼지 않기 때문이다.

우리는 러시아 전역을 대상으로 국제적인 대규모 농기계 제작사의 제품을 조사한 적이 있는데 대형 수확기가 연구 주제였다. 그리고 수확기를 모는 농부들을 개인적으로 만나 설문조사를 하기로 했다. 광활한 러시아에서 이런 식으로 응답자를 찾아다니며 조사하려면 엄청나게 많은 시간이 걸릴 것이다. 직원들이 응답자를 일일이 찾아다녀야 한다면 시간적으로나 재정적으로 프로젝트를 추진하지 못할 것이다. 그래서 설문대상자들에게 일정한 시간에 일정한 장소에 모이도록 설득을 해야 했다. 우리가 여행경비를 제공하고 재정상의 충분한 보상을 해준다는데도 결과는 참담했다. 전화를 받은 후보자 89명 가운데 선뜻 응한 사람은 겨우 3명, 3퍼센트에도 미치지 못한 것이다. 그래서 전술을 바꿔야 했다. 이후 전화를 한 후보자들에게는 일주일 내로 전화 설문에 참여하도록 부탁했다. 그러자 70퍼센트가 동의했다. 하지만 이것은 어디까지나 접근수단이었을 뿐, 우리가 원한 것은 전화 설문조사가 아니라 그들을 직접 부르는 것이었다. 그래서 우리는 며칠 후에 다시 전화를 해서 계획이 변경되었다며 당사자들이 몇 시간을 소비해서 우리 사무실로 찾아와야 한다는 점을 설명했다. 물론 이때도 펄쩍 뛰며 곤란하다고 답한 사람이 많았지만 그래도 25퍼센트나 승낙했고 이 중 상당수가 사무실을 방문하기까지 했다. 이런 수법으로 종전의 3퍼센트보다 훨씬 많은 17퍼센트 이상의 대상자가 방문을 한 것이다.

우리는 이른바 단계적 방법을 적용해 성공을 거두었다. 이 방법은 사람들에게 아주 꺼림칙한 과제를 맡기는 데 두드러진 효과가 있다. 이 기술은 당연히 러시아뿐 아니라 세계 어디에서나 통한다. 아내가 다정하게 하는 말을 생각하기만 하면 된다. "여보, 일단 신부터 신고 보자고……."

정직하게만 하면 된다. 물에 빠진 놈 건져주니 보따리 내놓으라는 격이 되어서는 안 된다는 말이다. 예를 들어 최근에 내게 전화한 젊은 여자처럼은 하지 말라는 것이다. 이 여자는 "설문조사는 길어야 5분이면 충분합니다!"라고 친절하게 약속했다. 노련한 프로라면 그 의도를 간파했어야 했다. 너무 공감이 가는 목소리라 그녀의 약속을 믿었다. 하지만 30분이나 문답을 하고 나서야 대화는 끝났고 나는 식어빠진 저녁식사를 해야 했다. 뒷맛이 영 개운치 않았다. 전화를 건 사람에게는 이런 것쯤 아무 상관이 없었을 것이다. 어차피 그 여자가 나와 다시 대화할 일은 없을 테니. 하지만 장기적인 인간관계에서는 상대에게 속았다는 느낌을 주어서는 안 된다.

90년대 초, 친한 친구가 내가 세 들어 사는 방 앞에 가방을 들고 서 있었다. 이 친구는 여자 친구와 다투고 나서 며칠간 떨어져 지내기 위해 동거한 집을 나온 것이다. 사흘 후, 학교 수업을 마치고 집에 가보니 그의 가재도구가 몽땅 내 방에 들어와 있었다. 그날 이후 그는 아예 내 집에 눌러 앉아 살림을 떠맡았다. 그렇게 4개월이 지나자 나는 짜증이 나서 어느 날 아침, 신문에 난 셋방 광고에 밑줄을 치고 그의 앞에 내밀었다. 단계적 방법이 실패하는 것은 이런 사람들은 당신에게 거절할 기회를 전혀 주지 않는다는 데 있다. 이들은 일단 모든 조건에 동의한다. 하지만 지속적인 호의가 필요하거나 당신의 임무가 늘어날 때는 당신의 의견을 묻지 않는다. 당신은 그저 부당한 기습을 당할 뿐이다.

물론 단계적 기술을 적용할 때는, 처음부터 말을 안 할 뿐이지 그 이상을 원한다는 것을 당신 자신이 알아야 한다. 요구수준을 더 높일 때는 상대에게 거절할 기회를 허용하라. 물론 당신은 작

"이 짐 좀 아래로 옮겨줄 수 있어요?"

은 것을 승낙하면 큰 것도 쉽게 승낙하는 성향을 이용할 수는 있지만 상대에게는 끊임없이 자유롭게 결정할 기회가 있다는 느낌을 주어야 한다. 여기서 단계적 기술은 성공한다.

그 밖의 적용사례

▶ 엑셀 그래프 작업을 하는 데 도움이 필요하다고 쳐보자. 이때는 여자동료에게 5분만 시간을 내달라고 부탁하라. 이 동료가 첫 번째 일을 처리한 다음에는 감탄의 표시를 하라(최고호칭 방법), 그리고 내일 다시 한 시간만 짬을 내어 한 가지 과제를 더 처리해줄 수 있는지 물어보라.

▶ 무거운 상자 네 개를 지하실로 옮기는 것을 도와줄 동료가 필요하다. 하지만 모두가 피하려고 한다. 이때는 동료 한 사람을 불러 10분만 시간을 내어 상자 안에 있는 물건의 수량을 세는 것을 도와줄 수 있는지 물어라. 이 일이 끝나면 그 동료에게 상자를 잠시만 옮겨줄 수 있는지 물어라.

▶ 남자 파트너를 설득해 새로 침실 하나를 장만하고 싶다. 그러면 침대부터 시작하라(이것이 설득하는 데 가장 빠르다)…… 나머지는 당신도 아는 바 그대로다.

▶ 이 기술은 내면의 약점을 극복하는 데도 적합하다. 토요일에는 세금신고를 하지 말고 먼저 1분기 영수증을 철해둔다. 이 일이 끝나면 다음에 할 일로 넘어가라.

칭찬은 제대로 하라

—   상대를 칭찬하고 인정하는 것은 행위를 유발하는 아주 중요한 동력 중의 하나다. 그것이 인간의 자아를 달래주기 때문이다. 사생활이든 직장생활이든 마찬가지다. 솔직하게 칭찬하고 인정하는 사람은 주변사람들의 협동심을 크게 끌어올린다. 그러므로 칭찬하는 사람은 그 자체로 끊임없이 이득을 본다. 이런 이유로 나는 '의도적인 칭찬'을 찬성한다. 칭찬은 감사 표시보다 효과가 크고 상대가 무엇을 하는지, 어떤 사람인지, 무엇을 성취했는지에 대한 평가와 인정의 메시지다. 사람은 숨 쉬기 위해 공기를 필요로 하듯이 평가를 필요로 하기 때문에 당신은 칭찬을 받는 사람들에게 그들이 마음속으로 가장 원하는 것을 제공하는 것이다. 솔직한 인정은 일종의 중독성이 있다. 이 한 가닥 인정을 받으려고 사람들이 무엇을 하고 어떻게 한계를 넘는지를 관찰하면 놀랄 것이다. 최고호칭 방법은 이미 소개했다. 나는 계속 초과근무를 해가며 가족들을 등한히하는 동료들을 종종 본 적이 있다. 이유는 오로지 직장 상사에게 회사에 없

어서는 안 될 인재라는 말을 듣고 싶었기 때문이다. 이런 모습을 보면 나는 늘 어떤 칭찬이 더 중요한지 스스로 묻고는 한다. 퇴근할 때, 사장은 근무를 잘했다고 말하는 것으로 충분하다. 또는 하루의 일과를 끝낼 때, 자녀들이 "엄마아빠는 우리가 필요할 때 늘 우리 곁에 계셔요"라는 말 한마디면 더 바랄 것이 없다.

올바른 칭찬은 또 다른 과제를 충족시켜준다. 주변사람들의 자아를 형성하는 문제는 최고호칭 방법에서 이미 보았다. 상대의 어떤 특징을 강점으로 설명하면 이를 통해서 그 사람이 채우고 싶은 새로운 자아가 형성된다. 그 이상도 할 수 있다. 주변사람이 좀 더 현실 적응력이 높아지게 도와줄 수도 있다. 이런 방법으로 그들이 어려운 상황에서도 흔들리지 않고 스스로 해결책을 찾는 능력을 키워준다.

이것은 하버드 대학교의 심리학 교수인 캐롤 드웩Carol S. Dweck 이 인상적인 실험을 통해 보여주었다. 드웩은 2006년에 자신의 지적인 능력과 재능을 확신하는 사람은, 자신에게 평균 이상의 지능과 재능이 있다는 말을 믿지는 않지만 새로운 것을 배우고 문제를 해결할 능력이 있다고 생각하는 사람보다 성공률이 떨어진다는 사실을 입증했다.* 첫 번째 집단이 자신의 천부적인 능력을 믿은 데 비해 두 번째 집단은 운명을 바꾸는 자신의 능력을 믿는 사람들이었다. 일상적으로는 이 두 집단 사이에 큰 차이를 느낄 수 없었다. 하지만 심각한 상황에서는, 예컨대 뭔가 일이 어긋나는 결정적인 상황에서는 갑자기 차이가 크게 벌어졌다. 첫 번

---

* Mindset: The New Psychology of Success

째 집단은 이런 상황에서 다른 사람에게 책임을 묻거나 아니면 자신의 능력을 의심하는 경향을 보였다. 아마 평소 생각하던 것과 달리 그들 자신이 영리하지 않았던 것인지도 모른다. 이와 반대로 두 번째 집단은 어려운 상황에서 최고의 컨디션을 보여주었다. 이들은 문제를 해결하는 자신의 강점을 알고 있었기 때문이다. 위기가 자신의 강점을 발휘할 기회를 제공한 것이다.

당신은 학교에서 늘 우수한 학생들이 사회에 나가면 학교 때 힘들게 공부한 학생들보다 인생이 잘 풀리지 않는 것을 보고 의문을 품은 적이 없는가? 당신이 아는 사람들 중에서도 분명히 주위의 기대를 전혀 받지 못하던 사람이 10년 후에 완전히 다르게 변신한 경우를 보았을 것이다. 반면에 우등생들이 졸업 후 평범한 직장에 다니거나 완전히 실패한 경우도 보았을 것이다. 학교에서 힘들어했던 사람들은 자신에게 자질이 없다는 것을 재빨리 깨닫고 세상을 헤쳐 나가는 법을 배웠기 때문이다.

이 연구에서 캐롤 드웩은 또 아이들을 어떻게 칭찬해야 하는지도 보여주었다. 자녀에게 늘 영리하고 똑똑하다고 말하는 사람은 자녀에게 호의를 베푸는 것이 아니다. 오히려 자녀의 근면과 노력, 끈기를 칭찬해주어야 한다. 그러면 자녀가 계속 세상을 살며 도움이 될 그들 스스로의 자화상을 키워주는 것이다. 즉 상황을 변화시키고 스스로의 힘으로 그 상황을 개선할 능력이 있다는 믿음을 갖게 하는 것이다.

주변사람에게 장기적인 면에서 득이 될 자질을 칭찬하고 싶다면 그들의 타고난 재능이 아니라 자신을 개척하고 새로운 길을 갈 수 있는 능력을 칭찬해야 한다. 물론 이 밖에도 칭찬과 인정을 통해 효과를 극대화하는 데 주의해야 할 몇 가지 기본규칙이 더 있다.

진지하고 올바른 처방

칭찬이 너무 부족해서 엉뚱한 방향으로 나가게 하면 안 된다. 물론 단순한 이메일을 모두 놀라운 것으로 치켜세우고 매주 우수한 실적을 올렸다고 별표를 달아주는 것은 아마 초등학교나 미국에서는 통할지 몰라도 우리 문화권에서는 우스꽝스럽기만 할 것이다. 필요할 때는 명확하고 진지하게 칭찬하라. 그리고 당신이 인정한다는 것을 간결하게 말하라. 만일 당신의 칭찬이 진지하지 않고 과장된 것이라고 상대가 느낀다면 또는 방금 경영컨설팅 자료에서 읽은 대로 칭찬을 한다면 당신의 진정성을 상대가 어떻게 알겠는가? 그러면 당신의 칭찬이 무슨 가치가 있을 것인가?

적절성

칭찬은 양날의 칼과도 같다. 많은 사람은 집단이나 동료들 앞에서 칭찬 듣는 것을 좋게 생각한다. 이와 반대로 불쾌하게 생각하는 사람도 있다. 이들은 다른 사람 앞에서 칭찬을 받거나 자신의 이름이 거론되는 것을 불쾌하게 생각한다. 이들은 칭찬이 고통스럽고 호의에서 나온 칭찬도 굴욕으로 느낀다. 그러므로 당신은 누구를 칭찬해야 할지, 그 사람에게 어떻게 하면 인정받는다는 느낌을 잘 전달할지 정확하게 판단해야 한다. 다른 사람들 앞에서 할지, 아니면 둘만 있을 때 할지, 구두로 할지, 서면으로 할지를 생각해야 한다. 그러므로 칭찬할 상대를 세심하게 구분해야 한다. 가령 당신이 인정하는 말을 했을 때, 언짢게 손짓으로 제지한다면 이것은 겸손의 표시일 때가 드물지 않다. 따라서 이런 사람은 기뻐서 당신의 목을 부둥켜안는 사람처럼 내심으로는 당신의 인정을 반긴다.

적절한 시점

그 자리에서 직접 칭찬하는 것이 6개월 뒤에 따뜻한 말을 건네는 것보다 낫다. 가장 좋은 것은 즉시 칭찬하는 것이며 늦어도 일주일을 넘기면 안 된다. 여러 주가 지나서 과거의 얘기를 하면 상대는 그 일을 잊을 때도 있고 또 인위적이라는 느낌을 줄 수도 있다. 물론 생일이나 크리스마스를 잘 보냈는지 묻는 인사는 사후에 할 수도 있다.

뜻밖의 칭찬

칭찬 문화가 유난히 두드러진 경영조직에서는 정해진 기간에 공로를 세운 직원에게 표창을 해준다. 매달 또는 매주 통상적인 시상식이 열린다. 이렇게 의무적인 행사는 진지하다는 느낌을 주지 못한다. 이런 의식은 모두가 참여하지만 큰 의미가 없다는 것을 누구나 안다. 칭찬은 예측할 수 있어서는 안 된다. 그러므로 가능하면 뜻밖의 순간에 이루어지는 것이 좋다. 퇴근길에 간단히 전화를 한다든가 휴게실에서 다른 동료들이 보는 앞에서 또는 심각한 회의를 끝낼 때나 아니면 아침에 컴퓨터 모니터에 쪽지를 붙이는 식으로 표현할 수 있을 것이다. 빠른 시간에 자발적으로 자연스럽게 할 때, 칭찬은 효과가 크다.

효과적인 비판

─   칭찬을 받는 사람은 동시에 비판도
받을 줄 알아야 한다. 누군가를 인정해준다는 것은 즐거운 일이
고 재미도 있다. 이와 달리 누군가를 비판한다는 것은, 당신이 가
학적인 기질이 있다거나 어떤 복합적인 보상이 담긴 것이라면 모
를까, 즐겁지 못하다. 주변사람들의 약점을 지적하는 것은 대부
분 누구에게나 즐겁지 않다. 지적할 것이 있어도 뒤로 미루기 일
쑤이고 그러다 보면 잊어버리기도 한다. 이러면 문제가 해결되는
것이 아니라 수면 밑으로 가라앉을 뿐이며 언젠가는 과거의 문제
점이 드러날 가능성이 아주 크다.

사람은 근본적으로 갈등을 싫어한다. 누군가를 비판하면 이를
계기로 인간관계가 손상될 것을 두려워한다. 이런 이유로 솔직한
대화를 기피하기도 한다. 당신이 바로 이런 경우라면 심리적인
접근수단을 확보하라고 말하고 싶다. 상대의 문제점을 지적하는
것은 당신의 의무이기 때문이다. 만일 당신이 누군가의 잘못을
솔직하게 지적하지 않는다면 그 사람이 어떻게 잘못을 고치겠는
가? 만일 교사가 학생들의 잘못된 점을 솔직히 말해주지 않고 늘
칭찬만 했다면 오늘의 우리가 있을 수 있겠는가? 당신이 파트너
와 살면서 당신 마음에 들지 않는 부분을 말하지 않고 어느 날 갑
자기 짐을 싸서 집을 나간다면 과연 그것이 공정한 태도인가? 비
판을 하지 않고 솔직하게 문제점을 말해주지 않는 사람은 상대가
개선할 기회를 빼앗는 것이다. 그러므로 주변사람들에게 진지하
고 솔직하게 제기하는 비판은 공정성의 문제에 해당한다.

심리적인 접근수단을 활용하면 상대의 잘못과 실수를 지적하는 것은 어려운 일이 아니다. 잘못을 지적해줄 때, 고마워하는 사람이 별로 없다는 것은 정말 안타까운 노릇이다. 이런 사람은 비판을 자신에 대한 개인적인 공격으로 받아들이며 몇 마디 지적해주면 이것을 이해하거나 고마워하는 대신 자신을 변명하며 빠져나갈 구멍을 찾기에 급급하다. 인간의 자기 과대평가 경향도 이런 태도에 한몫한다. 스웨덴의 심리학자인 올라 스벤손Ola Svenson은 연구를 통해 미국 운전자의 93퍼센트가 자신이 우수 운전자 상위 50퍼센트 안에 든다고 생각한다는 것을 보여주었다. 이런 결과는 계산상으로도 맞지 않을 뿐 아니라 수많은 교통사고의 이유를 말해주기도 한다. 주변사람들을 붙잡고 모든 면에서 누가 운전을 잘하는지 물어보면 이런 자기 과대평가가 독일에서도 똑같이 존재한다는 것을 알 수 있다.

사람은 자신의 객관적인 능력뿐만 아니라 윤리적인 나침반, 즉 좋은 일을 하고 나쁜 일을 피하는 능력에서도 자신을 과대평가한다. 우리는 이런 성향을 감안해 윤리와 도덕의 코칭 자료로 쓰기 위해 중범죄자 68명과 인터뷰한 비디오자료를 분석했다. 이 중에는 살인범, 강간범도 있었고 테드 번디나 맨슨 패밀리(미국의 중대 범죄자인 찰스 맨슨을 따르는 무리 ─ 옮긴이)의 조직원 같은 연쇄살인범도 있었다. 범인들은 모두 자신의 범행을 시인했고 자신들이 받는 처벌이 정당하다고 인정했다. 이런 태도는 인터뷰 초반에 나왔다. 그러다가 이들의 태도는 인터뷰가 진행될수록 변했다. 이들 중 61퍼센트가 자신들의 범행을 놓고 외부 원인에 책임을 돌리기 시작한 것이다. 잘못 사귄 친구, 마약, 성과에 대한 심리적 압박 등등 사회에 그 책임을 돌렸다. 범죄자들은 자신들의 비난받을 행위를 해명하려고 한 것이다. 자신이 단순히 나쁜 사람이라서 악행을 저지른 것이 아니라는 말이었다. 특히 그중에서도 1989년, 처형되기 하루 전에 인터뷰한 연쇄살인범 테드 번디의 인터뷰가 인상적이었다. 그는 끝없이 범람하는 포르노 때문에 자신이 연쇄살인범이 되었다고 말했다. 그러면서 번디는 자신과 같은 희생자가 더 이상 나오지 않기 위해서라도 포르노그래피를 엄금해야 한다고 주장했다. 여기서 주의할 것은 그 사건이 인터넷 시대가 오기 전에 일어났다는 점이다. 그 당시에 이미 포르노가 범람했다면 인터넷 시대인 오늘날은 어떻겠는가?

우리가 윤리적으로 비난받을 짓을 했다는 것을 이성적으로 안다고 해도 우리 자신이 나쁜 인간일 수도 있다는 것을 인정하기는 쉽지 않다. 살인이나 연쇄살인 너머에서는 정상적인 일상생활이 펼쳐지고 있기 때문이다. 우리가 잘못을 저지른다고 해도 그것을 완전히 인정한다는 것은 쉬운 일이 아니다. "그래, 내 잘못으로 중요한 고객을 잃은 것은 분명해, 하지만 사장이 그렇게 힘든 프로젝트를 나에게 떠넘기지 않았다면 그런 일은 일어나지 않았을 거야." 혹시 이런 주장이 귀에 익지 않은가? 일이 잘되면 부서장의 공로고 일이 잘못되면 전반적인 경제상황이나 불공정한 경쟁구조에 책임을 돌린다. 학교 다닐 때도 똑같았다. 성적이 좋으면 열심히 공부했거나 머리가 좋기 때문이고 성적이 나쁘면 제대로 가르치지도 못하면서 이상한 질문이나 하고 자기 마음에 들지 않는다고 학생을 차별하는 선생 탓이었다. 자신뿐 아니라 같은 반의 아이들도 성적이 좋지 못한 것도 그 이유 중 하나였다.

우리가 누군가를 비판할 때는, 이렇게 사실적이고 윤리적인 자기 과대평가의 장벽을 향해 달려드는 것이다. 비판은 때로 성공하기도 하고 때로 실패하기도 한다. 이때 '건설적인 비판'이라는 말을 해도 도움이 되지 않는다. 이 개념은 한때 좋은 뜻이었지만 의미가 변질되었다. 이 개념은 "개인적인 관계를 떠나 건설적인 비판 좀 해야겠다"라는 말처럼 대화가 완전히 궤도에서 벗어날 때 종종 나오기 때문이다. 이 말이 나오면 온갖 경보가 울리는 것이나 마찬가지다. 당신이 "나는 객관적으로 보고 싶다"라고 말한다면 이 말은 '당신이 나를 심하게 질책해도 객관성을 유지할 것이다'라는 의미로 이해된다.

비판은 군사작전을 펼치듯이 하면 안 된다. 대개 칭찬을 할 때처럼 일의 진행과정에서 본격적인 논의로 들어가지 않고 간단히 언급하든가 가볍게 지적하는 것으로 충분하다. 그저 말만 하면 된다. 하지만 비교적 큰 문제가 가로놓여 있을 때는, 효과가 뛰어난 것으로 입증된 방법 두 가지만 있으면 그 장벽을 유연하게 우회할 수 있다. 끝없는 토론을 피할 것이며 절망적인 참호전이나 자기 합리화를 위해 쓸데없는 시간과 에너지를 낭비하지 마라. 비판을 제기하는 데서 그치지 말고 즉시 행동변화가 이어지도록 하라.

스톡홀름식 방법

1973년 8월, 스톡홀름 은행직원 4명이 은행 강도에게 5일간 인질로 억류되었을 때, 최초로 이런 범죄를 생중계로 추적한 언론과 경찰심리학자들은 흥미로운 관찰을 했다. 인질들은 은행 강도보다 경찰들 앞에서 더 큰 불안을 드러낸 것이다. 심지어 인질들은 억류에서 풀려난 뒤에 인질범들에게 고마움을 표현했고 그들을 괴롭힌 범죄자들에게 관대한 처벌을 해줄 것을 당국에 요청하기도 했다. 뿐만 아니라 인질범들을 보기 위해 교도소로 면회를 갔다. 스톡홀름 증후군Stockholm-Syndrom으로 알려진 이 현상은 우리들의 일상생활에서도 자주 일어난다. 난관의 1차적인 책임자들에게 고마워하고 계속 이들을 추종하는 사람들이 얼마나 많은지 살펴보라. 많은 사장들은 전적으로 이 원리에 따라 회사를 경영한다. 또 많은 인간관계가 인질극 같은 효과를 일으키기도 한다. 사랑이라고 믿지만 그것이 스톡홀름 증후군과 다름없는 경우도 많다.

스톡홀름식 방법에서는 본래의 비판사항에 별로 시간과 정력을 들이지 않고 정서적인 종속심리와 심리적 긴장을 일으키고 그것을 해소해주는 데 중점을 둔다. 우리에게 종속과 억압 상황을 만들어주고 더불어 무기력감을 심어준 자가 본인 스스로 유발한 난관에서 우리를 벗어나게 해줄 때는 순식간에 구원자로 바뀐다. 우리를 심각한 상황에 빠트린 사람을 두려워하고 그에게 화를 내는 대신 고마워하는 것이다.

스톡홀름식 방법은 불안하게 하기, 비판사항, 다시 불안하게 하기, 구원이라는 네 단계로 이루어진다.

1. 불안하게 하기

느닷없이 용건을 꺼내지 말고 무슨 일인지 상대가 모르도록 불확실한 상황을 유지하라.

"문제가 생겼는데 10분 뒤에 나와 얘기 좀 해야겠어요."

"당신 때문에 며칠 동안 잠을 못 잤다고. 조만간 그에 대해 얘기 좀 합시다."

또 배려하는 방법도 효과가 뚜렷하다.

"별 일 없어? 얼마 전부터 집중을 못하던데…… 언제 시간을 내서 편하게 털어놓아 봐. 나는 자네 편이니까."

당신은 의도적으로 상대를 불확실한 상황에 가둬놓음으로써 불안하게 만든다. 이 방법으로 당신은 상대의 상황과 방향설정에 대한 통제권을 확보한다. 은행 직원들을 억류한 인질범의 수법과 똑같은 것이다. 동시에 당신은 최초의 종속상황을 만들어낸다. 당신은 수수께끼를 풀면서 다시 방향의 선택권을 돌려주는 사람이 된다. 하지만 언제 어디서 돌려줄 것인지는 당신이 결정한다.

2. 비판사항

당신이 비판사항을 끄집어낸다고 해도 그것은 별로 부정적으로 인식되지 않는다. 당신은 그와 동시에 상황을 다시 통제할 수 있는 태도와 가능성, 즉 상대가 내심 원하는 것을 제공해주기 때문이다. 비판사항은 늘 쓰라리지만 열려 있는 귀를 향해야 한다는 특징이 있다. 이때 중요한 것은 비판이 짧고 간결해야지 빈정대는 어조로 들려서는 안 된다는 것이다. "어떻게 그럴 수 있지? 당신 그때 무슨 생각한 거야?"라는 식의 표현은 아무 도움이 되지 않는다. 이와 반대로 비판사항은 안정감으로 포장해야 한다. 스스로 자신이 무능하고 형편없다고 생각하는 사람은 아무도 없다는 것을 안다면 정확하게 상대의 그런 능력을 확인해줄 필요가 있다. 상대가 사실 좋은 사람이라는 것을 분명하게 밝혀라. 그렇게 함으로써 중요한 쟁점 하나를 제거하는 것이다. "나는 당신이 믿을 수 있는 사람이란 것을 알아. 평소에도 내 직원 중에 아주 유능한 편에 속하니까."

3. 다시 불안하게 하기!

이제 안정감을 충분히 심어주면 된다. 비판사항은 이미 받아들여졌기 때문에 이제 정서적 종속심리를 통해 지적사항이 후속변화로 이어지도록 해야 한다. 이때 가능성이 크지는 않지만 평가점수가 떨어질 수도 있다는 것을 지적하면서 다시 불안하게 만들어라. "나는 당신이 계속해서 가장 유능한 직원으로 남았으면 좋겠어"라든가 "앞으로도 당신을 신뢰할 수 있으면 좋겠어"라고 말할 수 있을 것이다. 이때 상대를 위협하지 않는 것이 중요하다. 그저 신임을 잃고 평가점수가 떨어지는 것에 큰 불안을 느끼도록 암시만 하라.

이제는 긴장을 풀도록 돌파구만 제시하면 된다. 그러면 스톡홀름식 방법은 효과를 볼 것이다.

4. 구원

빠져나갈 구멍, 즉 구원은 당신이 앞으로 기대하는 것이 무엇인지, 그리고 어떻게 하면 개선할 수 있는지를 분명하게 전달하는 것으로 성립된다. 스톡홀름식 방법은 완전히 의도적으로, 해결책을 제시하는 사람이 당신이지 비판받는 상대가 아니라는 데 목표를 둔 것이다. 이때쯤이면 상대는 차분히 생각할 여유가 없기 때문이다. 만일 당신이 구체적인 해결책을 제공하지 못한다면 상대는 옥토버페스트(독일 뮌헨에서 해마다 10월 초에 열리는 민속축제 — 옮긴이)의 롤러코스터를 타고 나서 어지러워 쩔쩔매는 펭귄 같은 상태가 될 것이고 당신은 절대 목적을 달성하지 못할 것이다.

스톡홀름식 방법을 제대로 사용하기만 하면 당신은 성공적인 비판만 하는 것이 아니라 인간관계를 계속해서 당신에게 유리한 쪽으로 바꾸게 된다. 이 방법의 적용범위는 얼마든지 확대할 수 있다. 당신이 주변사람들과의 관계를 전반적으로 개선하고 새로운 차원으로 끌어올리고 싶다면 그 관계를 당신에게 유리한 방향으로 돌려놓도록 의식적으로 비판하면서 스톡홀름식 방법을 활용하라. 이때 정상적인 상황에서 비판의 근거를 댈 수 있고 없고는 중요치 않다. 당신이 정서적인 쾌감과 불쾌감을 좌우하는 사람이고 또 억압상황을 풀어줄 힘을 가진 사람이라는 느낌을 상대의 잠재의식에 불어넣어주면 당신에게는 은연중에 정서적인 권위가 주어질 것이고 이것은 당신의 일상생활을 훨씬 편하게 만들어줄 것이다.

트로이목마식 방법

스톡홀름식 방법이 너무 신경 쓰인다면 트로이목마식 방법도 좋다. 이 방법은 방향상실을 유발하지도 않고 정서적인 종속심리를 만들지도 않는다. 그리스 신화에 나오듯이 그저 선물 속에 비판 내용을 숨기는 것이다.

예를 들어 어떤 직원이 고객에게 제공하는 상품정보를 엉터리로 만들었다면 일단 그를 옹호하라. "요즘 스트레스가 심한데도 상품정보를 마무리했다는 것을 나도 알아. 그렇게 짧은 시간에 마무리할 수 있는 사람은 거의 없을 거야. 다만 다음번에는 완전히 집중해서 다시 만들고 부주의로 인한 실수가 없도록 해보자고. 진행 중에 개선할 만한 건의사항은 없나?"

당신은 적으로서가 아니라 친구이자 파트너로서 나서는 것이다. 물론 상대는 온갖 빠져나갈 구멍을 찾을지도 모른다. 또 앞에서 본 대로 다른 사람에게 책임을 전가할 수도 있다. 그러기에 당신은 한 배를 탄 처지에서 함께 상황을 반성하는 태도를 보이는 것이다. 이럴 때 사람은 대개 균형감각이 발동되기 마련이므로 온갖 외부 원인을 살펴본 뒤라면 그 상대가 앞으로 무엇을 개선할 수 있을지 함께 생각하는 것이 비교적 쉽다. 바로 이때 당신의 비판사항을 간접적으로 제기하면서 냉큼 본래의 목표를 이루면 된다. 트로이목마식 방법에서 비판받는 사람은 처음부터 자신이 비판의 대상이라는 사실을 전혀 알지 못한다. 대신 본인 스스로 개선 가능성을 발견한 것에 기뻐할 뿐이다.

이상의 두 가지 방법을 활용하라. 통할 때도 있고 통하지 않을 때도 있을 것이다. 앞에서 말했듯이 대부분의 경우에 거창한 계획은 전혀 필요가 없다. 그저 솔직해야 한다는 원칙만 생각하면 된다. 상대의 잘못을 지적하는 것은 당신의 의무다. 그렇지 않으면 당신 스스로 최선을 다할 기회를 가로막는 것이다.

4장

주도권은
내가 갖는다

▶▶▶   늘 옳은 말을 할 경우 상대를 성가시게 할 수도 있다. 또 한편으로, 살면서 우리의 말이 옳다고 주장할 시간은 얼마든지 있다. 우리는 필사적으로 토론을 벌이다가도 어느새 인정을 받지 못하고 힘을 잃을 때가 있다. 아무리 말을 잘해도 결국 번번이 우리의 주장이 틀린 것으로 드러난다. 오랫동안 파트너 관계를 맺고 산 사람이라면 무슨 말인지 알 것이다. 옳다는 판정은 옳은 말을 하는 사람이 아니라 그 자신이 옳다는 것을 상대에게 설득하기 위해 보다 나은 책략을 갖춘 사람에게 돌아간다. 기교와 논리로 무장된 설득방법은 좋지만 실제로는 시간이나 주변사람들에 대한 이해가 부족할 때가 종종 있다. 앞에서 언급한 대로, 사람은 기본적으로 이성과 합리적인 논증이 아니라 비합리적인 동기를 통해 설득되는 경향이 있다.

다음에 소개하는 단순하면서도 지극히 효과가 뛰어난 방법은 당신의 입장을 관철시키는 데 드는 많은 시간과 노력을 줄여줄 것이다. 이 방법을 알고 나면 서로 의견이 대치된 상태에서 상대의 기습을 피할 수 있다는 또 다른 장점이 있다.

공인된 주장

― 　　　　　　　자신이 옳다고 내세울 수 있는 가장 단순하고 효과적인 방법은 그저 자신이 옳고 상대가 틀렸다고 주장하는 것이다. 어느 정도 자신감과 권위가 주어진 상황에서 이런 주장을 내세우면 사람들은 대개 이 말을 믿는다. 토크쇼에 출연하는 정치인들의 주장을 살펴보라. 이들은 뭔가를 사실이라고 말하며 이 주장에 의문을 표하는 사람이 있을 때는, "진심으로 ~ 라는 주장을 할 수는 없을 것입니다"라고 반박한다. 앙겔라 메르켈은 이 방법을 훤히 꿰뚫고 있다. 메르켈은 어떤 노선은 대안이 없다고 설명하기도 한다. 대안이 없는 것은 더 이상 논의를 계속할 필요가 없다. 대안이 없기 때문이다. 그렇다고 노선을 바꾸지 못한다는 말은 아니다. 새로운 상황에서는 새로운 노선이 곧 새로운 대안이 될 수 있기 때문이다. 그러므로 이내 의견을 바꾸더라도 일관성이 없는 것이 아니라 단순하게 '목표지향적인' 것이 된다.

따라서 이 책략은 아주 간단하고 분명하다. 단순하게 주장을 제기하고 모든 반대 의견은 무가치한 것으로 깎아내리는 방식이다.

자신이 옳다고 주장하는 사람은 대부분 옳다는 생각에서 그런 주장을 한다. 인간의 오성은 이렇게 단순하게 이해한다. 단지 오만하다는 인상을 주지 않도록 주의하기만 하면 된다. 그러므로 "내가 옳다는 것은 의문의 여지가 없다"라고 하면 안 된다. 겸손하지 못한 말은 반감을 불러일으키고 듣는 사람은 그 말을 믿기보다 의심할 것이다. 따라서 자신의 주장을 그럴듯하게 포장하는 것이 좋다.

단순한 방법이 통하지 않을 때는 간단한 책략을 통해, 가령 특별한 내부정보를 통해서 추가로 당신 주장에 권위를 부여할 수 있다. 이 경우에는 1인칭 형식을 사용해야 한다. 이때도 단순한 표현이면 충분하다.

▶ "몇 년 전 이와 아주 비슷한 상황을 경험했습니다."
  − 따라서 내가 당신보다 더 잘 안다!
▶ "이것은 학교 다닐 때 전공했던 분야예요!"
  − 나는 이 분야를 공부했다!
▶ "이 문제에 대해 마이어 씨와 개인적으로 의논했습니다."
  − 그러므로 마이어 씨의 이름을 걸고 말할 수 있다. 이 분야에서는 다른 누구보다 더 많이 아는 사람 아닌가!
▶ "오래전부터 이 주제에 매달려왔습니다."
  − 다른 사람은 모두 초보자다.

다른 주제와 마찬가지로 여기서도 진실을 토대로 해야 한다. 물론 얼마든지 융통성을 발휘할 수 있다. 최근에 어느 기업 컨설턴트는 강력한 주장을 펼치면서 아프리카에서 실시하려고 계획 중인 프로젝트에 대한 자신의 비판사항을 무조건 수용해야 한다고 설명했다. 그러면서 자신은 아프리카에 종종 드나들었기 때문에 그곳 사람들의 기질을 경험했다고 덧붙였다. 이런 수법을 통해 그는 자신의 생각대로 회의의 결론을 내릴 수 있었다. 그 뒤에 내가 아프리카에서 뭘 했는지 묻자, 그는 빙긋이 웃으며 대답했다. "케냐에서 휴가를 보냈죠." 어쨌든, 그가 거짓말한 것은 아니다.

공인된 주장은 또 놀랄 만큼 쉽게 지렛대로 작용하기도 한다. 다만 이 주장이 이미 사실로 받아들여졌기 때문에 사람들은 대부분 지렛대로 사용하지 않는다. 누가 감히 사실을 의심하겠는가라고 생각하기 때문이다.

사실을 창조하라

—   때로 자신의 주장을 사실로 뒷받침하는 것은 당연히 매우 중요한 일이다. 사실이 우리의 주장을 확인해주기 때문이다. 하지만 이때 절대 잊지 말아야 할 것은, 사람들에게 가장 설득력이 있는 것은 아주 이성적이고 합리적인 주장이 아니라 사람의 뇌가 쉽사리 처리할 수 있는 주장이라는 것이다. 인간의 뇌는 게으른 경향이 있기 때문이다. 단순하게 이해할 수 있는 주장일수록 더 설득력이 있는 법이다. 사실을 입증하려

고 애쓰지 마라. 그래봤자 모든 것이 불필요하게 복잡해질 뿐이다. 사실은 이미 증명된 것이기 때문이다.

인간의 오성이 확실하게 파악할 수 있는 것은 숫자다. 숫자는 통계이며 그 자체로 사실이 입증된 것이다. 적어도 사람의 뇌는 그렇게 이해한다. 당신은 어느 직원이 왜 휴가를 가야 하는지를 놓고 자세한 설명으로 논증할 수 있다. 또는 휴가가 작업 능률을 82퍼센트나 끌어올린다는 연구 결과*를 보여주면서 그 직원이 6주 후에 능률을 최고로 끌어올린 상태에서 프로젝트를 시작하게 될 것이라고 말해줄 수 있다.

자신의 주장을 데이터로 뒷받침하는 사람은 의심을 떨쳐버릴 수 있다. 그토록 많은 시장조사를 실시하는 것은 바로 이 때문이다. 기업은 대부분 어디에 문제가 있는지 본능적인 감각으로 알지만 시장조사는 퍼센트와 절대적인 수치로 확실성을 만들어낸다. 따라서 당신이 뭔가를 관철할 생각이라면 그 생각을 뒷받침해주는 수치를 찾아라. 기업에는 거의 모든 상황에 적용할 수 있는 수치가 있다. 그런 자료가 없다고 해도 인터넷은 당신의 말이 옳다는 것을 입증하는 데 필요한 연구와 분석 기반의 데이터를 제공한다. 이때 수치가 당신의 주장과 완전히 일치하는가 여부는 중요치 않다. 분명한 사실을 토대로 활용하고 그에 '의존'하면서 주장을 펼칠 수 있을 것이다. 가령 소셜 네트워크인 씽Xing은 이렇게 주장한다.

---

* http://www.perspektive-mittelstand.de/Studie-Urlaub-erhoeht-Leistungsfaehigkeit-um-bis-zu-82-Prozent/management-wissen/820.html 2014년 8월 16일 확인자료

접촉을 통해 만들어지는 일자리가 전체의 50퍼센트는 된다. 씽은 직업 상의 접촉을 위한 네트워크다. 여기서 매일 20만 건의 접촉이 이루어진 다.*

모든 일자리의 50퍼센트가 사람 사이의 접촉으로 만들어진다 는 수치가 어디서 나온 것인지는 모르지만 우리가 이 말을 단순히 믿는 것은 수치를 제시하고 있기 때문이다. 어쨌든 유난히 흥미로운 수치다. 두 번째 문장은 첫 번째 문장을 토대로 하지만 직접적인 관계는 없다. 우리는 씽에서 이루어진 20만 건의 접촉 중에서 50퍼센트가 새로운 일자리로 이어지는지 아닌지는 모른다. 하지만 우리의 뇌는 잠재의식 속에서 이 연관성을 만들어낸다. 숫자에서 설득력이 나오기 때문에 우리는 매번 주장을 거듭하지 않아도 새로운 접촉의 50퍼센트, 즉 씽을 통해 매일 소개되는 일자리가 10만 건이 된다는 것을 믿는다.

이 밖에 언제나 연구결과를 제시할 필요는 없다. 개인적인 수치를 곁들인 평가를 제시하면서 당신 자신의 증거를 만들어낼 수도 있다.

"전 직원의 70퍼센트가 그렇게 생각한다고 확신합니다."

이 말은 당신의 확신, 즉 당신의 개인적인 평가를 솔직하게 말한 것이다. 그러면서 70퍼센트라는 수치를 고수한다. 누가 어떻

---

* www.xing.de 2014년 7월 15일 확인자료

게 이런 수치가 나왔는지 물으면 당신 자신의 평가라고 솔직하게 말하면 된다.

하지만 숫자를 제시할 때는 조심해야 한다. 숫자는 머리에 잘 각인되기 때문에 늘 되풀이 인용되고 오랫동안 당신을 쫓아다니기 마련이다. 가령 매출증가를 30~40퍼센트라고 말하면 이 수치는 사람들의 뇌리에 깊이 박히고 당신은 정확히 이 수치에 따라 평가될 것이다. 매출증가가 29퍼센트로 드러난다면 당신은 신뢰를 잃을 것이다. 그러므로 언젠가 걸려 넘어지지 않으려면 수치에 관련된 부분은 늘 조심해야 한다.

또 타당한 논증을 하는 데는 전후 상황과 다수의 의견만으로 충분할 때도 있다. 이 경우에는 정확한 수치가 필요 없다. 가령 회의에서 다음과 같은 의견을 제시할 수 있다.

"이 자리에 참석한 사람 다수가 그렇게 본다고 생각합니다."

'다수'는 좀처럼 이의 제기나 반발을 부르지 않는다. 반대로 모든 사람은 당신처럼 다수의 생각에서 출발하기 때문에 당신의 의견에 반대하는 사람은 침묵할 가능성이 크다. 다수의 의견에 반대하는 사람은 소수에 속하기 때문이다.

어떤 주장이 너무 단순해서 사실 같지 않다는 생각이 들 때는, 성치인들의 토크쇼를 보면서 거기 모인 빙청객들이 이떤 '사실'을 믿을지 스스로 물어보라.

상대의 의견을 원용하라

—   누군가 사리에 맞는 주장을 할 때
는, 특히 그 의견이 널리 받아들여질 때는, 상대의 주장을 잘 기
억해야 한다. 그 의견을 원용해서 당신의 목적에 활용할 수 있을
것이다. 설사 당신이 다른 맥락에서 그 의견을 이용하더라도 이
것은 중요치 않다. 의견진술은 대부분 상황에 따라 조절할 수 있
으며 그 말이 맥락에 맞는지 안 맞는지 캐묻는 사람은 없다. 상대
의 의견을 얼마나 쉽게 효과적으로 원용할 수 있는지 보자.

"당신은 효율성을 높이는 것이 중요하다고 말했습니다. 그 말이 전적으
로 옳다고 봐요. 새 복사기는 당연히 비용이 더 들어갑니다. 하지만 속
도는 30퍼센트나 빠르죠. 바로 이것이 우리가 필요로 하는 효율성이에
요."

"돈을 절약해야 하고 두 사람 다 뭔가를 포기해야 한다고 당신이 2주 전
에 말했잖아. 내가 생각해도 당신 말이 전적으로 옳아. 그래서 신문을
끊어야 해. 당신이 신문을 즐겨 읽는 것은 알지만 당신 말대로 돈을 아
끼는 것이 더 중요하다고."

원용기술은 상대의 주장이 시간적으로 과거에 나온 것일 때,
그리고 당신이 그 의견을 원용하기 전에 칭찬을 할 때 유난히 효
과가 크다. 가장 효과적인 경우는 당신이 그 의견을 실천하거나
적극 채택하려고 할 때다. 예를 들면 새로운 방침이나 비용절감
또는 직원 간의 열린 소통이 주제가 될 수 있을 것이다. 그런 뒤

에 당신 자신의 관심사를 꺼내며 원용한 상대의 의견을 활용한다면 거의 실패할 일이 없다. 당신 스스로 모범을 보였기 때문이다.

원용기술은 마찬가지로 상사나 고위직에게서 나온 의견일 경우, 논의의 자리에 당사자가 없을 때, 아주 효과적이다.

"사장님은 고객서비스를 강화해야 한다고 말씀하셨습니다. 그러므로 당장 더 많은 직원에게 투자해야 하는 겁니다."

당신을 위해 우선순위를 바꿔라

—   상대의 의견이 더 낫고 그가 그 이점을 빼앗기지 않으려고 할 때, 당신은 주장의 우선순위를 검토하고 당신을 위해 순위를 바꿈으로써 계속 정당성을 유지할 수 있다. 결정을 내리거나 주장을 저울질할 때, 사람들은 대부분 매우 피상적으로 흐르는 경향이 있다. 가장 중요한 결정 기준은 최대 3~4개로 압축된다. 따라서 누군가 내용상 더 우월한 주장을 펼치면, 당신은 그저 그 주장의 우선순위를 끌어내리기만 하면 된다. 다시 말해 가장 중요한 세 가지 기준에 포함되지 않게 하면서 당신이 제기하는 반론의 우선순위를 끌어올리는 것이다. 주장의 옳고 그름과는 상관없이 순위에서 밀리면 힘을 못 쓰기 마련이다. 예를 들어 당신이 직원야유회 계획을 짜는데 누군가 반박여지가 없는 사실을 지적하며 당신보다 더 유리한 대안을 제시한다고 가정해보자. 그러면 당신은 그 주장을 이렇게 무력화시킬 수 있을 것이다.

"물론 그 방법으로 하면 비용이 덜 들죠. 하지만 실제로 중요한 기준이 뭡니까? 우리가 직원들에게 멋진 체험을 할 기회를 제공하고 지난 1년 간의 공로를 보상해주는 걸까요, 아니면 단지 돈을 아끼는 것일까요? 그 방안대로 하면 직원들이 어떤 반응을 보일까요?"

기본적으로 공인된 주장을 제기하되 의견 자체가 아니라 우선순위에 의존해야 한다. 당신은 돈이 가장 중요한 결정기준이라는 생각에 의문을 표시한 것이다. 물론 반대로 주장할 수도 있다.

"물론 직원들에게 멋진 체험을 할 기회를 제공하고 지난 1년간의 공로 를 보상해주고 싶죠. 하지만 무엇보다 우리는 재정을 잘 관리하고 함부 로 낭비하지 않는다는 것을 보여주어야 합니다. 그렇지 않다면 직원들 이 어떻게 생각하겠습니까?"

다른 모든 기술과 마찬가지로 항상 명심해야 할 것은 단순히 합리적인 근거가 결정의 기준이 되는 것은 아니라는 것이다. 분명한 결정기준은 종종 가장 중요한 것이 아닐 때가 있다. 상대의 마음을 들여다본다면 당신은 중요도를 떨어트려야 할 결정기준과 성공을 위해 더 끌어올려야 하는 다른 기준이 숨어 있는 것을 발견할 것이다. 이런 목표를 밀고나갈 때, 당신은 우선순위를 완전히 뒤흔들고 당신에게 유리한 방향으로 재설정할 수 있을 것이다.

기본적으로 결정기준의 변경은 언제나 세 단계로 이어진다.

1 | 결정기준에 대한 기존의 우선순위 확인

2│ 가장 중요한(그리고 당신의 생각과 어긋나는) 결정기준의 의미
  에 대한 의문제기
3│ '진정한' 우선순위의 설정

이 세 단계는 수많은 판매 상담에서 볼 수 있다. 최근에 나는
가족여행을 예약하려고 했다. 다음에서 보듯, 여행사의 여직원은
노련하게 우선순위를 가격조건에서 좀 더 호화로운(그리고 여행사
의 매출에 더 기여하는) 옵션으로 변경하려고 했다.

1│ "선생님께서는 저렴한 가격이 가장 중요한 기준인 것으로 보
  이는군요. 네, 옳은 말씀입니다. 첫 번째 상품이 훨씬 저렴
  하지요."
2│ "하지만 가족분들께 중요한 것은 재미있는 체험여행을 하
  는 것이 아닐까요? 더 비싼 호텔에는 미끄럼틀이 10곳이
  나 있고 수영장도 4개나 되거든요."
3│ "저렴한 휴가와 가족들이 체험여행을 누리는 것 중 어느 것
  이 더 중요한지는 물론 선생님 스스로 결정하셔야겠죠."

순간 나는 어떤 기술을 적용해야 할지를 정확히 알아차렸다.
그리고 좋은 아빠가 되려는 나의 자아를 의도적으로 무리하게 밀
고나가는 것이 어떤 것인지도. 내가 어떤 결정을 내렸을 것 같은
가? 나는 정말 매정한 아빠가 되려고 했을까?

조언: 그 밖에 이 방법은 당신이 충격효과를 이용할 때 가장 좋
을 것이다. 상대방이 모든 의견을 펼치도록 하고 당신은 태연히

그 주장에 동의하라. 이렇게 신뢰의 발판을 만들면 상대의 정신 적인 방어기제는 약화될 것이다. 그런 다음에 상대가 제기하는 반론의 우선순위에 의문을 표하고 당신의 주장을 제기하는 것이 다. 또 이때, 많은 논의를 하며 입증하려고 할 것이 아니라 단순 히 공인된 주장의 기술을 활용하라. 그저 당신의 주장이 더 중요 하다고 말하면 끝이다.

"우리가 고객서비스를 개선해야 한다는 당신의 생각은 맞아요. 하지만 더 중요한 것은 새로운 고객을 확보해야 한다는 것이죠. 그러므로 먼저 인수사업에 투자해야 하는 겁니다. 그러면 거기서 발생하는 수익으로 서비스를 개선할 수 있을 겁니다."

당신의 우선순위를 좀 더 과감하고 자신감 있게 밀고나가면, 여행사 여직원이 나에게 했듯이 상대 스스로 결론을 이끌어내도 록 유도할 수 있을 것이다. 모든 우선순위를 끝까지 바꿀 필요는 없다. 변경 횟수는 종종 줄어들기도 한다.

넘쳐나는 증거자료로 당신을 채워라

—   우리는 이제 흔히 말로 표현하는 주 장을 최대 서너 가지로 압축해 여기에 초점을 맞춰야 한다는 것 을 확인했다. 사람의 뇌가 그 이상을 이해한다는 것은 흔치 않은 일이고, 많아봤자 우리가 설득하려는 사람의 동의를 받아내지도 못하기 때문이다. 하지만 당신은 역습할 수도 있다. 인간은 생각

하기를 싫어하는 나태한 성향이 있으므로 이것을 이용해서 당신의 주장이 옳다는 증거로 상대를 압도할 수 있다. 이 효과는 너무도 커서 상대는 별로 집중하지 않는 가운데 완전히 믿게 될 것이다. 집중적으로 설득하다 보면, 경험상 늦어도 논증은 여섯 번이면 목표에 이르고 상대의 뇌는 딴 생각을 하게 된다.

15년 전, 내가 어느 부서에서 국가지원을 받는 대규모 건축 프로젝트를 감독하고 있을 때, 연방회계 감사원에서 국가예산 사용에 대한 감사를 하겠다고 통보해온 일이 있었다. 회계감사나 세무감사를 해본 사람이라면 누구나 예산을 얼마나 낭비하는지 알 것이다. 게다가 이 건축 프로젝트는 규모가 무려 1억 5천만 마르크나 되었다. 당시로서는 어마어마한 돈이었다. 건축회사는 자체로 직원 한 명을 파견했다. 레만이라는 60대 초반의 이 직원은 감사의 전 과정에 경험이 풍부한 사람이었다. 레만 씨는 회계 감사관이 묻는 모든 말에 대답해야 했고 필요한 정보를 전부 제공해야 했다. 내가 레만 씨에게 달갑잖은 감사 전문가를 상대하는 데어떤 전술이 있냐고 묻자, 그는 눈을 반짝이며 미소를 지었다. "무슨 전술? 그들이 요구하는 정보를 다 주면 되지. 그 이상으로 얼마든지 내줄 거요."

그의 말이 옳았다. 감사원 직원이 질문을 할 때마다 적극적인 협력 자세를 보인 레만 씨는 넘칠 정도로 많은 정보나 서류를 제시했기 때문이다. 또 단순히 모든 자료를 책상에 올려놓는 데 그치지 않고 그 옆에 앉아서 무척 단조롭고 졸린 목소리로 하지만 지나치다 싶을 정도로 철저하게 설명했다. 감사관이 충분히 납득했다는 생각을 했을 때도 레만 씨는 다시 추가 자료나 문서파일을 제시하며 보충설명을 계속했다. 둘째 날이 지나자 감사관은 더 이상 물어볼 것이 없었다. 감사는 예상보다 훨씬 빨리 끝났고 감사보고서에는 예산집행 과정에 대한 자료가 완벽하다는 명시적인 찬사가 들어갔다.

지금까지 우리는 가능하면 사람의 뇌가 소화할 수 있는 범위에서 증거와 사실을 사용하는 방법을 중점적으로 다루었다. 반면에 증거가 넘쳐날 때는, 전혀 다른 방법을 사용한다. 온갖 정보와 표면적인 증거로 상대를 압도함으로써 부담을 느낀 뇌가 정신을 집중하지 못하게 하는 것이다. 여기서 적용되는 법칙은 많을수록 좋다는 것이다. 증거 하나하나와 일일이 씨름하는 것은 어렵기 때문에 사람의 뇌는 증거의 등급이 아니라 양으로 가치를 평가하게 된다. 논증이 많을수록 진실에 가깝다고 느낀다는 말이다.

가령 어떤 협의를 하는 자리에서, 왜 당신의 주장이 옳은지, 왜 그에 걸맞은 결정을 내려야 하는지 계속 증거를 제시하다 보면 상대는 그만 됐다며 손사래를 칠 것이다. 하지만 일정 시간 주장을 계속 반복할 수도 있다. 물론 계속 반복한다고 해서 그 주장이 더 옳게 비치는 것은 아니지만 사람의 오성은 달리 본다. 예컨대 당신의 상사가 해당 분야에서 천재라는 말을 매일 듣다 보면 당신은 언젠가는 그 말을 믿기 시작할 것이며 설사 그가 바보처럼 보일 때도 가슴 한구석에서는 '혹시 위장된 모습 아니야?'라며 그 말이 맞을지도 모른다고 생각할 것이다.

증거가 넘쳐날 때는 당연히 매번 정보의 홍수를 겪게 함으로써 주변사람들을 피곤하게 할 위험이 있다. 그러면 기껏해야 상대가 더 이상 당신을 불신하지 않는 결과를 얻는 것이 고작이다. 불신하면 무엇을 견뎌야 하는지 상대가 알기 때문이다. 반대로 최악의 경우, 상대는 더 이상 당신의 의견을 묻지 않을 것이다. 그러므로 이 방법은 자주 쓰면 안 되고 특별한 목적이 있을 때만 사용하도록 주의해야 한다. 적용할 기술은 다양하다. 그때그때 방법을 바꿔가며 신축적인 대응을 할 필요가 있다.

규칙을 바꿔라

—   게임에서 이길 수 없을 때는 게임의 규칙을 바꿔야 한다. 스스로 심판이 되어 새로운 규칙을 도입하기만 하면 된다. 어떤 주장이 당신에게 맞지 않는다면 그것을 허용할 수 없는 근거를 제시할 수 있다. 예를 들어 시간이 지났다고 말하는 것이다. 당신의 기대와 달리 일이 엉뚱한 방향으로 나갈 때는 단순하게 게임을 중단하고 뒤로 미루면 된다. 사람들에게는 심판이 옳다는 심리가 있으므로 당신은 어떻게 대처할 것인지 말할 수 있을 것이다. 당신이 공감을 얻는다면 주변사람들은 꽤 많은 부분에서 동의할 것이다. 이것이 얼마나 간단한지 다음의 예를 보면 알 수 있다.

"이의제기가 조금 늦었습니다. 이제 방향이 정해졌으니까요."

"우리에게 주어진 시간은 15분밖에 없으니 다시 세부적인 것을 검토할 수는 없어요."

"소문에 근거한 의견은 참고하지 않겠습니다."

또는 당신의 뜻과 다르게 결정을 뒤집으려고 할 때는 이렇게
말한다.

"분명한 것은 정확한 서류검토 없이 결정해서는 안 된다는 것입니다. 검
토에는 약 2주가 걸릴 것입니다."

이렇게 하면 서류를 검토하며 당신의 생각을 뒷받침하는 논증
을 이끌어내는 데 여유가 생길 것이다.

본능적으로 사람들은 규칙을 준수하는 쪽의 권위를 받아들이
기 때문에 슬그머니 도입된 새 규칙도 대개 반대 없이 받아들인
다. 특히 새 규칙이 간결하고 이해하기 쉬울 때 쉽게 받아들인다.

심판 역할을 할 사람이 없을 때는 자연스럽게 그 빈틈을 비집
고 들어갈 수 있을 것이다. 사람은 대부분 주도권을 쥐고 일을 처
리할 자신의 능력을 무의식적으로 의심하기 때문에 당신이 새로
맡은 역할을 기꺼이 받아들일 것이다. 당신이 이제부터 규칙을
정한다는 것을 애써 알릴 필요는 없다. 어렵게 생각할 것 없다.
많은 사람이 나설 용기가 없다는 것은 당신에게 기회가 된다. 때
로 주변사람들은 당신이 그런 역할을 맡은 것을 내심 고맙게 생
각하기도 한다.

예외란 곧
정해진 규칙이 있다는 증거

―　　　　　　　　일단 옳지 않다는 것이 드러나면 아무리 애를 써도 불신을 막지 못하는 것은 아닐까? 하지만 상관없다. 어쩌면 그런 상황은 당신에게 도움이 될 수도 있다. 인간의 오성은 무엇이든 부자연스러운 것에는 반감을 갖기 마련이다. 늘 올바로 행동하는 사람은 부자연스럽고 기계적인 인간이라는 느낌을 준다. 학교 다닐 때 공부벌레가 되고 싶은 사람이 어디 있겠는가? 공부벌레가 좋을지도 모르지만 전 과목에서 A를 받는 사람은 어딘지 이상하게 보인다. 머리 좋은 학생이 C밖에 받지 못하거나 고등학교 졸업시험을 끝내고 파티를 할 때, 잔뜩 취해서 학교화장실에 매직펜으로 낙서를 한다면 인간적으로 보일 것이다. 사람은 실수를 할 때 인간적으로 보이고 공감을 얻는 법이다.

　게다가 우리는 무엇이든 예외가 있다면 그것은 규칙이 있다는 증거라고 배웠다. 그러므로 당신이 한 번 틀렸을 때는 평소에는 늘 옳았다는 반증이 아니겠는가? 이상하게 들리는가? 다음에 소개하는 실례를 보면 생각이 달라질 것이다.

"물론 이번 분기 매출액 산정에서 나는 실수를 범했어. 하지만 매출관련 정보가 하나도 빠짐없이 내게 들어온 것은 아니야. 대신 전 분기까지는 언제나 거의 정확하게 맞췄다고. 당신도 알다시피 예외가 규칙을 말해주는 법이잖아."

"물론 새 복사기를 구입한 것은 잘못이지만 사람이기 때문에 실수할 수도 있는 거지. 기술적인 장비를 구입할 때는 거의 늘 정확했는데 이번 한 번 실수를 범한 거라고. 그러니 별로 놀랄 일은 아니야."

아마 당신도 이런 말을 들어보았을 것이다. 높은 직책에 있는 사람일수록 "잘하다가도 한 번 실수를 저지를 수 있지"라는 식으로 이런 수법을 더 빈번히 사용한다. 정치에서도 이 기술이 자주 이용된다. 실수했다는 것을 일단 인정한 뒤에 그 전에는 늘 옳았다는 것을 강조하는 것이다.

"분명히 우리는 (어떤 문제를) 과소평가했습니다. 대신 목표를 (어떤 정치적 프로젝트의) 관철하는 데 온 힘을 기울였습니다. 그리고 그것의 성공을 자랑스럽게 생각하고 있습니다."

원리는 간단하다. 실수를 한 번 저질렀다는 것을 솔직하게 인정하는 것이다. 이런 태도가 인간적이다. 그리고 이전에 옳았다는 것을 강조하면 이 실수는 상대화된다. 이전에 잘했고 올바른 결정을 자주 내렸다는 말을 할수록 이번의 실수는 작은 것으로 의미가 축소된다. 예를 들어 바이에른 뮌헨 축구팀의 감독인 펩 (호셉) 과르디올라는 2014년 챔피언리그 준결승전에서 레알 마드리드 팀에게 참담한 패배를 당했을 때, 이런 식으로 대응했다. 경기가 끝나고 기자회견을 할 때, 그는 자신의 전술이 잘못되었다는 것을 솔직하게 인정한 뒤, 이전의 다른 경기에서는 옳았다는 사실을 강조했다. 이렇게 함으로써 그는 큰 실수를 했지만 실수를 인정하는 데 자신의 진가가 있다는 것을 보여주었다.

그러므로 의도적으로 약점에서 강점을 만들어낼 수 있다. 잘못으로부터 교훈을 이끌어내고 이를 보여주는 것이다.

"당시 내가 잘못했기 때문에 이번에는 그동안 적용한 사실 전체를 점검해보는 것이 매우 중요합니다."

당신의 과오는 이런 수법을 통해서 앞으로 내릴 모든 결정을 그만큼 더 올바로 만들어준다. 실수를 솔직하게 인정하는 사람은 잘못을 저질렀을 때 다시 자신을 돌아볼 것이기 때문이다. 이런 경우, 자신이 잘못했다고 말하지 않으면 거꾸로 옳았다는 것을 의미한다. 그렇지 않다면 실수를 인정할 것이기 때문이다. 여기서 다시 고전적인 순환논법이 나온다. 인간의 오성은 순환논법에 잘 속아 넘어간다.

군중심리를 이용하라

—   군중심리, 다시 말해 다수의 행동이나 생각을 따르는 성향은 영향력이 매우 큰 심리적 현상에 속한다. 결정을 내린다는 것은 피곤한 일이고, 사람은 안목이 부족할 때가 종종 있기 때문에 다수를 따르거나 다수라고 생각하는 방향을 따르는 경향이 있다. '올해 가장 많이 팔린 차', 이런 구호는 자동차의 성능이나 품질을 말해주는 것이 아니라 많은 사람이 제품에 대한 기업의 주장을 믿었다는 것을 의미한다. 하지만 많은 사람이 구입했기 때문에 그 차는 좋을 것이라고, 적어도 사람의 뇌는 이런 결론을 내린다. 이것은 우리가 흔히 그렇듯, 인간이 자

기 과대평가를 바탕으로 다수를 본인보다 어리석게 여기는 성향이 있다는 점에서 볼 때, 흥미로운 현상이다. 기본성향으로 보자면, 우리는 다수가 하는 일을 해서는 안 되는 것이기 때문이다.

하지만 사람의 뇌는 다르게 본다. 이런 시각은 진화과정에서 큰 도움이 되었다. 석기시대에 인류의 조상 중 한 사람이 무리를 따라 같은 방향으로 허겁지겁 달릴 때는 단순하게 함께 달리는 것이 큰 도움이 되었을 것이다. 따라갈까 말까 망설이며 오래 생각하다가는 날카로운 이빨을 지닌 맹수에게 잡아먹힐 수 있기 때문이다. 따라서 군중심리는 자기보존에 보탬이 되었고 대부분 성공적이었다. 그렇지 않다면 오늘날 우리 인류는 없었을 것이다. 물론 가장 먼저 달려 나가면서 무리를 한 방향으로 유도하는 누군가가 있었을 것이다. 그리고 시간이 가면서 이런 존재는 늘어났을 것이다.

군중심리에 호소하는 주장의 효과는, 심리학자 로버트 칼디아니Robert Caldiani 연구팀이 유명한 수건실험을 통해 인상적으로 보여주었다. 칼디아니 팀은 이 실험에서 호텔 욕실에 서로 다른 안내문을 붙여 놓고 매일 수건을 새것으로 교체하지 않고 여러 번 사용하도록 유도했다. 첫 번째 안내문에는 환경문제를 생각해서 수건을 재사용하도록 당부했다. 두 번째 안내문도 똑같은 문구를 넣은 다음 '투숙객 다수가 하는 대로……'라는 문장을 추가했다. 첫 번째 문구가 인간의 사회적 양심에 호소한 것이라면 두 번째 것은 단순하게 인간의 내면에 잠재된 원초적인 군중심리를 겨냥한 것이었다. 이 결과 두 번째 안내문이 오로지 환경보호만 내세운 것보다 26퍼센트나 호응도가 높았다. 따라서 우리는 흔히 인간 내면의 선한 본성에 호소하지만 정작 성공률이 높은 것은 내면에 잠재한 군거동물의 본성에 호소할 때라는 것을 알 수 있다.

또 군중심리는 서로 비슷한 사람일수록 큰 영향을 준다. 이 현상은 로버트 칼디아니가 수건실험의 후속연구에서 밝혀냈다. 일부 객실에서 '투숙객 다수는 환경문제를 생각해서 수건을 재사용합니다'라는 안내문을 '이 방을 사용하는 투숙객 다수는 환경문제를 생각해서 수건을 재사용합니다'라는 말로 바꾸자 더 큰 효과가 발생한 것이다. 따라서 문제는 단순한 투숙객이 아니라 같은 방을 사용한 사람이라는 것이다. 이때는 재사용률이 단순히 환경보호 문제를 부각시켰을 때보다 26퍼센트에서 다시 33퍼센트로 늘어났다. 환경문제도 흥미롭지만 중요한 것은 인간은 자신과 같은 사람을 따른다는 점이다. 즉 사람은 같은 방을 사용한 누군가를 가깝게 느낀다는 말이다. 물소가 양보다 물소를 더 잘 따르는 것과 같은 이치다.

방어기술

▶ 누가 다수인지 늘 그 배후를 생각하라. 다른 분야에 종사하는 고객의 발언은 당신의 결정과는 아무 관련이 없다.

▶ 마찬가지로 언제나 실질적인 발언과 행동동기를 검증해야 한다. 때로는 이런 요인들이 다른 맥락에서 발생할 때가 있다.

▶ 그렇게 생각하는 군중이 실제로 존재하는지 확인하라. 언젠가 한 학생이 내게 불만을 제기하면서 많은 학생이 자신처럼 생각하고 있다고 말했다. 확인해보니 그런 불만을 가진 사람은 그 학생이 유일하다는 것이 드러났

다. 결국 이 학생은 자기 불만에 무게를 싣기 위해 그렇게 말했다고 시인했다(불만을 제기하는 사람이 흔히 사용하는 수법).

▶ 누군가 자기 주장에 군중심리를 이용하려고 할 때는, 무엇보다 위에서 언급한 세 가지 사항을 점검해보라(누가 그 말을 했는가? 어떤 맥락에서? 언제 그렇게 말했나? 그 말은 이 상황에 들어맞는가?). 숫자와 발언이 정말 연관성이 있는지 따져보라. 꼭 사실을 통해 이런 연관성을 반박할 필요는 없다. 그런 주장을 약화시키는 데는 몇 차례 의문만 품는 것으로도 충분하다.

권위라는 신비로운 안개

—   텔레비전 인터뷰에서 흔히 보는 장면이 있다. 전혀 모르는 사람이 카메라를 똑바로 응시한 채 일정 주제를 놓고 인터뷰를 한다. 화면의 자막에는 어떤 분야의 전문가라는 말이 보인다. 전문가란 무엇이고 그 사람이 전문가로서 무슨 일을 한다는 것인가? 사실 기본적으로 그 순간에는 이런 의문이 아무래도 상관없다. 텔레비전에 전문가로 소개된다면 우리보다 분명히 아는 것이 더 많고 옳은 말을 할 것이기 때문이다. 권위라는 것은 여러 가지 형태로 다가온다. 누군가 교수나 박사라는 칭호를 가지고 있으면 많은 사람은 벌써 주목하는 태도를 보인다. 하얀 가운을 입은 의사나 '기후 전문가'라는 표시도 똑같은 효과를 일으킨다. 이런 사람들이 특별히 하는 일은 무엇일까? 도대체 텔레비전 드라마에서 한번 목사 역할을 했던 배우가 사회 도덕을 주제로 한 토크쇼에 초대되는 이유는 무엇인가? 또 당신

은 유명한 치과의사의 부인이 특정 치약광고에 출연한 것을 알고 있는가? 치과의사 부인이 누구인가? 치과의사와 결혼한 여자다. 이런 사람이 치약을 추천한다고 해서 그것이 실제로 무슨 가치가 있을까? 나는 그 여자에게 내 치아를 맡기지는 않을 것이다. 하지만 상관없다. 권위에 대한 인간의 열망은 이런 생각을 하지 않기 때문이다.

이런 말은 당신에게는 반대로 작용한다. 다시 말해 당신 자신이 권위를 인정받을 때, 당신이 제시하는 사실이나 논증, 주장은 명백하게 진실성을 획득한다는 것이다. 주변에서는 당신을 더 빨리 믿고 배후를 캐묻는 일은 줄어들 것이다. 권위를 갖춘 사람은 자신을 정당화해야 할 필요성이 줄어든다는 이점이 있다. 여기서 그치지 않고 무지한 대중에게 세상사를 설명할 기회가 주어질 것이다. 인디언 주술사처럼 당신은 신비로운 안개를 바라보거나 비밀 가득한 수정 구슬을 들여다보며 다른 사람은 이해하지 못하는 인식을 얻는 역할을 할지도 모른다. 그리고 이때 얻은 인식이 틀리면 안 된다. 전문가 자신이 틀린다면 '단순한' 사람이 어떻게 옳을 수 있단 말인가?

권위는 세상살이를 편하게 해준다. 나는 누구든 단기간에 자신의 분야에서 권위자가 될 수 있다고 단언한다. 전문적인 영역이든, 인간적인 영역이든.

권위란 무엇인가? 권위는 '권위주의'와는 아무 관계가 없다. 권위주의로 나가는 사람은 불안을 확산시키기 때문이다. 권위가 있는 사람은 이와 반대다. 불확실한 상황에 확실성과 안정성을 가져다주면서 불안을 제거한다. 이런 이유로 우리는 권위자의 말을 기꺼이 받아들이는 것이다. 권위자는 우리에게 확실한 출구나 단순한 해법을 제시하면서 불안과 안락을 관리한다. 이런 원리는 모든 사람들에게 통하고 모든 지도층 인사들도 다를 것이 없다. 기업체의 회장이나 정부부처의 장관조차도 전문성을 갖춘 권위를 열망하며, 이런 풍토를 먹고 사는 것이 컨설팅 부문이다. 이른 바 전문가가 무슨 말을 하면 그 말은 옳은 것이 된다. 힘들게 독자적으로 생각할 필요가 없다. 누군가 더 많이 아는 사람이 있기 때문이다. 그러므로 더 이상 세세하게 고민할 필요 없이 그 권위자의 말을 믿고 따를 것인지 아닌지만 결정하면 된다.

일상적으로 진정한 권위자는 신뢰감을 주고 특정 전문분야에서 특별한 경험을 발휘하거나 주변의 공감 속에서 자신감을 내비치는 사람이다. 이런 사람은 오만하다는 인상을 주지 않고도 다른 사람들에게 방향을 제시해준다. 이때 전문지식의 실체는 2차적인 문제다. 처음 보는 의사와 마주칠 때, 당신은 무엇을 보고 그의 전문성을 평가하는가? 그의 의학적인 전문지식에 대해 묻는 일은 거의 없고 그의 박사학위 논문을 읽어볼 생각도 하지 않을 것이다. 당신은 그저 그 의사가 자신과 자신의 능력을 드러내는 모습에 따라 판단할 것이다.

그러므로 스스로 권위자가 되기 위해 당신이 타고난 카리스마를 갖출 필요도, 아인슈타인 같은 천재일 이유도 없다. 인디언 주술사를 생각해보라. 실제로 그가 무엇을 알고 무엇을 할 수 있는지는 중요치 않다. 그보다 더 중요한 것은 그 주술사 자신이 무엇을 알고 무엇을 할 수 있다는 인상을 주는가다. 이런 인상은 독특한 의상을 비롯해 선별적으로 제시하는 지식 등 다양한 무기에서

144

나온다. 주술사가 의도적으로 비전秘傳되는 지식을 애써 감추려는 듯한 태도도 신비로운 인상을 준다. 흥미로운 것은 자신의 지식을 조금씩 드러내면서 암시만 하는 사람이 자신이 아는 것 전부를 세세하게 보여주고 한꺼번에 드러내는 사람보다 더 권위자로 인식된다는 것이다. 유감스럽게도 전문가 행세를 하려는 사람 중에는 이런 실수를 범하는 경우가 많다. 의도적으로 조금씩 핵심적인 것만 말하면서 상대를 설득하기보다 봇물이 터진 듯 말을 쏟아내며 자신이 아는 지식 전체로 주변사람들을 공략하려 든다. 이런 태도는 권위적이라기보다는 불확실하다는 인상을 준다. 과유불급이라고, 덜 드러낼수록 더 좋은 법이다.

일상의 영적 지도자Guru들은 권위를 갖추고 있다. 신비로운 분위기를 발산하는 영적 지도자들을 살펴보면 생각 이상으로 말을 훨씬 적게 한다는 것을 알 수 있다. 사실 이런 모습은 우리의 희망이 투사된 것이다. 아주 분명한 예는 브라코Braco라는 '영적 지도자'에게서 엿볼 수 있다. 브라코는 말을 전혀 하지 않는 것이 특징이다. 정말이다. 그는 자신의 추종자들과는 전혀 말을 하지 않는다. 무대에 오르면 뭔가를 '베푸는 눈빛'으로 추종자들을 바라본 다음 다시 내려간다. 그러면 사람들은 감격하고 수십만의 군중이 그 눈빛에서 온갖 것을 해석해내며 삶에 대한 희망과 지혜, 충고를 찾으려고 한다. 브라코가 성공한 것은 사람들이 흔히 동료들에게 원하는 것을 그가 한다는 데 있다. 즉 입을 다문다는 것이다. 설사 브라코의 사례가 극단적이라고 해도 당신이 직업적으로 성공을 거두고 싶다면 나는 이 방법을 그대로 따라할 것을 권하고 싶다. 문제는 말을 많이 하는 것이 아니다. 무슨 말을 하는가도 아니다. 단지 어떤 인상을 주는가가 중요하다는 말이다.

권위를 갖추려면 다음 세 가지 요인이 전체적인 조합을 이루어야 한다.

- ▶ 겉모습
- ▶ 전문지식
- ▶ 진정성

여기서 세 가지 특성 모두가 똑같은 강도로 드러나야 하는 것은 아니다. 물론 우리가 아는 사람 중에는 겉으로 아무런 특징이 드러나지 않는 경우가 많다. 그러다가 이들과 서로 말을 나누게 되면 그들이 얼마나 진실한지 또는 어떤 자질이 있는지 알게 된다. 하지만 누군가의 권위를 확인하기 위해 먼저 힘들게 겉모습 너머를 들여다보아야 한다면 그 사람은 권위자라고 할 수 없다. 권위는 한꺼번에 그 자체로 드러나는 것이 아니기 때문이다. 또 요즘에는 겉모습으로만 권위를 드러내려고 하는 사람이 있다. 하지만 그런 모습은 본질이라기보다 허상이며 그렇게 상대를 현혹하는 수법은 오래가지 못한다. 따라서 전체적인 조합이 맞아야 한다.

겉모습

속성기술의 장에서 우리는 이미 겉모습에서 가장 중요한 요소라고 할 공감이라는 주제를 다루었다. 이에 못지않게 중요한 것으로는 헤어스타일과 의상이 있다. 옷 입는 스타일은 오늘날도 일정한 지위를 표현한다. 요즘엔 눈에 거슬리는 옷차림을 폭넓게 허용하는 분위기이긴 하지만 가령 주택담보대출을 상담하는 은

행직원이 탈색한 청바지에 바트 심슨(TV 애니메이션 시리즈인 심슨 가족에 나오는 캐릭터 — 옮긴이)의 티셔츠를 입고 앉아 있다면 상대는 불쾌할 것이다. 또 유치원 교사가 핀스트라이프(가는 세로 줄무늬) 정장을 입고 있다면 당황할 것이다. 그러므로 권위는 적절한 복장을 제대로 입고 있을 때 나온다. 신입사원이 기본적으로 와이셔츠, 넥타이를 착용한 정장차림이라면 겉모습만으로도 야망과 목표가 있다는 인상을 줄 것이다. 이런 말을 하면 그것은 겉모습에 지나지 않으며 중요한 것은 내면의 가치라고 흥분하는 사람이 있을지 모르겠다. 하지만 사람의 뇌는 누군가를 분류할 때, 외적인 근거가 필요한 법이다. 그러므로 출근할 때 지나치게 차려 입을 필요는 없지만 옷이란 권위를 표현해야 한다. 의사가 하얀 가운을 입는 것은 피가 튈 것에 대비해서가 아니라 환자들이 그런 모습을 기대하기 때문이다. 건축가라면 까만 옷에 터틀넥을 받쳐 입은 모습을 기대할 것이고 스타급 헤어디자이너라면 파격적인 의상에 몇 가지 매력적인 장신구를, 컴퓨터 전문가라면 청바지에 익살맞은 티셔츠 차림을 기대할 것이다. 왜 녹색당의 일반 당원들이 털실로 짠 터틀넥을 입고 상투적인 대안정당의 모습을 보여주려고 하는 데 반해 지도부는 장관에 임명되자마자 갑자기 의상에 신경을 쓰며 전국에서 가장 옷을 잘 입는 계층에 들어가려 한다고 생각하는가?

권위자가 되어 자신의 주장에 무게를 실으려면 말하는 내용뿐 아니라 해당 분야의 전문가 이미지를 보여줄 옷차림도 중요하다는 말이다. 그러므로 당신이 앞으로 어떤 역할을 수행할지 스스로 물어본 다음 그것에 걸맞게 겉모습을 갖춰라. 물론 언제나 당신의 특징에 어울려야 한다. 위장하라는 말이 아니다.

전문지식

전문분야의 권위에 따르는 문제는 특별한 지식이나 능력이 없어서가 아니고 특기가 무엇인지 주위에서 전혀 알지 못한다는 점이다. 그러므로 당신의 전문적인 권위를 더 효과적으로 주위에 알리려면 먼저 당신의 핵심적인 정체성이 무엇인지 생각해봐야 한다. 결국 중요한 것은 당신의 능력을 마케팅하는 것이기 때문이다. 당신은 어느 분야에 특기가 있고 더 많은 경험이 있는가? 앞에서 말했듯, 당신이 대단한 전문가가 되어야 하는 것은 아니다. 어떤 특별한 주제를 파고들거나 지식을 조금 더 쌓는 데는 2~3주면 충분하다. 이 정도면 굳이 세계적인 전문가가 되지 않더라도 회사나 부서 내에서 또는 동료들보다 조금 앞서 나갈 수 있다. 외국관련 경험이나 특정분야의 지식이라든가 까다로운 고객이나 인턴직원을 관리하는 것 등등, 예는 얼마든지 찾아볼 수 있다. 당신은 이와 비슷한 상황을 경험했거나 극복해본 적이 있는가? 아니면 특정 근무기술이나 특별한 유형의 고객과 관련한 경험을 살려 내부자정보를 이용할 수도 있을 것이다. 어쩌면 과거의 인연이나 현장경험을 활용할 수도 있을 것이다. 어느 한 주제와 관련한 논문을 쓸 수도 있고 훈련캠프나 워크숍에 참석할 수도 있다. 이 정도만으로도 당신은 회사 내에서 전문가가 될 수 있다. 어느 한 분야의 권위자가 되는 데 반드시 대학 수준의 학업이 필요한 것은 아니라는 것을 알게 될 것이다.

일상 속에서 굳이 자신을 드러내지 않아도 전문분야의 권위를 끌어올리는 데는 여러 가지 방법이 있다. 이때 자신이 가장 기분 좋은 상황을 활용해야 한다. 당신이 유능한 연설가라면 그것은 이런저런 전문지식을 매끄럽게 끼워 넣을 기회가 있다는 뜻이다. 당신이 대중 앞에 나서는 것을 꺼린다면 양자 대화를 할 수도 있고 오붓한 분위기에서 점심식사를 하는 자리나 휴게실에서 간단한 대화를 활용할 수도 있다. 당신의 경험을 매끄럽게 대화에 집어넣는 연습을 하라. 문제는 자신이 더 똑똑하다는 것을 주변사람들에게 입증하는 것이 아니라 그들을 도와주고 삶을 더 편하게 만들어줄 수도 있다는 것을 보여주는 것이다.

가장 좋은 방법은 짤막하고 재미있는 일화를 들려주는 것이다. 그러면 주변사람들에게 공감을 불러일으킬 것이고 이들은 당신에게 더 끌릴 것이다. 예를 들어 당신이 중국에서 근무한 경험이 있다면 때때로 그 당시에 겪은 재미난 일들을 들려주면 된다. 하지만 번번이 중국 얘기를 해서 주변사람들을 지루하게 만들면 안 된다. 얼마나 멋진 경험을 했는지, 얼마나 흥미진진하게 살았는지 끝없이 늘어놓는 사람만큼 짜증나는 상대는 없다. 끊임없이 자신의 전문지식을 강조하는 사람은 전문가로 인정받을지는 모르지만 인간적인 권위를 갖추지는 못한다.

이 밖에 다른 사람에게 도움을 요청할 수도 있다. 기회가 되면 사장 앞에서 당신이 특정 분야에서 독특한 경험을 했다는 말을 해달라고 동료에게 부탁하는 것이다. 사람은 당사자에게 직접 듣는 것보다 제3자의 추천을 더 믿는 법이다. 길거리의 행인이 어떤 제품을 열심히 칭찬하는 광고를 본 적이 있는가? 우리는 이 행인이 돈을 받고 출연한 아마추어 배우임을 안다. 하지만 제3자의 추천은 해당기업 스스로 그 제품이 뛰어나다고 말하는 것보다 더 믿음이 가기 마련이다. 당신의 능력을 긍정적으로 돋보이게 해줄 추천인을 몇 명 확보하라. 무리가 없는 부탁이라면("기회가 되면 자동차분야에서 제가 쌓은 경험을 언급 좀 해주시죠.") 당신의 권위를 높일 기회를 얻게 될 것이다.

전문적인 능력을 당장 보여주기는 해야겠는데 시간이 촉박한 상황이 당연히 있을 수 있다. 예컨대 낯선 사람들과 대화할 때가 그런 경우다. 그렇더라도 능력을 자연스럽게 보여줘야지 필요 이상으로 힘을 주어 드러내서는 안 된다. 가령 "20년간 이 분야에 종사해온 경험상 말하는데, 그렇게 하면 안 됩니다"라고 하면 말이야 맞지만 편협하고 공격적이라는 인상을 준다. 대신 "이 분야에 종사한 지난 20년 동안 그런 식으로 되는 경우는 보지 못했습니다"라고 말하는 것이 더 유연할 것이다.

"아무튼 러시아에서 근무해봤기 때문에 그곳 사정은 압니다"라는 말이 독선적이라는 인상을 주고 공감을 끌어내지 못한다면 "러시아에서 근무할 때 이런저런 것을 보았습니다"라고 말하는 것이 듣기에도 좋고 공감도 불러일으킬 것이다.

진정성

권위가 진정한 효과를 발휘하려면 상대를 존중하는 태도를 보여야 하고 전체적으로 진정성이 담겨야 한다. 유감스럽게도 능력 있는 사람은 오만한 경향이 있다. "그 사람은 능력은 있지만 너무 자만심이 강하고 인간적인 체취가 없다." 이 말은 전문적인 권위는 있지만 인간적인 권위는 없다는 뜻이다. 이런 사람과 같이 근무하고 싶은 사람이 어디 있겠는가? 하물며 누가 이런 사람을 믿고 자문을 구하겠는가? 당신도 주변에서 이런 사람을 알고 있을 것이다. 사실 이런 부류는 불쌍한 존재다. 사람은 누구나 자신의 자아를 조금 자랑할 필요는 있다. 다만 진정한 권위는 다른 사람을 불쾌하게 만들면서까지 드러내지 않는다.

사람들은 권위자에게 겉으로 실질적인 자문을 구할 뿐 아니라 동시에 특정상황에서 정서적인 안정감과 방향제시를 해주기를 바란다는 것을 잊으면 안 된다. 진정한 권위자는 바로 이런 것들을 제공해준다. 흔히 환상을 깨줘야 하는 것도 여기에 속한다. 현실적인 자문을 구할 때는 그것을 통해 이미 마음속으로 결정한 바를 확인하고 싶은 의도도 있다. 권위는 고통스럽더라도 진실을 두려워하지 않는다. 진실을 말하는 사람은 인기를 끌지 못하는 경우가 많지만 자아는 이것을 견뎌야 한다. 다른 사람의 마음에 드는 말만 하면 인기를 끌지는 모르지만 존경을 받지는 못한다. 그리고 진실은 소중하게 다뤄야지 우격다짐으로 주입하려고 해서는 안 된다.

권위는 하루아침에 주어지는 것이 아니다. 매일 조금씩 다듬다 보면 다른 관점에서 보는 안목이 생기면서 당신의 삶은 훨씬 순조로워질 것이다. 이것이 어떤 경우에도 가치가 있는 방법이다.

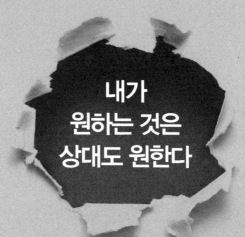

5장

내가
원하는 것은
상대도 원한다

▶▶▶   앞에서 열거한 기술을 적용한다면 불필요한 논란을 벌이지 않아도 될 것이다. 그럼에도 당신의 논증 기술이 요구되는 상황이 얼마든지 있을 수 있다. 탁월한 논증 기술은 상대를 설득하는 것이 아니라 당신과 똑같은 것을 상대가 원하도록 만드는 데 있다. 같은 것을 원하는 사람은 같은 노력을 들여 그것을 성취하려고 하기 때문이다. 꼭 본격적인 논의나 중대한 상담만이 여기에 해당되는 것은 아니다. 휴게실에서 누가 설거지를 할 것인가, 어떤 복사용지를 주문할 것인가, 또는 주말에 각자 집에서 생각한 것을 놓고 나누는 대화는 가벼운 의논이나 상담으로 해결할 수 있는 것들이다.

다음에 소개하는 기술은 그런 논의에서 주도권을 쥐고 자신 쪽으로 결론을 유도하는 데 아주 중요한 것들이다. 특별히 논쟁에 대비할 필요는 없다. 그저 이것을 마음에 새기기만 하면 된다.

상대방의 목표를 확인하라

—   피곤한 토론이나 상담에 휘말릴 때
는 목표를 구성하는 4대 요인이 무엇인지 다시 알아내는 것이 중
요하다. 객관적인 측면만 보고 주장하는 것은 별 도움이 안 된다
는 것을 생각하라.

　최근에 나는 세계적인 규모의 기업 회장과 상담한 일이 있다.
주제는 다년간의 자문계약 효과에 관한 내용이었다. 우리의 계획
대로 할 때 얼마나 매출을 올릴 수 있는지 보여주자 회장 일행은
우리의 제안을 이해했다. 회장은 끊임없이 우리의 말을 중단시키
면서 전반적으로 불신을 드러냈다. 드디어 그가 자신을 드러내는
말 한 마디를 했다. "내 장기가 있다면 수치와 통계요. 이 분야에
서 나를 따라올 사람은 없지." 그래서 나는 그 분야에서 대해서
좀 더 설명을 해달라고 부탁했다. 나와 동료는 그가 설명하는 플
립차트(넘기는 차트)가 잘 보이는 맞은편 의자에 앉았다. 우리는
대학 신입생처럼 열심히 메모했고 이해가 안 되는 것이 있을 때
는 간간이 질문을 했다. 마침내 우리는 수치에 대한 회장의 높은
안목에 감동을 표했다. 그리고 계약을 따냈다. 회장에게 중요한
것은 옳고 그른 것이 아니라 자기 직원들과 우리 앞에서 자신이
수치의 달인이라는 것을 입증하는 것이었다. 전형적인 정체성의
목표였다.

　자아, 욕망, 불안, 안락 등 4대 행동 동기는 비단 상담목표뿐
아니라 대화요령이나 긴 토론을 준비하는 데도 영향을 준다. 그
리고 우리가 알다시피 이 동기는 각각 상황과 주제, 외부 영향에
따라 완전히 다른 특징을 보인다.

　목표를 구성하는 다양한 요인의 영향을 주목하고 각각의 대화
에 따른 동기를 확인한다면 당신은 비중이 큰 대화에서도 탄탄한
우위를 확보할 수 있다. 그러므로 중요한 대화나 상담을 앞두고
있을 때는 늘 참여자의 동기가 무엇인지 또는 무엇일 가능성이
있는지 정확하게 파악해야 한다. 이렇게 준비를 갖춘 상태에서
시작하면 된다.

작은 동의에서 큰 동의를 이끌어내는 법

—   언제나 직선로를 고집할 필요는 없다. 당신의 의견에 주변사람들이 동의하도록 만들려면 우회로를 선택하는 것이 효과가 클 수 있다. 누군가 전혀 다른 사소한 주제에서 당신의 의견에 동의한다면 그 직후 당신이 제시한 본격적인 관심사에서도 그가 동의할 가능성이 크다. 일단 흐름을 타면 나머지는 더 쉬운 법이다.

이런 사실은 캐나다의 심리학자인 앨리슨 징 수Alison Jing Xu와 로버트 와이어Robert Wyer가 2008년 한 인상적인 실험을 통해 입증했다. 이들은 대통령 선거기간 동안 정치에 관심이 있는 실험 집단에게 후보들의 선거 연설을 보여주었다. 정치적 선호와 무관하게 한 집단은 공화당 후보인 존 매케인이 연설하는 것을 보았고, 나머지 한 집단은 민주당 후보인 버락 오바마의 연설을 보았다. 그리고 연설이 끝난 직후에 토요타의 광고를 보여주었다. 두 번째는 토요타에 대한 연설이었기 때문이다. 이어 실험 참여자들에게 토요타의 광고를 어떻게 생각하는지 물었다. 자신이 선호하는 후보의 연설을 들은 참여자들은 상대후보의 연설을 들은 사람들보다 토요타 광고에 동의하는 응답률이 훨씬 높았다. 한 주제에 동의하는 태도는 다른 주제에 동의하는 데도 더 적극적인 반응을 보인 것이다.

그러므로 본격적인 논증을 하기 직전에 다른 주제와 관련해 가벼운 동의를 받음으로써 당신의 주장에 상대가 동의할 가능성을 높이라는 말이다. 보험사에서 나온 사람들이 이런 기술을 즐겨 활용한다. "선생님도 오늘날 금융상황이 갈수록 불확실해진다고 생각하시죠, 안 그렇습니까?" "그렇죠." "그래서 다음의 보험을 보시면……." 이러면 고객은 이미 걸려든 것이나 다름없다.

최초의 동의는 훨씬 중요한 두 번째 동의를 쉽게 받아내기 위한 디딤돌 역할을 한다고 할 수 있다. 수와 와이어의 실험은 이와 같은 이른바 '디딤돌기법'을 활용하면 설사 논리적으로 두 번째 동의와 아무 관계가 없을지라도 첫 번째 동의가 성공적인 결과로 이어질 수 있다는 것을 보여주었다. 선거유세와 자동차 광고가 무슨 관계가 있겠는가?

중요한 것은 동의하는 데 부담이 없어야 하고 별 생각 없이도 할 수 있어야 한다는 것, 그리고 시간적으로 본격적인 논증을 하기 직전에 받아내야 한다는 것이다. 물론 동의를 받을 가능성이 큰 질문 한 가지만 해야 한다. "오늘 저녁에 할 의논은 한 시간으로 제한하는 게 어떨까요?" 또는 "점심식사를 마치고 갈까요?" 간단한 연습만 하면 이런 디딤돌 기능의 질문은 언제든 할 수 있을 것이다. 이 방법이 매력적인 것은 그런 질문이 별 부담이 없기 때문에 상대는 당신이 본래 겨냥하는 목표가 뭔지 전혀 모른다는 것이다.

한편 누군가 당신에게 디딤돌기법을 적용하려고 할 때는, 그것을 막아내는 효과적인 기술이 있다. 누군가 어떤 주제에 대해 당신의 동의를 구한 다음 이를 바탕으로 자신의 주장을 펼치려고 할 때는(예를 들어 보험사 직원), 애매한 대답으로 상대에게 틈을 주지 마라. "그건 ~에 달렸죠." "당신의 의도가 뭔지 아직 모르겠네요." "일반적으로는 그렇게 말할 수 없죠." 아무리 상대가 '동의'를 재촉한다고 해도 단호하게 이런 식으로 대답하면 된다.

부담이 없는 디딤돌 질문이라고 해도 전혀 다른 맥락에서 제기되었을 때는 정체를 파악하기가 더 어렵다. 따라서 기본적으로 흔들림이 없는 가운데 어떤 문제든 상관없이 동의에는 모두 대가가 따른다는 것을 유념해야 한다. 예컨대 동의하는 데 10유로의 대가가 따른다고 생각해보라. 뭔가에 동의하기 전에 매번 정신적으로 10유로가 나간다는 생각을 하는 것이다. 그러면 당신은 중요한 동의를 해줘야 할지 말아야 할지, 그것을 위해 무엇을 해야 할지에 대하여 훨씬 더 꼼꼼하게 주의를 기울일 것이다. 그 밖에도 이것은 성가신 과제를 전혀 부담스럽게 생각하지 않는 데도 좋은 방법이다.

긍정적인 움직임을 활용하라

—   방금 설명한 디딤돌기법은 중요한 동의를 이끌어내기 위해 우호적인 분위기를 이용할 때도 효과가 뛰어나다. 그러니까 긍정적으로 고개를 끄떡이는 분위기만 있으면 된다. 가령 회의를 시작할 때, 좌중을 주목하게 한 다음 전 직원들에게 지난주의 탁월한 실적에 대하여 감사를 표하면 당신의 관심사를 관철시키는 데 성공률을 높이게 될 것이다. 함께 멋진 점심식사를 했을 때, 상담이 쉽게 이루어진다는 것은 잘 알려진 사실이다. 또 촛불을 밝힌 낭만적인 저녁식사를 약속한다면 파트너가 좋아하지 않는 산이라도 함께 가자고 설득할 수 있을 것이다. 긍정적인 분위기를 즐기는 사람이라면 상황에 따라서는 반대하는 주장이나 제안에도 긍정적인 반응을 보일 수가 있다. 특별

히 심리적으로 섬세하지 않더라도 이런 것은 누구나 알 수 있을 것이다.

그럼에도 이 단순한 규칙이 일상에서는 무시되는 경우가 흔하다. "이 자리에서 쉽지 않은 문제를 다루어야겠습니다. 사실 여러분이 반대한다는 것을 잘 알고 있습니다." 이렇게 치명적인 방식은 몇 년 전, 한 직원이 사용한 것이었다. 그가 힘들게 생각해낸 새로운 통제개념은 1분도 지나지 않아 폐기처분되고 말았다. 이 직원은 여기서 교훈을 얻는 대신 자신의 전술을 고집했다. 두 달 뒤, 그는 회의석상에서 다시 자신의 주제를 끄집어냈다. "이미 기각된 안건이고 여러분 다수가 짜증을 낸다는 것을 압니다만 그럼에도 저는……." 그의 제안이 다시 즉석에서 퇴짜를 맞은 것은 전혀 이상할 게 없었다. 사람은 달갑잖은 주제라서 논의 자체가 힘들다고 생각할 때는 공손하게 미리 양해를 구하는 경향이 있다. 이런 태도는 진지하다는 인상을 줄지는 모르지만 역효과만 낼 뿐이다.

사장이 성가시게 생각하는 결산문제에 대하여 사장의 주목을 이끌어내고 싶을 때, 진지하게 말할 수는 있겠지만 성과는 없을 것이다. "사장님이 내키지 않아 하신다는 것은 압니다만 귀찮으시더라도 제가 곁에 앉아서 결산을 처리해야겠습니다." 이런 문제는 기쁜 소식을 전하는 방식으로 바꿔 접근할 수 있다. "사장님께 기쁜 소식이 있습니다. 제가 결산준비를 철저히 해놓아서 마지막으로 잠깐만 시간을 내시면 귀찮은 문제는 즉시 처리될 것입니다. 식사를 마친 다음 뵙기로 하죠." 그러므로 긍정적인 분위기는 반드시 함께 식사를 한다거나 파티 같은 시간을 통해서만 만들어내는 것은 아니다. 기쁜 소식을 전하면서 좀 더 긍정적인 분위기에서 시작할 수도 있다.

이와는 반대되는 효과를 활용할 수도 있다. 의도적으로 위협적이고 부정적인 분위기를 조성해보라. 그런 다음 당신의 관심사를 꺼낸다면 갑자기 그 일이 어렵지 않다는 것을 알게 될 것이다. 나는 동료에게 도움을 요청할 것이 있을 때면 흔히 "자네에게 특별한 부탁이 있는데 시간과 에너지가 엄청 필요한 일이야"라고 말한다. 그러면 갑자기 비상경보가 울린 것이나 마찬가지다. 이렇게 상대를 불안하게 만든 다음 나는 오후에 자세하게 말해주겠다고 한다. 이런 수법은 이미 스톡홀름식 방법에서 본 것이다. 이런 상태에서 실제의 내 관심사가 몇 분 걸리지 않는 일이라는 것이 드러나면 그 일은 즉시 해결된다.

가령 매출액이 전 분기보다 나아졌는데도 기대만큼 마음에 들지 않을 때는, 과장해서 뉘우치는 반응을 보이며 극적인 분위기를 연출할 수 있다. 그러다가 사실이 알려지면 매우 긍정적인 평가가 나올 것이다. 동료들은 훨씬 나쁜 결과를 기대했기 때문이다. 물론 극적인 과장 수법을 자주 사용하면 안 된다. 그러면 이내 반응이 시들해질 것이다. 하지만 때때로 적절하게 사용하는 충격기법은 아주 뛰어난 효과를 볼 수 있다.

그러므로 예부터 잘 알려진 마술사나 요술쟁이의 지혜를 마음에 새겨야 한다.

이 수법을 쓰면 주변사람들이 당신의 관심사를 지원하게 만드는 데 훨씬 쉬울 뿐 아니라 당신의 실적을 훨씬 높게 평가하도록 만들 수도 있다. IT 담당자가 입술을 깨물고 고개를 설레설레 흔들면서 아무것도 모르는 동료에게 엄청 복잡한 문제가 생겼다고 말한다고 쳐보자. 실제로는 그저 프로그램 코드 몇 개만 바꾸면 되는 것이라고 해도, 그 문제를 해결했을 때 그 담당자는 영웅처럼 보인다. 프로그램상의 엄청 복잡한 문제가 발생했는데도 키보드 위로 현란하게 손가락을 놀리면서 더욱이 몇 마디 유머를 섞어가면서 보란 듯이 문제를 해결하면, 우리는 그를 천재로 여긴다.

그 밖의 적용사례

▶ 어떤 프로젝트의 문제점을 인정해야 하는 상황에서는 먼저 기쁜 소식을 전하라. 예컨대 새 프로젝트가 어떤 이점이 있는지, 얼마나 자원을 잘 활용할 수 있는지 알리는 것이다. 또 나쁜 소식도 늘 긍정적으로 평가하면 거기 담긴 나쁜 요인도 사람들의 기억에서 큰 위력을 행사하지 못할 것이다.

▶ 고객 서비스 측면에서 문제가 발생하면 먼저 그 고객이 얼마나 원만하고 까다롭지 않은 사람인지 칭찬하라(최고호칭의 방법). 그런 다음 나쁜 소식을 전하면 고객은 화내지 않을 것이다.

▶ 같이 사는 남자 파트너에게 2주일간 출장을 간다는 사실을 알려야 한다고 쳐보자. 그러면 함께 낭만적인 밤을 즐기고 다음날 아침 지난밤의 멋진 기억을 떠올리게 만든다. 그리고 "아, 그런데 말이지……"라고 말을 꺼내는 것이다. 이것은 여자들에게는 낡은 수법이지만 남자들은 멍청할 때가 종종 있기 때문에 이때 용건을 꺼내면 잘 넘어가기 마련이다.

▶ 피곤한 회의를 앞두고 있을 때는 찌푸린 얼굴을 하면 안 된다. 이럴 때는 기쁜 표정을 짓고 유머도 사용하라. 또 여유를 부리며 동료들에게 가족이 잘 지내는지 물어보라. 일단 기분이 좋아진 상태에서 화를 내기는 어려운 법이다.

상대의 논쟁거리를 줄여주어라

—   물론 이의나 반론을 완전히 피할 수는 없다. 다만 사람은 그런 반대를 즉시 공격으로 받아들이는 경향이 있다. 우리는 어느 순간 자신의 약점이 발견되어 결국 우리의 본래 목표가 묻히게 되지나 않을까 두려워한다. 하지만 이런 생각은 근본적으로 잘못된 것이다. 대체로 다른 사람들은 우리의 약점을 모른다. 우리가 자신의 약점을 아는 것은 마음속을 들여다보며 하루 24시간 그런 마음을 지니고 살기 때문이다. 장담하건대, 다른 사람에게는 대부분 이 약점이 눈에 띄지 않는다. 약점을 빼면 반론이란 것은 위기라기보다 사실상 기회로 작용할 수도 있다.

일리노이 대학교 교수인 대니얼 오키프Daniel O'Keefe는 총 20만 111명을 대상으로 한 실험에서 107개의 연구결과를 수집했다.

균형 잡힌 논쟁과 비교했을 때, 일방적인 논쟁이 얼마나 성공을 거두는가에 대한 실험이었다. 다시 말해 찬반을 두루 거친 토론과 달리 한쪽 주장만 제시한 토론의 성과를 조사한 것이다. 이 결과 균형 잡힌 논쟁이 어떤 토론기술을 활용했는가와 상관없이 의도했던 결론을 이끌어낼 가능성이 훨씬 크다는 사실이 드러났다.

인간의 뇌가 휴식을 취하고 싶어 하는 건 사실이지만 그렇다고 우리의 주변사람들이 멍청한 것은 아니다. 누군가를 설득한다는 것은 그 사람의 사고력을 존중한다는 말이다. 하지만 사람은 희망이 사라질지도 모른다는 불안 때문에 반론을 외면하거나 무시하는 경향이 있다. 이때 반론은 주변사람들의 정당한 관심사나 다를 것이 없다. 이것을 무시할 경우 어쩌다 자신이 원하는 방향으로 토론의 결론을 얻어낼 수 있을지 모르나 다른 사람들로서는 절실한 문제가 주목받지 못하고 정체성의 목표가 손상되므로 원하는 목표를 달성하지 못할 가능성이 클 수밖에 없다. 그저 갈등을 일으키지 않으려고 고개만 끄떡이는 사람들이 아니라면 원하는 결과를 결코 얻지 못할 것이다.

그러므로 당신의 생각에 더 무게를 실으려면 의도적으로 반론을 활용하라. 가장 간단한 방법은 당신 스스로 반론을 제기하고 주도권을 쥐는 것이다. 다시 말해 당신의 입장을 설명하고 이어 그것을 반박할 수 있는 주장을 보여준 다음 즉시 그 반박을 무력화한다. 이런 방법으로 당신은 잠재적인 비판자가 할 말을 진지하게 대신하는 것이다. 비판자의 주장을 미리 파악해서 언급하는 방식이다. 당신의 적이 실제로 말도 꺼내보지 못한 상태에서 그 주장을 다룸으로써 당신의 주장에 쐐기를 박는 셈이다.

몇 차례 경험만 있다면 당신의 비판자를 능동적으로 당신이 논중하는 틀 속으로 끌어들일 수도 있다. 강연을 자주 하는 연사들은 이 방법을 알기 때문에 눈에 거슬리는 사람들의 입을 막는 데 사용한다. 이런 훼방꾼들은 대개 사안 자체에는 관심이 없고 청중이 자신의 말을 들어주고 주목하는 데 목적이 있다. 그러므로 그런 사람에게 직접 말을 걸면서 다시 한 번 반론을 제기해달라고 부탁해보라. 그리고 열심히 경청한 데 대해 감사를 표하고 그 사람의 전문지식을 칭찬해주는 것이다. 그런 반론을 무력화시키는 다양한 방법을 우리는 이미 알고 있다. 바로 자신의 말이 옳다는 것을 입증하는 방법이다. 또는 이 반론이 옳기는 하지만 이 자리에서는 해당되지 않는다는 지적을 할 수도 있다. 왜 그런지는 너무 많은 시간이 필요하기 때문에 개인적으로 나중에 설명해주겠다고 하면 된다.

이의를 제기하는 것은 객관적인 근거가 있어서라기보다 다른 사람이 자신의 말을 들어주고 무시하지 않기를 바라기 때문이다. 목표를 구성하는 4대 요인과 인간의 행동 동기를 생각하라. 사람은 대부분 주목받기만 하면 별 문제를 일으키지 않는다. 그러므로 당신 스스로 생각해낸 반론으로 반박하는 대신 예를 들어 프라우 슈미트의 반론이 당신 생각에 매우 적절하다고 의도적으로 언급할 수 있다. 프라우 슈미트는 자신이 주목받은 것에 기뻐할 것이다. 그런 다음에 그 여자의 반론을 조심스럽게 무력화하는 것이다. 상반되는 사실을 예로 들거나 어느 의견이 우선인지 결정하는 것을 뒤로 미룸으로써 무력화할 수 있다. 원칙적으로 앞에서 언급한 기술을 활용하되, 당연히 프라우 슈미트의 이의 제기가 얼마나 중요한 것인지 강조해야 한다.

자신감이 있다면 한 발 더 나가 당사자에게 다시 한 번 요지를 짧게 설명해달라고 부탁할 수 있다.

"프라우 슈미트는 새 소프트웨어의 비용과 관련해 합당한 의구심을 품었습니다. 좋은 생각 같은데요. 그 내용을 다시 한두 마디로 짧게 요약해주실 수 있겠지요?"

이렇게 되면 프라우 슈미트는 자신의 자아를 보여줄 무대가 생긴 셈이다. 다만 짧게 요약해달라는 제한 때문에 자신의 주장을 맘껏 펼칠 여지가 없다. 그러면 당신은 이미 알고 있는 기술을 활용해 다시 그 반론을 무력화할 수 있다.

이때 당신의 생각을 차분하게 연결하면 당신의 뜻대로 의견을 펼치면서 상대의 허를 찌를 수 있다. 그와 더불어 당신은 공정하고 편향적이지 않다는 인상을 주게 된다. 이 방법이 그렇게 효과적이라고 해도 당신은 상대가 당신의 반론을 앞서서 주도하며 이의를 제기하는 상황에도 대비해야 한다. 그럴 때는 무조건 당신의 의견을 고수해야 한다. 그래야만 당신의 뜻대로 또 당신에게 유익한 방향으로 주장을 펼칠 수 있기 때문이다. 상대에게 기습을 당해서는 안 된다. 이미 거론된 의견이라는 이유로 당신의 주장을 뿌리치려고 할 때는, "그렇긴 합니다만, 지금까지 언급되지 않은 중요한 사실이 몇 가지 있어요"라는 말로 반박할 수 있다. 그러면 당신에게 발언 기회가 주어질 것이다. 상대는 모든 주장을 충분히 검토하고 비교해보았다는 인상을 주려고 하기 때문이다. 이때 실제로 당신에게 새로운 사실이 있든 없든 그것은 중요하지 않다. 문제는 당신의 주장을 제대로 펼칠 무대가 마련되었다는 것이다.

의혹의 씨를 뿌려라

—— 상대가 당신을 강하게 설득하며 반발할 때도 흔들리면 안 된다. 대부분 이런 설득은 표면적인 것이지만 자신감이 있는 사람도 불안하게 흔들릴 때가 많다. 이때 사람의 잠재의식은 끊임없이 자아를 흔들고 경고를 보낸다. 누군가 당신을 강하게 설득하며 반대되는 주장을 제기할 때는 대치국면으로 나가서는 안 된다. 이럴 때 의혹의 씨를 뿌려주면 상대의 잠재의식은 은연중에 당신의 우군이 될 수 있다.

모든 것을 알 수 있는 사람은 없으므로 특정 사안에 대해서는 지식의 부족이 이내 드러나기 마련이다. 일단 씨를 뿌린 다음에는 의혹이 자라도록 돌봐주기만 하면 된다. 그러다 보면 상대의 주장은 오래지 않아 저절로 무너질 것이다. 의혹은 잡초와 같다. 일단 씨가 뿌려지면 저절로 자라며 이내 주변의 풀을 뒤덮는다. 의혹은 의도적으로 짤막한 질문으로 유발하는 것이 가장 좋다.

"뮐러 씨가 이 문제의 적임자라는 것은 분명해. 하지만 그에게 그럴 만 한 시간이 있는지 어떻게 알지? 내가 듣기로는 요즘 가족문제로 정신 이 없다던데."

"그 공급자가 인상이 좋다는 당신 말은 맞아. 하지만 그가 하는 말이 모 두 지키지도 못할 약속이 아니라고 장담할 수 있어?"

비집고 들어갈 만한 조그만 약점만 찾아내면 된다. 예컨대 건 보체계의 검증된 전문가로 알려진 사민당(SPD)의 카를 라우터바 흐Karl Lauterbach 박사가 여기에 해당한다. 라우터바흐 박사는 의 학자로서 자신의 주장을 뒷받침하기 위해 이런 경력을 들먹이기 좋아한다. 다만 문제는 그가 의사로서 실무경험이 있는가이다. 그가 건강보험을 잘 안다는 근거가 뭐지? 이론이야 아니면 실무 경험이야? 그가 건보체계를 잘 안다는 것을 어떻게 보증하냐고? 혹시 민영보험 가입자라서 공공보험 가입자들의 문제를 풍문으 로만 들은 것 아닌가?

누군가의 신뢰를 개인적으로 문제 삼지 않아도 또 해당 사안을 직접 거론하지 않고도 그 사람이 주장하는 것의 토대를 무너트릴 수 있는 것이다.

또 이 방법은 누군가 자신의 주장을 수치로 뒷받침하려고 할 때도 적용된다. 어떤 근거로 그런 평가를 했는지 따져 물어보라. "그 수치는 꽤나 설득력이 있는 것처럼 보입니다. 하지만 그것을 믿을 수 있다고 어떻게 장담하지요?" 또는 "이 수치를 우리 문제에 적용할 수 있다고 확신하나요?"

첫 번째 의혹의 씨를 뿌린 다음에는 싹이 나도록 가꿔주어야 한다. 의혹이 계속 자라나도록 간단히 비료를 사용하는 것이다.

"밀러 씨가 이 분야에 어떤 경험이 있는지 검증해보세요. 그가 그쪽 일에 종사한 것이 2년도 되지 않는다면 문제가 심각할 수도 있으니까요."

"그 공급사에 부정적인 측면이 없는지 인터넷을 검색해보세요."

말하자면 충족해야 할 기준을 제시하는 것이다. 우리가 아는 대로, 이런 규칙은 쉽게 정의할 수 있다. 그리고 이런 기준은 중립성을 지녀야 한다. 하지만 공급사의 부정적인 측면이 없는지 인터넷을 검색해보라고 의도적으로 동료에게 당부하듯이, 의도적으로 부정적인 측면을 부각시킬 수 있다. 그러면 뭔가 나오기 마련이다. 이때 제3자의 부정적인 의견은 아주 효과적인 비료가 된다. 우리는 이미 다수의 위력을 확인했다. 그리고 진지해야 한다. 다른 사람들의 부정적인 평가를 누가 무시하겠는가? 특히 인터넷에 나왔다면? 그러면 일리가 있다는 반응이 나온다.

의혹의 씨를 뿌리는 사람은 재치가 있어야 하고 어느 정도 인내력이 있어야 한다. 그럴수록 더 큰 결실을 얻게 될 것이다.

모자라는 것이 나을 때가 많다

—   몇 년 전, 하버드 대학교 학생들을
대상으로 간단해 보이는 결정을 부탁하는 실험을 한 적이 있다.
선호하는 일자리를 고르는 실험이었다. 직장 A는 연봉 5만 달러
였고 B는 10만 달러였다. 이것만 놓고 보면 무엇을 선택할지는
분명했다. 심리학 실험에서 흔히 그렇듯이 여기서도 함정이 있었
다. A의 경우는 다른 학생들이 받는 것의 두 배에 해당하는 액수
라고 설명해주었다. 이 일은 2만 5천 달러밖에 못 받는 것이었기
때문이다. B의 경우는 반대로 평소 같으면 두 배, 즉 20만 달러를
받을 수 있는 일이었다. 하지만 해당 분야에서 남은 자리가 이것
밖에 없기 때문에 10만 달러밖에 못 받을 것이라고 말했다. 따라
서 학생들은 A를 선택하는 것보다 B를 선택할 때 두 배의 돈을
버는 셈이지만 평소 B에서 받는 액수에 비하면 절반밖에 되지 않

았다. 그런데 결과는 다수의 학생이 B를 마다하고 A를 선택한 것으로 나타났다. 학생들이 멍청한 것 아니냐는 논란이 나올 수도 있지만 이렇게 간단한 비교를 못할 리가 없다는 생각을 할 수 있다. 그럼 어떻게 된 일인가? 학생들은 자신이 남들보다 더 나은 대우를 받는 상황을 선택한 것이다. 비록 연봉이 B의 절반밖에 안 되지만 말이다. 즉 학생들은 절대적인 액수는 떨어지지만 상대적으로 나은 대우를 받는 경우를 선택한 것이다.

심리학자인 조지 로웬스타인George Loewenstein은 노조와 사용자 간의 노사협상에서 이 현상을 연구한 뒤 자신의 획기적인 논문을 통해 일정한 시간이 지나면 양측 모두 실제로 받을 수 있는 것에 대해서는 집중을 덜한다는 것을 보여주었다. 대신 협상 상대보다 덜 받지 않고 더 양보하지 않는 것에 초점을 둔다는 것이다. 로웬스타인은 이런 태도를 학생이나 노조지도자, 정치적 중재자들에게도 관찰할 수 있었다. 협상전문가조차도 절대적인 이득이 아니라 상대적인 이득을 중시한다는 것이다.

우리 인간은 공식적인 것이든 비공식적인 것이든 계급을 좋아한다. 계급은 우리에게 방향을 제시해주고 우리 자신의 가치를 규정하는 데 도움을 준다. 상대적인 소득은 계급구조에서 우리가 어느 위치에 있는지 보여준다. 우리는 남들보다 더 높은가 아니면 더 낮은가? 더 양보해야 하는가 아니면 덜 양보해야 하는가? 우리가 남들보다 비교적 낮은 지위에 있다는 느낌이 들 때, 우리는 올라가려고 하며 상대적인 소득을 원한다. 기업에서 급여액을 비밀에 붙이는 것은 이래서 중요하다. 동료의 급여가 자신보다 적다는 것을 알면 만족할 것이다. 하지만 자신보다 더 많이 받는 누군가가 반드시 있을 것이고 이것을 알면 불만의 악순환이 시작된다.

우리는 한 단계 위로 올라가고 거기서 밑을 내려다보며 잠시 기쁨을 맛보는 것을 커다란 자극제로 여긴다. 우리가 살아가면서 자신의 위치를 규정하는 데 도움을 주는 지위의 상징은 수도 없이 많다. 이웃보다 더 큰 자동차, 더 멋진 정원, 더 똑똑한 자녀들에 만족하다가도 우리보다 우월한 누군가가 지나갈 때는 주눅이 든다. VIP 카드를 가지고 가장 먼저 기내에 탑승할 때, 다른 승객들이 부러운 눈으로 봐주지 않는다면 무슨 가치가 있겠는가? 골드나 플래티넘 신용카드는 실제로 무슨 쓸모가 있을까? 당연히 여러 가지 혜택이 보장되지만 그 대가는 너무 비싸며 필요한 것도 아니다. 그런 카드가 있다는 사실조차 모르는 사람도 많다. 이런 카드의 부가가치는 사실, 이것을 소지한 사람이 남들보다 우월하다는 느낌을 받는다는 것, 가령 슈퍼마켓의 계산대에 있는 여자 직원이나 호텔의 프런트 매니저 같은 낯선 사람이 멋쟁이로 봐줄지도 모른다는 데 있다. 당신이 그렇게 번쩍이는 카드를 가지고 있다면 그런 즐거움을 누려라. 사람은 누구나 조금씩은 허영심이 있기 마련이니까. 하지만 즉시 해약하고 거기서 해마다 절약되는 돈으로 좋은 목적에 사용하는 것이 좋을 것이다. 계급적인 사고는 인간의 노력을 자극하는 원동력이다. 이런 점에서 본다면 평등을 부르짖는 좌파정치인들은 어리석은 것인지도 모른다. 평등이란 언제나 자유를 대가로, 다시 말해 남들보다 잘 나가고 싶은 자유를 희생하는 대가로 얻는 것이기 때문이다.

당신은 이런 인간적인 특징을 논쟁에 적극 활용할 수 있다. 예를 들어 여직원이 징검다리 근무일에 쉬고 싶어 하는데 당신은 허락할 수 없다고 해보자. 그러면 여직원은 자신이 불이익을 받는다는 느낌을 받을 것이다. 이럴 때는 그저 단순하게 다른 직원들도 징검다리 근무일에 휴가를 포기할 수밖에 없었던 경우가 있고 심지어 자신들이 원하는 기간에 휴가를 못 간 사람도 있었기 때문에 일이 더 복잡해지고 상황이 악화된다는 사실을 지적하면서 여직원을 설득하면 된다.

어느 용역업체의 경영자는 연례적인 임금협상시, 처음부터 인상 확정액을 말해주지 않는 것을 원칙으로 삼았다. 전에 그렇게 해봤다가 결국 불만으로 이어지곤 했기 때문이다. 그 대신 그는 인상금액이 상위 50퍼센트에 해당된다고 알려주는 방식으로 바꿨다. 특별한 기술이라고 할 것도 없었다. 새로 들어온 직원의 경우 입사 2년 동안은 어차피 임금인상이 없으므로, 기존 직원은 자동적으로 거의가 상위 50퍼센트 안에 들게 되어 있었기 때문이다. 더이상 직원들은 임금인상에 신경을 곤두세우지 않았고, 그러다 불황인 해에 한 달에 90유로만 올려주어도 만족스러워했다. 비율로 보았을 때 평균보다 나은 상위 50퍼센트 안에 드는 방법이었기 때문이다. 이러면 직원들은 집에 가서도 가족에게 자신이 대우를 잘 받는다고 말할 수 있다. "여보, 다른 업체 직원보다 임금이 더 올랐어, 그만큼 나를 인정해준다는 거지."

인상액을 더 많아 보이게 하거나 직원들에게 포기할 줄 알게 만들려면 언제나 상대적인 수치를 제시하라. 다른 회사 직원들은 인상액이 낮거나 훨씬 덜 받는다는 것을 보여주어라. 물론 그 비교상대가 공간적으로나 시간적으로 또 정서적으로 가까이 있는 사람일수록 상대적인 비교방법은 효과가 있다. 내가 라이프치히의 서점에서 일한다면, 뒤르멘 현장에서 지게차를 모는 사람의 임금인상에 무슨 관심이 있겠는가?

진척이 없을 때는 관점을 바꿔라

━   논쟁이 똑같은 틀에서 계속 반복되
어 아무런 진전이 없고 토론이 벽에 부닥쳤다는 느낌이 들 때는
대개 관점을 바꾸는 것이 좋다. 처음 회의장에 들어올 때 의식했
던 카메라맨을 생각하고 시야와 관점을 바꾸는 것이다. 스스로
먼저 변화하는 것이 가장 좋다. 의식적으로 초점을 조절해가며
큰 틀에서 토론을 바라보라. 계속해서 이 흐름을 유지하는 것이
가치가 있는가? 결코 포기한다는 의미가 아니다. 또 절대 편한
길을 택하면 안 된다. 경험으로 볼 때, 편한 길을 갈수록 더 후회
하게 된다. 하지만 관점을 바꾸면 전반적인 상황이 소규모 부분
전투에 지나지 않는다는 사실이 드러날 수도 있다. 정작 중요한
관심사와는 무관하게 포기해도 좋을 사소한 것 때문에 싸운다는
것을 깨닫는다는 말이다. 소규모 전투가 아니라고 해도, 관점을

바꾸면 피곤하고 짜증나는 토론에 새로운 활력을 불어넣을 수 있다. 가족과 함께 보낼 멋진 주말을 생각하면 이 대화가 얼마나 하찮은 것인지, 또 과거에 그런 불쾌한 토론을 자주 벌이다가도 저녁에 쉴 때면 얼마나 빨리 그것을 잊었는지를 생각하라. 이런 생각을 하면 작지만 효과적인 휴식이 되고 에너지를 재충전한 상태에서 다음 순서로 넘어갈 것이다.

또 다른 경우에도 이렇게 시각전환을 하면 상대적으로 바라볼 때 큰 문제가 아니라는 것이 드러난다. 보는 각도를 바꾸게 되면, 쉽게 대처할 수 있는 것으로 보인다는 말이다. 실례로 여자직원 한 명을 구조조정 프로젝트에 합류시키려고 하는데 절대 협력하려고 하지 않았다. 그 일을 맡은 기간에 자신의 팀원들과 함께 근무하지 못할 수도 있었기 때문이다. 그런데 시각을 조절해가며 (줌아웃) 사태를 바라보게 하자 문제가 해결되었다. 당시 여직원에게는 이 프로젝트가 장기적인 사업으로 보였다. 하지만 주위에서 길어야 3개월밖에 걸리지 않을 것이며 끝나면 다시 원래의 팀에서 일하게 되리라는 것, 그리고 3개월은 그녀의 근무경력 5년에 비하면 아무것도 아니라는 것을 지적하자 의구심은 가라앉기 시작했다. 그런 다음 다시 시야를 확대해서 적절한 시각으로 문제를 바라보게 했다. 마침내 해당분야에 경험이 많았던 이 여직원은 프로젝트에 응하게 되었다. 더욱이 이 3개월 동안 원래 소속팀에서 배운 경험을 살려 더 많은 경험을 쌓을 수 있으리라는 말도 했다. 이렇게 되자 여직원은 완전히 납득했다.

성공적인 시각전환은 네 단계로 이루어진다.

1 | 공통분모

눈에 띄지 않는 공통분모를 언급하고 모든 참여자가 동의하게 하라("우리는 모두 작업공정이 단순해지기를 바라죠? 안 그래요?"). 공통의 토대를 제시하고 이것을 전체가 확인한다는 것은 공동소속이라는 신호를 보내는 것이며 여기서 기본적으로 긍정적인 분위기가 조성된다. 그러면 수월하게 다음 단계로 나갈 수 있다.

2 | 전후사정을 고려하라

문제와 논점에 대하여 적절히 비교하라. 산에 올라가야 한다고 할 때, 에베레스트 산과 비교하면 그 산은 훨씬 낮아 보인다. 앞에서 말한 여직원도 3개월의 기간을 자신이 근무한 5년과 비교했을 때, 구조조정 프로젝트에 따른 부서이동의 부담이 훨씬 가벼워졌다. 어떤 문제도 상대적으로 큰 문제 앞에서 작아 보이고 또 그 반대의 경우도 있을 수 있는 이 효과적인 수법에 대해서는 뒤에서 다시 자세히 언급할 것이다.

3 | 목표의 시각화

공통분모를 찾아내서 과제를 생각보다 작아 보이게 한 다음에는 간결하게 왜 그 모든 일을 할 수 있는지 다시 강조해야 한다. 또 무엇이 유익한 것인지 그림을 그리듯 말로 분명하게 설명해야 한다. 공동의 목표가 없다는 것을 안다고 해도, 알려진 목표는 알려지지 않은 것보다 대개 덜 힘들어 보이는 법이다. 모든 것을 마무리했을 때 어떤 이점이 생기고 일상적인 근무여건이 어떻게 달라질지 설명하라. 하지만 이때 투명하고 현실적인 태도를 유지해야 한다.

4 | 복귀

그런 다음에는 다시 시야를 신속하게 확대해야 한다. 도전적인 과제는 이제 덜 힘들어 보이고 그만큼 해결할 가치가 있어 보일 것이다. 이제는 할지 말지가 아니라 어떻게 하는가가 중요하다.

시야를 확대하고 축소하는 방법은 많은 생활영역에서도 큰 도움이 된다. 우리가 이 세상에 머물다 가는 시간이 결코 긴 게 아니라고 생각한다면 삶은 훨씬 덜 힘들어 보이기 마련이다(또 그렇게 중요하지도 않아 보이고). 우리가 생존하는 시간이란 우주가 계속 존속할 영겁의 시간에 비하면 얼마나 하찮은 것인가.

적절한 비교를 통해 문제를 바라보라

— 냉정하게 이성적으로 판단할 때 전혀 구미가 당기지 않는 일에 대하여 어떻게 사람들을 감동시킬 수 있을까? 아주 간단하다. 받아들이는 태도를 바꿔주면 된다.

"일 년도 아니고 한 달도 아니고 매일 6만 유로를 벌 수 있어요! 어떻게 하는지 보여드리죠!" 누가 이런 말을 믿겠는가? 진정성이 없는 이런 제안을 듣는 사람은 대부분 매일 6만 유로를 번다는 말을 실제로 믿지 않는다. 하지만 이것은 행동 목표가 아니다. 사기꾼은 이렇게 덧붙이기 때문이다. "물론 하루에 6만 유로를 버는 사람은 최상류층에 속하죠. 하지만 당신이 최상류층이 아니라고 해도 하루에 1천 유로는 쉽게 벌 수 있습니다." 그러면 이 말은 훨씬 현실적으로 들린다. 이성적으로 생각하면 하루에 1천 유로도 터무니없기는 매한가지다. 하지만 1천 유로라는 말에 관심을 가질 때, 훨씬 현실적이라는 느낌이 온다. 터무니없이 많은 액수를 제시하여 틀짜기를 함으로써 그 다음에 제시하는 액수는 훨씬 적어 보이고 동시에 더 현실적이라는 인상을 주는 것이다. 이것은 투자 사기꾼의 교본에 나와 있는 수법이다.

이런 효과를 활용하기 위해 당신이 투자 사기꾼이 될 필요는 없다. 내가 잠재적인 고객들에게 어떤 프로젝트를 제안할 때, 반응을 보이는 고객은 흔히 묻는다. "아주 흥미로운데요, 비용이 얼마나 들죠?" 고객들이 얼마나 관심을 보이는가에 따라 다르지만, 나는 대개 진지한 표정으로 좌중을 둘러보며 무표정하게 대답한다. "글쎄요, 10만이나 20만 유로는 생각하셔야 할 겁니다." 그런 다음에는 늘 입을 다문다. 어느 정도 충격이 전달되었다고 여겨질 때, 나는 웃으면서 설명한다. "농담입니다. 실제 비용은 훨씬 적어서……." 그러면 이후로 내가 제시하는 액수는 푼돈에 지나지 않는 것처럼 보인다. 설사 틀짜기가 농담이었다고 해도, 사람들은 농담과 현실 사이에서 합리적인 결정을 할 줄 안다. 이와 달리 인간의 잠재의식은 결정을 할 때 혹사당한다. 대상을 인지한다는 것은 상대적인 문제다. 대상이 어떤 맥락에서 제시되는가에 따라 우리는 그 대상을 다르게 평가한다. 당신이 제시하는 옵션을 두드러진 장점이 있는 것으로 보이게 하려면 그것을 어떤 맥락에서 제시할 것인지 주의해야 한다. 회색 티셔츠는 검은 바탕에서 볼 때 흰색에 가깝다는 인상을 주고 흰 바탕일 때는 그저 회색으로 보일 뿐이다.

이와 같은 틀짜기 효과는 누구나 슈퍼마켓의 행사가격을 통해 알고 있다. 원래의 가격을 잘 보이게 써놓고 줄을 그어 지운 다음 그 옆에 할인된 가격을 붙여놓는 식이다.

예를 들어 어떤 상품을 단순히 39유로에 판다고 붙여놓으면 우연히 소비자가격을 아는 경우가 아니라면 고객에게 별 도움이 되지 않을 것이다. 우리가 일상적으로 기억할 수 있는 가격은 최대 20개를 넘지 않는 데 비해 상품의 종류는 수없이 많다는 것을 전제할 때, 이런 방법은 효과가 작을 것이다. 하지만 예를 들어 원래 가격이 99유로라는 사실을 알려주면 고객에게 이것은 기준점이 된다. 인간의 오성은 움직일 방향과 그 근거를 찾게 되며 해당 제품이 실제로 저렴한지 아닌지 알게 되는 것이다.

원래 가격에 줄을 긋고 지우는 수법이 케케묵은 것일 수도 있다. 실제로 이것은 너무 낡은 수법이라 많은 기업에서는 이 방법을 사용하기를 꺼린다. 고객들이 원래의 가격이 비싸게 표시된 것을 보고 마케팅 차원의 술책이라고 생각할 것을 두려워하기 때문이다. 1년 전쯤 훈련과정에서 만난 도매상 한 사람도 이 방식에 반대했다. 그가 원래 가격에 줄을 그어 내놓는 방식이 솔직해 보이지 않는다는 이유로 더 이상 활용하지 않는다고 말했을 때, 나는 한 가지 제안을 했다. 당시 그가 취급하는 품목 중 한 가지에만 이 방식을 적용해보라고 한 것이다. 다른 상품은 모두 그대로 두라고 했다. 그 도매상은 내가 하라는 대로 했다. 그 결과 다른 상품은 제자리인 데 비해 그 상품만은 매출이 48퍼센트나 늘었다. 효과가 입증된 것이다. 이것은 행동경제학에서 밝혀낸 소중한 이론이다. 우리는 이성적으로 혹시 배후에 어떤 술수가 숨어 있을지 모른다고 생각하면서도 그런 수법에 영향을 받는 것이다.

틀짜기 효과는 사물을 사실보다 더 긍정적이거나 더 부정적으로 보이게 하는 것만이 아니라 안정감을 제공하기도 한다. 유럽 최대의 온라인 음악용품점으로서 종업원 수가 수천 명에 이르는 토만Thomann 사도 가격 삭제방법을 완벽하게 활용하고 있다. 매우 편리한 웹사이트로서 고품질의 서비스를 제공한다는 점을 제외한다면 이 회사는 늘 저렴한 가격으로 수익을 올렸다. 당신도 이 웹사이트를 한번 방문한다면 상품가격뿐 아니라 실질 구매가격과 무관하게 당연히 더 비싼 원래의 가격을 붙여놓고 구매를 유도한다는 것을 알 수 있을 것이다. 이런 틀짜기를 통해 단지 가격이 낮아 보이게 할 뿐만 아니라 동시에 안정감을 제공하는 것이다.

구매의 장단점을 판단하기 위해 고객은 내면의 불안감에 쫓겨 판단의 근거를 찾아 비교를 하게 된다. 앞에서 말한 대로 비교를 통해 마음이 편해진다. 비교할 수 있는 기회를 제공하면 고객은 경쟁사와 가격을 비교하는 수고를 덜게 된다. 이때 인간의 잠재의식은 여기서 비교 자체가 실제로는 의미가 없다는 것을 이해하지 못한다. 토만 사는 가격이 더 낮아 보이게 함으로써 인간의 욕망을 자극하고 동시에 불확실성(불안)을 제거하며 안락을 제공하는 것이다. 이렇게 되면 행동의 세 가지 동기에 호소하는 셈이다.

틀짜기 효과는 물건을 팔 때만 적용할 수 있는 것은 아니다. 사람들을 설득해서 당신이 원하는 대로 움직이게 하는 데도 아주 뛰어난 효과가 있다. 당신은 적절히 틀짜기를 해서 단점은 작아 보이게 하고 장점은 크게 보이도록 하면서 더불어 안심하고 결정하도록 기회를 제공하기만 하면 된다. 만일 연애를 할 확률을 높이고 싶다면, 당신을 상대적으로 나아 보이게 하는 누군가를 데리고 외출하라. 이렇게 하면 굳이 애를 쓰지 않아도 당신의 매력을 분명히 돋보이게 할 수 있을 것이다.

내 지인은 이 방법으로 자신이 관여하는 축구팀의 기부금을 대폭 높일 수 있었다. 이전에 클럽회원에게는 매년 5유로의 기부금을 요청했다. 이번에는 다른 방법을 사용해보라고 나는 권했다. 우리는 다음과 같은 편지를 작성했다.

매년 하던 대로, 이번에도 우리 자녀들에게 더 멋진 축구시즌을 보여주기 위해 다시 기부금을 요청하게 되었습니다. 회원님들이 다양한 액수를 기부한다는 것을 알고 있습니다. 원활한 회계를 위해 원하시는 기부 금액을 선택해주시면 고맙겠습니다. 12월 12일까지 답해주시기를 부탁드립니다.

1. 나는 50유로를 기부한다.
2. 나는 20유로를 기부한다.
3. 나는 10유로를 기부한다.
4. 나는 전혀 기부하지 않는다.

이전에 기부하던 5유로에 대해서는 전혀 언급하지 않았다. 맨 처음 옵션인 50유로는 너무 고액이라 대부분의 회원들에게는 고려할 여지가 없었다. 하지만 비교의 닻을 내린다는 점에서 필요한 옵션이었다(이후 놀랍게도 한 회원이 50유로를 기부한 일이 있다. 전년도에 5유로를 기부한 사람 10명의 몫이었다). 이러면 50유로 앞에서 10유로나 20유로는 갑자기 훨씬 적다는 인상을 준다. 10유로도 많다고 느끼는 사람은 전혀 기부할 수 없겠지만 이때도 이것은 부정적인 옵션 기능을 하여(전혀 기부할 수 없는 사람이 왜 여기 있겠는가?) 양심의 가책을 느끼게 해준다. 이렇게 해서 기부금 총액은 전년도에 비해 364퍼센트가 증가했고 기부하지 않는 회원의 비율도 줄어들었다. 우리는 훨씬 더 높은 옵션과 양심의 가책을 더 느낄 수 있는 옵션을 제시한 것이다. 이 방법은 우리가 원하는 대로 회원들의 기부를 유도하기 위한 가드레일 역할을 했다고 볼 수 있다. 네 가지의 옵션을 제시하기는 했지만 실제로는 선택권을 대폭 제한한 방식이었다. 두 가지는 그저 보여주기 위한 것이었고 현실적인 옵션은 10유로와 20유로 두 가지밖에 없었기 때문이다.

틀짜기를 할 수 있는 방법은 너무도 다양하고 언제나 아주 효과적이다. 이 밖에 흥미를 끄는 사례 몇 가지를 더 살펴보기 전에 틀짜기 효과가 올바로 작동하는 데 가장 중요한 핵심사항이 무엇인지 알아보기로 하자.

- 여기서도 적용되는 원칙은 상대의 입장이 되어 상대의 시각으로 옵션을 규정하라는 것이다.
- 옵션은 언제나 평범한 수준을 벗어나는 것이라야 한다. 예컨대 엄청 불리한 것이 있을 수 있다. 이때 어차피 선택하지 않을 0의 옵션이 중요한 역할을 한다. 이 옵션의 유일한 역할은 다른 시나리오를 훨씬 매력적으로 보이게 하는 데 있다.
- 대화를 할 때, 첫 번째 극단적인 옵션을 조금 미화시킨다. 우리는 어차피 이 옵션을 선택하지 않는다는 것을 알기 때문에 무의식중에 종종 너무 성급하게 그 의미를 노출시키는 실수를 저지른다. 그러면 효과가 사라진다. 시간을 두고 설명하라. 대안을 제시하기 전에 그 옵션을 좀 더 자세히 설명하고 그 상태를 유지한다. 이런 연후에라야 극단적인 옵션은 완전한 효과를 발휘할 것이다.
- 최대 4개의 옵션을 제시하라. 그 이상이 되면 사람의 뇌는 초점을 잃기 마련이고 제대로 처리하지 못한다.

몇 차례 연습을 하면 당신도 다양한 상황에서 이내 본능적으로 틀을 설정할 수 있을 것이다. 그 가능성이 얼마나 다양한지 직접 확인해보자.

그 밖의 적용사례

▶ 사장에게 10월에 4주간의 휴가를 내달라고 설득하고 싶다. 그러면 차라리 대부분의 동료가 휴가를 가는 7월에 6주를 가겠다고 하라. 열심히 설득한 다음 차츰 양보하라. 그런 다음 씁쓸한 표정으로 10월에 4주를 내달라고 하라. 사장은 당신에게 고마워할 것이다.

▶ 기대가 충족되지 않을 때는 반대 방향으로 과장하라. 사람은 누구나 나쁜 소식을 싫어하며 반가운 소식을 좋아하기 마련이다. 예를 들어 같이 사는 파트너에게 다음 2주간은 거의 매일 9시 이후에나 퇴근하게 될 것이라는 나쁜 소식을 전해야 한다고 쳐보자. 이럴 때는 같은 말이라도 다음 2주간은 9시 이전에 퇴근한다는 보장이 없다고 하라. 나쁜 소식을 전하고 나서 화가 누그러진 다음에는 그중에 이틀은 일찍 퇴근할 수 있다는 기쁜 소식을 전한다. 이것이 이틀 정도를 빼고는 매일 9시가 넘어야 집에 올 수 있다고 동시에 말하는 것보다 낫다(물론 이것은 파트너가 당신이 귀가하는 것을 반길 때만 통한다. 그렇지 않다면 반대의 방법을 사용해야 할 것이다).

▶ 클럽에서 크리스마스파티에 회계를 볼 자원봉사자가 필요하다고 해보자. 이럴 때는 현재 다른 자원봉사자들이 어떤 임무를 맡고 있으며 얼마의 시간을 봉사하는지 설명하는 것이 가장 좋다. 그런 다음에 회계 업무를 부탁하면 무리가 없을 것이다.

조심할 것은 이런 일은 역효과가 날 수도 있다는 것이다. 성실하다는 인상을 주고 싶을 때, 대조적으로 돋보이려고 불성실한 사람과 섞이는 것은 좋은 생각이 아니다. 지루한 사람과 같이 있다 보면 다른 사람들에게 재미없다는 인상을 주며, 멍청이들 틈에 섞여 있을 때는 똑똑하다는 인상을 줄 기회가 거의 없을 것이다. 틀짜기는 매우 효과적인 방법이기는 하지만 틀 때문에 빛이 바래지 않도록 조심해야 한다.

결정을 방해하는 요인을 제거하라

—————— "시간이 별로 없었어요." "다시 생
각 좀 해봐야겠어요." "이제 와서 선을 넘을 수는 없습니다." 누
구나 들어본 이런 말들은 사실 "나는 결정할 마음이 없다"라는
말과 다름없다.

뭔가를 결정한다는 것은 사람의 뇌에는 부담스러운 일이다. 게
다가 우리는 일상적으로 정보의 홍수에 노출되어 있다. 사람의
뇌가 처리할 수 있는 능력은 상대적으로 제한되어 있기 때문에
활용할 수 있는 자원에도 한계가 있다. 우리가 말하면서 동시에
들을 수 없는 것은 바로 이 때문이다. 이것은 다시 생각해보면 사
실 축복에 해당한다.

우리가 가진 자원은 우리가 생각하는 것 이상으로 제한되어 있
다. 결정에는 에너지가 소모되며 뇌가 가동할 수 있는 자원이 적
을수록 결정과정을 더 단순화하려고 한다. 이런 현상이 어떤 영
향을 주는지에 대해서는 2011년에 발표된 심리학자 단치거
Danziger와 레바브 Levav, 아바니-페소 Avani-Pesso의 연구결과가 보
여준다. 이들은 이스라엘의 직업재판소(직업의 신분이나 명예의 위반
에 따른 처벌을 다루는 법원—옮긴이)의 심리 및 판결에 대해 연구했
는데, 말하자면 개인적·인간적 영향인자를 배제하는 법을 다년
간 배운 사람들이 결정을 내리는 영역을 대상으로 한 것이다. 그
리고 10개월 동안 8명의 판사들이 내린 1,112건의 조기석방 판

심리 시간	조기석방 비율
아침 첫 사건	65%
오전 티타임 직전의 마지막 사건	15%
점심식사 직전의 마지막 사건	20%
점심식사 직후의 첫 사건	60%
이른 오후의 마지막 사건	10%

결을 조사했다. 다음의 표에서 볼 수 있듯이 이 연구에서 흥미로운 현상이 밝혀졌다. 조기석방의 비율은 아침 첫 번째 사건과 점심식사 이후의 첫 사건에서 가장 높게 나타난 것이다. 조기석방의 판결을 받을 가능성은 오전 심리 중에는 15～20퍼센트로 떨어졌다. 또 마지막 사건의 경우에는 맨 처음 판결보다 그 가능성이 6분의 1 이하로 줄어들었다.

여기서는 또 종합적인 영향인자, 가령 판결의 기본 틀이 있는지, 어떤 순서로 사건을 심리하는지, 특정 변호사가 일정한 시간대에 자주 변호를 하는 것은 아닌지, 중대 사건은 하루 중 일정한 시간대에 심리하는 것은 아닌지 등에 대해서도 조사가 이루어졌다. 그리고 판결을 왜곡할 만큼 영향이 있다는 증거는 발견되지 않았다. 즉 이 현상은 일관된 것이었다.

연구의 공동저자는 이 현상을 다음과 같이 설명하고 있다. 조기석방에 대한 결정은 현 상태에 반하는 결정이므로 긴장하게 만든다는 것이다. 판결의 정당성을 더 꼼꼼하게 신경 쓸 수밖에 없다는 말이다. 시간이 흘러감에 따라 뇌는 피곤해진다. 그리고 현상태에 반하는 결정은 그에 따라 더 긴장된다. 이 때문에 조기석방의 확률이 떨어진다는 것이다. 이러면 피곤해진 뇌는 앞서의 판결을 모방하게 되고 이것은 다시 조기석방에 반하는 판결을 내릴 확률을 높인다. 여기서 우리는 두 가지를 배울 수 있다. 첫째, 법정에 설 때, 어떻게 기회를 살릴 수 있을지 알 수 있다는 점이다. 간단하게 시계만 보면 되는 것이다. 둘째, 가령 현 상태에 반하기 때문에 사고과정이 필요한 결정을 내릴 때는, 아침 첫 순서나 점심식사 직후로 일정을 잡을 수 있는지 그 가능성을 타진해보는 것이다. 상담이나 대화 일정을 잡을 때도 이렇게 계획을 세울 수 있을 것이다.

또 우리에게 주어진 옵션의 수도 결정하는 태도에 영향을 줄수 있다. 선택할 숫자가 많을수록 뇌는 더 피곤해진다. 이것은 언뜻 보기에 역효과로 이어지기도 한다. 즉 결정을 위한 옵션이 많을수록 아무런 결정을 내리지 않을 확률이 높아진다는 말이다. 이것은 전형적인 판매자의 실수에 속한다. 결정할 대상을 제한하는 대신 고객에게 계속 많은 제품을 보여주어 고객은 그만 지쳐서 포기하고 가버린다는 것이다. 이보다는 제품 선택의 수를 최소로 제한해서 고객이 정보를 처리할 수 있도록 해주고 결정을 회피하지 않도록 만드는 것이 현명한 방법이다. 이런 방법은 이미 틀짜기 효과에서 살펴본 것이다. 20개의 선택 가능성을 보여준다면 틀짜기 효과는 거의 일어나지 않을 것이다.

안타깝게도 직장에서 결정을 내리기가 겁이 날 때 이와 똑같은 일이 발생한다. 한 가지 가능성을 검토한 다음에는 또 다른 가능성을 타진한다. 이러면 갈수록 진퇴양난의 상황(딜레마)만 노출된다. 문제는 다른 곳에 있기 때문이다. 결정은 긴장만 부르는 것이 아니다. 결정은 우리를 불안하게 하고 불안은 갈수록 확대된다. 한편 모든 결정에는 리스크가 따른다. 알려지지 않은 상황에서 움직여야 하고 이 상황에서 선택해야 하기 때문이다. 이때 모든 것을 뒤로 미루고 쾌감대를 벗어나지 않는 선택이 훨씬 매력적으로 보인다. 이 밖에 모든 결정은 어느 경우든 잃는다는 것을 의미한다. 즉 자신이 선택하지 않은 옵션을 잃는다는 말이다. 만일 당신이 BMW와 아우디 중에 하나를 골라야 한다면 멋진 BMW나 탐나는 아우디 중에 하나는 포기해야 한다. 지극히 난감한 상황에 직면한다. 그러므로 결혼식을 앞두고 겁이 나 달아난다는 말이 실감나는 상황이 되는 것이다. 다른 모든 가능성을 잃어버리는 상황에 놓이기 때문이다.

모든 결정에는 이익과 손해가 따른다. 이것은 사람의 뇌로서는 처리하기가 어려운 상황이고 이 때문에 우리는 결정을 미루기 시작한다. 아이가 좋아하는 초콜릿 두 가지를 내밀고 둘 중에 어떤 것을 가질 것인지 아이에게 물어보라. 그러면 아이의 눈에서 진퇴양난의 빛을 볼 수 있을 것이다. 어떤 초콜릿을 고르든 언제나 하나는 잃기 때문이다. 당신은 가장 순수한 결정의 벽을 경험할 것이다. 우리 성인도 골라야 할 대상이 초콜릿만 아닐 뿐 이와 다르지 않다.

불안을 제거하는 가장 간단한 방법은 시험 삼아 결정해보는 것이다. 가령 사무실의 자리배치를 새로 하려고 할 때, 최종적인 결정이라고 생각하지 마라. "시험 삼아 한번 바꿔보는 거요. 일단 2주 정도 해본 다음 그때 가서 다시 생각해봅시다." 이런 결정은 단지 '잠정적인 것'이고 되돌릴 수 없는 것이 아니기 때문에 쉽다. 하지만 사람은 상황에 빨리 적응하기 때문에 새로운 배치는 금세 새로운 현상태가 된다. 이때 많은 사람이 이전의 상태로 되돌리자며 반발할 경우 당신은 놀랄 수도 있다. 새로운 소프트웨어를 들여놓을 때는 몇몇 사람을 선정해서 이들에게 그 소프트웨어를 잠정적으로 '테스트'하게 하라. 처음에는 불만스러워 투덜거릴 수 있다. 그러다가 몇 주 지나지 않아 그것 없이는 근무를 하지 못하는 상황이 오게 될 것이다. 온라인 배송업체인 찰란도 Zalando는 시험결정 방법으로 완벽하게 시장을 장악했다. 신발을 주문하고 마음에 들지 않을 때는 100일 내에 반송하도록 한 것이다. 이것은 거의 리스크가 따르지 않는 수법이다.

하지만 시험 삼아 결정하는 방법이 통하지 않는 상황도 많다 (시험 삼아 아이를 가질 수는 없는 노릇이다). 또 시험 결정 자체에서 잔존위험이 크게 느껴지는 경우도 있다. 이럴 때는 결정하지 않는 것이 결정할 때보다 손해가 크다는 생각만 하면 된다.

다시 초콜릿의 예로 돌아가보자. 아이라면 누구나 손실 시나리오를 즉시 안타깝게 받아들일 것이다. 어떤 초콜릿을 선택하든 나머지 하나를 잃는다는 의미이기 때문이다. 이런 관점에서 보면 아이는 전혀 이득이 없다. 결정은 완전손실 시나리오의 바탕에서 생각할 때 내리기가 쉽다. 가령 아이에게 열을 셀 때까지 선택하지 않으면 둘 중에 하나도 얻지 못할 것이고 내가 둘 다 먹어버린다고 말한다. 그러면 아이는 즉시 결정할 것이다. 다만 순진한 아이를 대상으로 심리 실험을 하면 안 될 것이다. 하지만 자녀가 있거나 앞으로 생길 예정인 사람은 익살스런 대화를 위해 이런 효과를 활용할 수는 있다. 예를 들어 놀이터에 가는데 어떤 옷을 입을 것인지에 대한 논란을 줄일 수 있다. 결정에 대한 옵션을 줄여준 다음(너 어떤 옷 입을래? 녹색 아니면 파란색?) 다시 완전손실 가능성을 열어두는 것이다(다섯을 셀 때까지 고르지 않으면 놀이터는 못가!). 이렇게 하면 시간과 긴장을 줄여주고 모든 것을 고려할 때 양쪽이 다 즐거운 결과를 볼 수 있다.

하지만 기업현장에서 결정을 망설일 때, 완전손실 옵션을 제시하려면 당연히 더 세련된 방식이어야 한다. 마케팅 계획을 새로 구상할 때, 완전손실은 마케팅 구상을 실현하지 못한다는 것이므로 이것은 의미가 없다. 하지만 회사에서 결정을 하지 않거나 결정을 뒤로 미룰 때는 분명히 더 큰 손실이 따른다는 것을 보여줄 수 있다. 이렇게 하면 당신은 그 일에 대한 책임에서 벗어날 수도 있다. 예산을 줄인다든가 아니면 단순히 결정을 미루는 것을 비난받을 행위로 보는 기업문화를 만든다고 해보자. 자아는 언제나 최대의 원동력이다. 이런 일은 충분히 검토해야 한다는 이유로 직원들이 몇 차례 결정을 미루었는데, 이를 사장이 칭찬하는 회사라면 당연히 결정은 내릴 수 없다. 반면에 결정을 미루자는 주장에 이맛살을 찌푸리고 적극적으로 결정하는 것을 칭찬하는 부서에서는 자아가 올바른 방향에서 자기 확인을 하게 된다.

이 밖에도 당신이 개인적인 책임을 져야 할 때, 알려줄 비결이 더 있다. 결정은 실수에 긍정적으로 대처하는 문화가 있을 때만 내릴 수 있다. 따라서 잘못된 결정에 대해서는 처벌하지 마라. 언제나 결정을 안 하는 것보다는 하는 것이 더 낫다는 것을 생각하라. 일을 하다 보면 실수는 나오기 마련이다!

▶ 가족들과 어디로 휴가를 갈 것인지를 놓고 오래 의논하지 마라. '오랫동안 집중적으로 조사한 다음' 찾아낼 수 있는 최선의 선택 세 가지를 보여주어라.

▶ 회사에서 새 여직원을 채용하려고 한다면, 동료들에게 최대 2명의 후보를 보여주어라. 그리고 당신의 부서에 있는 직원 2명에게 각각 지원자를 만나게 하라(지원자가 직접 나서면 안 된다). 그 직원이 호감을 못 얻는 사람이거나 무능한 것으로 알려져 발언에 별 비중이 없는 경우라면 당신이 채용하고 싶지 않은 지원자를 소개하게 하라. 그리고 나머지 지원자는 팀 내에서 가장 유능한 직원이 소개하도록 한다. 그러면 당신이 염두에 둔 새 여직원을 뽑게 될 것이다.

▶ 결정을 위한 옵션이 너무 많을 때는 전문팀을 꾸려라. 거기서 최대 3개의 옵션을 걸러낸 다음 동료들에게 보여주어라. 그러면 당신은 동료들의 결정능력을 높여줄 것이다.

상대 스스로 납득하도록 하라

—   처음에 전혀 확신을 갖지 못할 경우, 사람들은 대부분 자신이 더 이상 반대하지 않을 때까지 스스로 납득하려고 하면서 다른 사람들보다 더 열광적인 반응을 보이게 된다. 전에 우리 연구팀은 이런 효과를 좀 더 자세하게 조사해서 어떻게 현실에 적용할 수 있는지 알아보기로 했다. 그 결과 말로 표현된 의견이 실제로 내적인 확신에 큰 영향을 준다는 사실을 밝혀냈다. 이 연구를 위해 우리는 여러 학생집단에게 사형제

도라는 주제를 놓고 토론을 벌이도록 했다. 참여한 모든 학생에게는 사형제도에 찬성하는지 반대하는지 묻는 쪽지를 두 장씩 나누어 주었다. 두 장의 쪽지에는 한 사람의 것임을 알 수 있도록 같은 번호를 매겼다. 학생들의 답변은 익명으로 처리되기 때문에 번호가 다르면 혼동을 부를 수도 있기 때문이다. 쪽지 한 장은 실험 전에 답변하도록 했고 나머지 한 장은 실험이 끝난 뒤에 써넣도록 했다. 실험을 거치는 사이에 의견이 바뀌었는지를 테스트하는 것이 목적이었다.

우리는 토론 하루 전에 기본적으로 사형제도에 찬성하는지 반대하는지, 첫 번째 쪽지에 답하도록 했다. 절대 다수가 사형제도에 반대했다. 이튿날 우리는 의견에 상관없이 학생들을 똑같은 수의 두 그룹으로 나누었다. 한 그룹은 사형제도에 찬성하는 주장을 펼치도록 했고 나머지 한 그룹은 반대하는 주장을 하도록 했다. 당연히 전날 사형제도에 반대한 학생 중에서 자신의 의견에 어긋나는 주장을 펼쳐야 하는 경우가 많았다. 그럼에도 시간이 가면서 열띤 토론이 전개되었다. 토론이 끝났을 때 참여한 학생들에게 두 번째 쪽지에 답하고 제출하도록 부탁했다. 그러자 판이한 결과가 드러났다. 토론 전에는 절대 다수가 사형제도에 반대했고 찬성하는 학생이 15퍼센트밖에 안 되었지만 토론을 마친 후에는 찬성 비율이 거의 40퍼센트에 가까웠기 때문이다. 무슨 일이 있었던 것일까? 처음부터 사형제도에 반대하고 토론 시간에도 반대를 주장한 학생들은 아무도 생각을 바꾸지 않았다. 하지만 처음에 반대했다가 찬성 토론을 한 학생들은 다수가 의견을 바꿨다. 따라서 이들은 스스로 납득하고 찬성한 것이다.

심리학에서 익히 알려진 일관성의 원칙에 따르면 사람은 자신

의 확신과 언행을 무의식중에 일치시키려고 하는 성향이 있다고
한다. 여기에 일관성이 없을 때는 유난히 긴장하고 급기야 극단
적인 심리적 부담으로 이어진다는 것이다. 자신의 행위가 자신의
확신이나 자신이 한 말과 일치하지 않는다는 것이 분명해질 때,
사람은 본능적으로 균형을 취하려고 한다.

생각을 바꾼 학생들에게는 바로 이 현상이 발생한 것이다. 물
론 이들은 처음에 사형제도를 놓고 벌이는 토론이 일시적인 역할
에 지나지 않는다는 것을 알았지만 사람의 뇌는 이렇게 분리된
상황을 처리하지 못하고 즉시 자신의 확신과 말이 일관성을 갖추
도록 애를 쓴다. 토론 중에 발언을 바꿀 수 있는 상황이 아니었기
때문에 거기에 자기 확신이 적응할 수밖에 없었던 것이다.

이 효과는 놀라울 정도로 활용도가 높다. 사람들에게 확신하는
것과 반대되는 주장을 펼치도록 해보라. 그러면 간단한 자극만
주어도 이들은 의견을 바꾸고 자신의 말에 적응할 것이다.

누군가의 반발을 이겨내려면 상대에게 당신의 입장을 설명하
도록 하면 된다. 의도적으로 당신의 주장에 담긴 긍정적인 측면
과 장점을 묘사하도록 하는 것이다. 물론 부정적인 측면을 언급
하게 해서는 안 된다. 그러면 상대는 그 부정적인 측면에 고착될
것이다. 사람들에게 긍정적인 측면에 관심을 갖도록 하는 것은
간단하다. "부정적인 측면은 당신이 이미 지적했어. 하지만 긍정
적인 면도 얼마든지 있다고. 당신의 관점에서 긍정적인 측면도
설명할 수 있을 텐데, 어디까지나 가정해서 말이지." 그래도 상대
가 망설이면 가까이 다가가 반대로 긍정적인 면을 말하게 하면
된다. 단 그것을 과장해서는 안 된다. 그러면 상대는 당신의 생각

에 담긴 장점을 묘사하게 될 것이다. 이렇게 해서 주고받는 상황이 연출된다. 당신도 반대 입장을 존중해주기 때문이다. 하지만 중요한 것은 당신의 주장을 상대가 최종적으로 긍정적인 면에서 조명하기 때문에 그 평가가 유지된다는 것이다. 하지만 자신이 놓은 덫에 스스로 걸려 상대의 주장에 설득되는 실수를 저지르면 안 된다. 이런 실수를 범하는 경우가 흔하다.

따라서 주변사람들이 당신의 주장에 동의할 뿐만 아니라 그 말을 믿고 이후 그 말대로 행동하게 만들고 싶다면,

▸ 주변사람들 스스로 긍정적인 측면을 표현하게 하라.
▸ 단지 이런 시나리오도 있다는 것을 가정해볼 뿐이라는 점을 강조하라. 그러면 이런 시도는 다른 관점에서 주장할 때의 장벽을 낮춰줄 것이다. 하지만 사람의 뇌는 이후 가정과 현실에 차이를 두지 않는다(사형제도에 대한 실험에서 보았듯이).
▸ 구체적인 예를 보여달라고 요청하라. 그림을 보여주고 시나리오로 다듬어보라고 부탁하면서 시각화의 힘을 활용하라.
▸ 결과를 보여줄 때는 상대가 직접 자신의 입으로 결과를 설명하게 하라.

그 밖의 적용사례

▸ 파트너에게 아일랜드로 휴가를 가자고 설득하고 싶다. 하지만 파트너는 터키 해변으로 가고 싶어 한다. 이럴 때는 시나리오 게임을 해보자고 하라. 그의 시각으로 볼 때, 아일랜드로 가면 뭐가 멋질지 파트너 자신의

입으로 묘사하게 하는 것이다. 물론 순전히 가정해서 말해보라고 하면 된다. 계속 질문을 던지면서 멋진 모습을 생각해보라고 격려하라. 그런 다음 그림의 위력을 활용하라. 여행사의 홍보 카탈로그에 나오는 사진을 보여주고 특별히 파트너의 마음에 드는 것이 있으면 설명해보라고 한다. 사형제도에 대한 실험에서처럼 얼마 지나지 않아 파트너의 행동은(여행 예약) 살짝만 자극해도 자신이 말한 것에 적응할 수밖에 없을 것이다.

▶ 우리 협력업체 중 한 곳은 고객들과 만날 때면 늘 끝에 어떻게 제품을 사용할 것이며 그것을 구입한다면 어떤 이점이 있을 것 같은지, 간단하게 말해달라고 부탁한다. 이러고 나면 대개 구매계약은 형식적 절차에 지나지 않는다.

▶ 직원들이 새 소프트웨어를 설치하기를 바란다면 그것이 어떤 장점이 있는지 그들에게 설명하도록 하라. 물론 단순히 가정해서 말해보라고 한다. 이후 당신 스스로 장점을 다시 거론하며 예를 들어 보여준다.

▶ 어떤 팀이 일을 가장 잘했는지에 대한 당신의 분석 결과를 좌중의 머리에 주입시키고 싶다면 다음과 같이 말하라. "그래프를 볼 때, 여러분은 어느 부서가 가장 성공적으로 근무했다고 생각하나요?" 무슨 대답이 나올지는 분명하다. 다만 이렇게 본인 스스로 대답하는 절차를 통해서 이들은 단순히 '설명을 듣는 것'보다 그 결과를 더 진실하게 느낀다.

당신은 팀 전체의 생각을 바꿀 수 있다

—   팀 전체의 생각이 단기간에 바뀌게 하려면 이 방법을 세련되게 다듬어야 한다.

공로가 많은 직원에게 영문을 알 수 없는 사태가 발생했다.

50세가 된 이 직원은 다년간 기술회사에서 신임이 두터운 간부로 일했으며 평판에 걸맞게 회사의 빠른 성장에 기여했다. 회사 일이라면 물불을 가리지 않고 달려들었고 직원들은 그를 높이 평가했다. 문제가 발생하면 언제나 믿고 맡길 수 있었기 때문이다. 그는 균형 감각이 뛰어났고 '자신의' 사람들을 위해 해결책을 찾아내는 데 독보적인 존재였다. 설사 문제를 해결하지 못할 때도 주변의 비판에 귀를 기울이며 이후로는 더 잘해보려고 애를 썼다. 그야말로 꼭 필요한 간부였다. 그러던 어느 날 이사 한 사람이 그의 관리방식에 대한 직원들의 불만 목록을 그에게 불쑥 내밀었다. 이 간부는 완전히 할 말을 잃었다. 직원들의 의견을 인용한 포괄적인 보고서라고 할 목록에는 그가 얼마나 신뢰할 수 없는 사람인지, 직원들에게 얼마나 쓸모없는 존재이며 회사와 이사회에 얼마나 불성실한지에 대한 기록이 담겨 있었다. 도대체 어떻게 된 일일까? 오랫동안 그를 가장 유능한 간부로 말해오던 직원들은 어떻게 갑자기 그를 부정적으로 평가하게 되었을까? 직원들이 거짓말을 한 것인가? 어떤 음모가 있었던 것일까? 직원들이 거짓말한 것 같지는 않았다. 잘못이라면 그가 이사의 자아를 손상시켰던 데 있었다. 그리고 이사는 노련하게 팀 전체의 생각을 자신 쪽으로 돌려놓을 줄 알았다.

그 기회는 저절로 찾아왔다. 어느 여직원이 새 프로젝트에서 배제되었다고 느꼈을 때부터였다. 그녀는 아무리 생각해도 능력이 부족해서 프로젝트에서 배제되었다고는 믿을 수 없었다. 아니, 능력문제가 아니야. 여직원은 앞에서 말한 간부가 자신을 싫어하는 것이 원인이라고 생각했다. 책임은 늘 엉뚱한 데서 찾기 마련이다. 이런 판단은 곧 이사에게는 적극적으로 나설 절호의 기회가 되었다.

이사는 나머지 팀원들을 상대로 돌아가며 개별 면담을 했다. 그리고 대화할 때마다 군중심리를 동원했다. 많은 직원들이 그 간부의 관리방식에 불만을 표출하고 있어서 자신은 이사로서 그 사태를 조사할 수밖에 없다고 설명한 것이다. 그러면서 나름대로 그 간부에 대한 의구심을 드러냈다. 또한 누군가의 명예를 떨어 트리려는 것이 아니라 당사자 스스로 개선하도록 도우려는 것이 라는 말도 덧붙였다. 이어 이사는 모두가 교훈을 얻을 수 있도록 사소한 것이라도 그 간부의 과오를 본 것이 있으면 말하라고 설득했다. 다른 직원들이 관심 있게 바라본다는 지적도 빼놓지 않았다. 이렇게 해서 공동으로 간부의 잘못을 파헤치는 작업이 이루어졌다.

이런 상황에서 사소한 과오가 튀어나오는 것은 당연했다. 진술 할 때마다 이사가 호의적인 반응을 보였기 때문에 직원들은 잘못 한다고 생각하지 않았으며 그저 이사의 기대를 충족시킨다는 생 각만 앞섰다. 회사 전체를 살리는 일이라고 판단했기 때문에 양 심의 가책을 받지 않았다. 이런 식으로 '사건'은 계속 드러났다. 나중에 그간의 진술을 재구성해보니 앞뒤 맥락이 맞지 않았지만 그런 것은 아무래도 상관없었다. 전체 직원의 개별적 진술을 마 치 모자이크처럼 하나하나 조합해서 새로운 그림을 그려내자 그 때까지 모범적이었던 간부는 갑자기 직원들을 못살게 구는 끔찍 하고 무책임한 폭군으로 변해버렸다.

우리는 다른 사람 앞에서 사회적으로 바람직한 것을 표현하려 는 경향이 있다. 무슨 생각을 하든 그것은 우리의 기대를 반영한 다. 다만 자신이 모반자가 된다고 믿을 때는 모든 진술을 거부한다. 하지만 동시에 다수의 인간은 상대에게 호감을 주려고 하는 경향도 있다. 어떤 진술이 바람직한지 신중하게 신호를 보내면 상대는 물어본 것에 협력하는 태도를 취하거나 부분적으로는 열심히 원하는 진술을 해주는 태도를 보인다. 시장조사 전문가나 사회학자들은 설문조사를 할 때 악의가 없어 보이는 질문을 활용한다. 여기서 자신의 말을 들어줄 것이라고 믿는 응답자들의 답변이 나온다. "소수계층에 대한 독일인의 솔직한 생각을 듣고 싶습니다"라는 말로 시작하는 설문보다는 "소수계층에 대하여 독일인이 얼마나 관용적인지 측정하고 싶습니다"라는 말로 시작하는 설문이 훨씬 관용적인 답변을 끌어낼 가능성이 크다.

앞서 간부사원의 예를 보면 이사는 전체의 이익을 위하여 좀 더 나은 근무풍토를 조성하려는 것이라고 말하면서 사회적으로 바람직한 것을 지향하는 심리를 의도적으로 이용했다. 그에 따라 사회적으로 바람직한 답변을 유도한 것이다. 이후 우리가 이미 알고 있는 일관성의 원칙에 따라 직원들은 무의식중에 자신의 생각을 자신의 진술에 맞추었다. 이렇게 해서 못된 간부사원이 탄생한 것이다.

기업뿐만 아니라 전체주의 국가에서도 수많은 사람이 무의식중에 밀고자가 된다. 하지만 우리는 밀고에 동조하지도 않고 동료직원을 모함하려고 하지도 않는다. 다만 다수의 동료나 팀 전체의 생각을 바꾸기 위해 이런 방법을 의도적으로 사용할 때는 다르다. 다음에서 보듯 내면적으로 생각이 바뀌게 하면 바뀐 생각이 완전한 확신이 된다는 것을 알 수 있다.

▶ 일정한 주제에 대한 진술을 듣기 위해 개별면담을 하라.

- 사전에 교묘하게 무엇을 원하는지 신호를 보내라. 예컨대 "비용문제가 얼마나 중요한지 알 겁니다(사회적으로 바람직한 것)" 같은.
- 진술이 나올 때마다 얼마나 큰 도움이 되었는지 알려줌으로써 더 많은 진술이 나오도록 유도하라(사회적으로 바람직한 것의 확인).
- 간결하면서도 악의가 없는 말로 된 진술을 요약한 다음, 이것이 발언의 의미에 부합하는지 확인하라(이중의 확인은 진술에 힘을 실어준다).
- 이어 다양한 진술을 모자이크 조각처럼 모아 새로운 그림을 그려낸다. 이때 개별적인 진술은 맥락에 맞지 않거나 일반화된 것일 수 있다. 직원들에게 이 진술을 확인시키고 반복하게 한다.

이 방법은 아주 교묘하기 때문에 여기에 맞서기란 정말 쉽지 않다. 그렇기는 해도 다음의 단계를 밟으면 그 수법에 걸려들지 않을 수 있다.

- 누군가 당신에게 진술을 요구할 때는, 자신이 듣고 싶은 대답을 유도하기 위해 좋은 말로 둘러대는 것은 아닌지 주목하라. 이어 진술을 할 때, 상대의 특정 경향 때문에 잘못된 인상을 주는 것은 아닌지 직접 물어보라. 그러면 상대는 태도가 누그러지면서 그렇지 않다고 부인할 것이다. 계속해서 사회적으로 바람직한 태도를 이용하려고 할 때는 대부분 큰 자제력이 요구된다.

▶ 본인 스스로 믿을 수 있는 진술을 하라.

▶ 당신이 인용한 말을 당신이 근본적으로 지지하지 않는 그림이나 의견에 활용하려고 할 때, 또는 당신이 말한 의도와는 다른 맥락에 이용하려고 할 때는 그런 뜻이 아니라고 확실히 지적해야 한다. 당신이 실제로 뜻하는 것이 무엇인지 분명히 밝혀라. 당신과 동료가 책임져야 하는 문제이기 때문이다.

수치는 이미지보다 호소력이 약하다

—   우리는 앞에서 자기 말을 정당화하는 수치의 힘을 보았다. 옳다고 주장하는 데서 그치지 않고 그 말에 지속적인 힘을 실어주려면 수치가 아니라 구체적인 그림을 보여주어야 한다. 수치가 객관적인 근거라면 그림은 이와 달리 사람의 감정에 호소하면서 행동을 이끌어내기 때문이다.

심리학자인 데보라 스몰Deborah Small과 폴 슬로빅Paul Slovic과 앞에서 소개한 조지 로웬스타인은 2007년에 숫자와 그림이 실제 행동으로 옮기는 데 미치는 영향을 실험했다. 이들은 아프리카의 기근 피해자를 위한 기부금 모금에 피실험자들을 파견했다. 실제로 기부금 모금을 하게 한 것이다. 모금자의 일부에게는 아프리카에서 기아로 시달리는 사람과 비타민 결핍에 대한 평균수치가 담긴 자료를 제공했다. 나머지 일부에게는 수치 대신 굶주림으로 죽어가는 잠비아의 소녀 로키아의 사진을 주었다.

수치자료를 받아본 사람들은 평균 1달러 14센트를 모금했다. 이에 비해 로키아의 사진과 사연을 토대로 모금을 벌인 사람들은 평균 2달러 38센트를 모금해 두 배가 넘었다. 따라서 그림과 이야기가 적나라한 사실보다 훨씬 효과가 컸다. 정말 흥미로운 결과는 또 있었다. 세 번째 실험에서는 모든 근거를 다 보여주었다. 먼저 로키아의 사진을 보여주고 이야기를 들려준 다음 이것을 뒷받침하는 자료로써 아프리카의 기근 현장과 피해 수치를 제시했다. 그러자 놀라운 결과가 나왔다. 세 번째 그룹은 사진과 이야기만 제공한 그룹보다 모금액이 훨씬 떨어져서 1달러 43센트에 그치고 만 것이다.

감정으로 행위의 확률과 강도를 높인 다음 세 번째 그룹에 보여준 수치는 행위에 대한 논리적인 근거를 제공한 것이지만 이것이 다시 행위를 억제시킨 것이다. 그러므로 눈과 가슴에 호소하되 오성을 이용하려고 하면 안 된다. 그림과 영상을 만들어 이것으로 효과를 줘야 하며 불필요한 사실로 이 효과를 희석시키면 안 된다. 그림의 호소력이 더 큰 법이다.

다음의 예에서 보듯, 반드시 머릿속의 상상을 자극하는 거창한 그림을 보여줄 필요는 없다.

그 밖의 적용사례

▶ 개념이나 관련 사실을 플립차트나 종잇장에 간단히 묘사하라. 딱딱한 파워포인트 슬라이드보다는 당신이 전문 디자이너가 아니더라도 직접 그리는 편이 더 낫다. 사람의 오성은 눈앞에서 직접 그리는 그림에 더 잘 동화되기 때문이다.

▶ 당신이 좋다고 판단하는 다른 사람의 생각을 그림으로 표현해보라. 반대로 당신이 찬성하지 않는 생각은 그림이 아닌 수치로 표현하라.

> ▶ 슬라이드를 사용하더라도 수치를 줄이고 분명한 그림으로 설명하라. 가령 고객만족도를 보여줄 때는 그래프가 아니라 기뻐하거나 불만스러워하는 고객의 사진을 보여준다. 아니면 고객과 인터뷰한 짤막한 비디오도 좋을 것이다.

압박감을 활용하라

—   이 제목이 못마땅하지는 않은가? 불완전한 것은 우리를 혼란스럽게 만들고 공격적인 반응을 유발할 때가 많다. 우리를 피곤하게 하는 것은 바로 완전한 것에 대한 압박감이다. 어쩌다가 텔레비전에서 전혀 들어보지 못한 멜로드라마를 보게 되었을 때, 지루한 장면이 이어지다가 중요한 순간에 중단되면서 끝난다. 그리고 다음 날이나 되어서야 결말을 알 수 있다. 이쯤 되면 우리는 그 프로그램에 중독된 것이나 다름없다. 영상이 완료되지 않았기 때문에 우리는 이튿날 그 프로그램을 다시 본다.

정보에 관한 것이든 임무에 관한 것이든 상관없이 불완전한 것은 불확실성을 낳고 무의식중에 계속 거기에 매달리게 하면서 본격적인 스트레스를 일으킨다. 이 때문에 멜로드라마처럼 지속적으로 뒤로 미루는 수법, 이른바 질질 끌기는 엄청난 스트레스 요인이 된다. 완성에 대한 압박감이 일으키는 결과의 하나는 우리가 알든 모르든 마무리할 수 없는 일에 끊임없이 매달리게 하기 때문이다. 끝맺지 않은 일이 많을수록 우리의 뇌는 갈수록 그 일에 매달리게 되고 이것은 점점 신경을 쓰게 만들면서 우리를 지치게 한다.

또 한편으로 완성행위는 사람의 뇌에서 보상메커니즘을 가동시킨다. 완성행위는 마치 퍼즐을 완성할 때처럼 단순하게 우리에게 기쁨을 제공한다. 특히 완성행위에 조그만 노력이 필요하기는 하지만 우리를 지치게 할 정도로 많은 비용이 들어가지 않을 때 기쁨을 준다. 뭔가를 완성한다는 것은 재미있지만 너무 힘이 들어서는 안 된다. 이런 효과는 완전히 의도적으로 두 가지 형태로 사용할 수 있다.

당신이 다른 사람에게 어떤 계획에 대하여 감동을 주고 싶다면, 그 내용을 한꺼번에 줄줄 말해주면서 완벽한 사실을 드러내면 안 된다. 대신 멜로드라마처럼 당신의 계획을 보여주어야 한다. 조금씩 설명하다가 중단하고 다시 뒤에 가서 대화를 지속하는 형식을 취해야 한다. 간간이 그 주제를 벗어날 필요가 있다. 이런 과정이 여러 날 걸릴 수도 있다. 예컨대 어떤 동료가 휴게실에 나타날 기회를 엿보다가 말한다. "별 문제없이 돈을 절약할 수 있는 기막힌 아이디어가 있는데, 자네도 아래층에 있는 인쇄기 알지? 점심시간에 얘기해줄게." 그리고 점심식사를 할 때, 몇 가지 단서를 흘려준다. 그리고 문제가 있지만 당신에게 해결책이 있는 것처럼 말하면서 준비를 위해서는 시간이 조금 더 걸린다고 덧붙인다. 그러면 가벼운 긴장을 불러일으키게 되어 상대는 더 알고 싶어질 것이다. 그러다가 다음의 퍼즐 조각을 보여주면 상대는 고마워한다. 완성에 대한 압박감은 주변사람들에게 퍼즐조각 자체에 대하여 고마운 마음이 들게 만들기 때문에 그 퍼즐조각이 실제로 의미가 있는 것인지 캐물을 가능성은 낮다. 대답의 범위가 넓을수록 다시 말해 불확실성이 클수록 이 방법은 더 효과적이다.

완성화의 기술은 멜로드라마처럼 아주 단순한 구도를 짜고 결정적인 성공을 거둔다는 논리라고 할 수 있다. 어떤 문제나 갈등이 발생하면 얼마 지나지 않아 겉으로 만족스러워 보이는 해결책이 나온다. 여기서 일단 긴장이 해소되지만 곧 이어 해결과정에서 발생한 문제가 다시 뒤따른다. 이때 새로운 국면이 조성되고 일정한 중단상태를 거친 다음 당신이 이 문제를 해결한다.

이런 기복상태를 한동안 끌고 갈 수 있다. 주제에 따라서 당신은 몇 주씩 주변사람들을 안절부절못하는 상태로 방치하다가 그들 스스로 나서게 만들 수 있다. 얼마 전 사업파트너에게 한 신흥기업에 대하여 좋은 인상을 주고 싶었을 때, 나는 그에게 큰돈을 벌 수 있는 아주 유망한 프로젝트가 있는데 언제 조용한 시간에 설명해주겠다고 말했다. 몇 주 지나지 않아 그는 전화를 걸어 점심식사를 같이 하자고 요청했다. 내가 요청한 것이 아니라 그가 내게 부탁한 것이다. 이것이 협상을 위한 훨씬 유리한 출발점이다.

사람들 스스로 다음 퍼즐조각을 찾아나서는 일은 흔하며 이것이 노력을 줄여주는 경우가 적지 않다. 당신은 의도적으로 이런 효과를 이용해야 한다. 상대에게 여러 가지 방법을 제시하지 말고 의도적으로 해결 가능성을 제한한다. "인적 자원을 당장 더 투입해야 해. 그렇다고 정규직을 뽑을 만한 예산은 없고. 더구나 두 달이면 끝나는 일이잖아. 초과근무를 시키는 것은 단순한 업무에 비해 비용이 너무 많이 들고 말이야. 나에게 해결방법이 있을 것 같은데 시간이 좀 걸리겠어." 그러면 어떤 해결책이 있을까? 어렵게 생각할 것 없다. "인턴사원을 뽑는 거야." 의외로 가까운 데서 해결책이 나올수록 상대는 감탄한다. 인형극을 보는 어린아이 생각을 하면 된다. 처음부터 보이던 어릿광대가 멍청한 악어 역할을 할 때 탄성을 지르는 아이처럼 효과가 크다는 말이다.

보상 없이는 아무것도 내줄 수 없다

──   사람은 자신이 원하는 것을 얻기 위해 아주 힘들게 싸울 때가 많다. 열심히 토론하고 협상하지만 좀체 진척이 없는 것처럼 보인다. 더 힘든 것은 많은 일이 시간을 잡아먹고 사람을 피곤하게 만든다는 것이다. 이럴 때는 그저 참아내는 수밖에 없다. 다만 목표를 향해 한 걸음씩 다가간다고 생각하면 희망이 생긴다. 어떻게 발걸음을 떼어야 할지 알기만 하면 된다.

성공적인 협상을 이끌어내기 위해서는 언제나 조지 로웬스타인이 내린 결론을 생각해야 한다. 즉 협상과정에서 손익을 판단할 때, 절대적인 평가 대신 상대적인 평가를 하라는 것이다. 그러므로 상대 스스로 당신보다 더 많은 것을 주지 않았거나 더 많은 것을 얻어냈다는 느낌을 받도록 하라. 그러기 위해서는 큰 목표를 여러 개의 작은 목표로 쪼개야 한다. 당신 스스로 무조건 도달해야 할 목표가 무엇인지, 현재 어떤 상태에 있는지, 의식적으로 포기해야 할 베팅이 무엇인지 구분하라. 당신이 포기하는 베팅은 모두 상대가 선물로 인식하도록 하라. 그리고 결국 당신이 조금 더 되돌려 받는 것에 상호관계의 원칙을 두어야 한다. 그러므로 자신이 포기한 몫이 얼마나 가치가 있는 것인지 계속 강조해야 한다. 이렇게 되면 상대 역시 일정한 몫을 포기하려는 경향을 보이고 별로 손해 보는 거래가 아니라는 느낌을 받을 것이다. 상대적으로 당신보다 더 준 것이 없기 때문이다. 이런 이유로 큰 목표를 작은 꾸러미에 꿰어 넣는 것이 중요하다. 당신에게 중요한 목표와 의도적으로 포기할 목표를 뒤섞는 것이다.

내어줄 것이 별로 많지 않을 때는 가상의 목표를 만들어내라. 예를 들어 회사 파티에 대한 논의를 할 때, 내심으로는 별 관심이 없을지라도 선물을 나눠주는 산타 역할을 맡겠다고 주장하라. 이 것은 긴 논의 끝에 포기하고 그 대가로 다른 것을 요구하기 위한 가상의 목표일 뿐이다. 이런 논의를 할 때, 좋은 점은 창의력만 조금 발휘하면 가상의 목표에 아무런 대가를 치르지 않아도 된다는 것이다.

중요한 것은 당신이 뭔가를 내어주기만 하면 한동안 아무것도 줄 필요가 없다는 것이다. 비결은 조금 중요한 상대의 주장을 매우 뛰어난 것으로 치켜세우고 마음에 쏙 든다고 강조하면서 동시에 자신이 제시한 역할을 포기하는 것에 대해 크게 아쉬움을 표현하는 데 있다. "나는 전혀 생각도 못했지만 아주 중요한 점을 지적했어. 산타를 포기하는 것이 너무 아쉽기는 하지만 당신 말이 맞아."

주고받는 것은 탱고를 추는 것과 같다. 의도적으로 박자를 강요할 수 있다. 정말이다. 언제나 머릿속에 '당신-나, 당신-나, 당신-나-나-나'라는 유명한 탱고박자만 염두에 두면 된다. 상대가 뭔가 요구하면 다른 주제에서 당신의 의견을 받아들이는 조건으로 마지못해 양보하는 듯이 하라. "좋아. 산타 역할을 포기하지, 그 대신 이번에는 생음악이어야 해." 절대 아무 대가 없이 목표를 포기하지 말고 반드시 반대급부로 뭔가를 요구하라. 상대는 뭔가를 원하고(당신), 당신은 대가를 요구하면서(나) 이 과정이 반복된다. 세 번째는 기습적으로 세 가지를 요구한다. 하나하나가 당신에게는 별 가치가 없는 것이지만 전체적으로는 본래의 목표로서 큰 가치가 담겨야 한다. "그러면 당신 말대로 고급 와인을 주문하기로 하지. 대신 이번에는 샴페인도 안 되고 크리스마스 거위요리도 안 돼, 과자만 추가하기로 해."

그리고 중요한 요령이 하나 더 있다. 초보자적 실수를 저지르지 말고 당신에게 가장 중요한 것을 관철하라. 개인적으로 당신이 마음에 두고 있는 뭔가가 극심한 논란을 부를 것 같으면 끝에 가서 안건으로 채택하라는 것이다. 그때쯤이면 대부분 이미 지쳐 있고 반발심은 누그러져 있기 때문이다. 전문가는 이 효과를 의도적으로 활용한다. 그러므로 마지막 스퍼트를 위해 힘을 아껴두어라. 또 조심할 것은 누군가 회의 끝 무렵에 다시 짤막하게 주제를 입에 올리면 작전상의 의도일 수 있으므로 특히 주의해야 한다.

다시 요약하자면 이 세 가지 규칙으로 협상의 탱고를 추라는 말이다.

▶ 가능하면 발걸음을 조금씩 여러 번 떼어라.
▶ 당신에게 중요한 목표와 이미 포기한 목표를 구분하라.
▶ 필요하면 포기할 수 있는 가상의 목표를 더 만들어라.

▶ 어떤 목표를 포기할 때는 비싼 값으로 내주어라.

▶ 그리고 반대급부로 조금 더 가치 있는 목표를 요구하지 않은 상태에서는 절대 목표를 포기하지 마라.

▶ 탱고박자를 생각하라. 당신-나, 당신-나, 당신-나-나-나.

▶ 상대의 약점을 이용하되 당신에겐 특히 중요하지만 큰 반발을 부를 것 같은 주제는 끝에 가서 꺼내라.

6장

마침내
목표 달성

▶▶▶　　지금까지 설명한 기술을 활용하면 당신은 주변사람들을 훨씬 쉽게 설득하면서 당신의 생각과 의도를 관철하게 될 것이다. 이 말은 사람은 누구나 생각이 같다고 해도 큰 뜻을 품을 때 그것이 실현된다는 뜻이 아니다. 일상적인 술책이라는 것은 너무 빨리 바닥이 드러나기 때문에 우리는 이내 과거의 수법으로 다시 돌아간다. 내가 늘 경험하는 것은 간부들이 직원들의 마음을 사로잡고 설득하는 일에 지나치게 열심히 매달리는 바람에 이내 지쳐서 뒤로 물러나고 정작 가장 중요한 목표를 달성하는 것을 잊는다는 것이다. 그리고 일단 주변사람들을 설득했다면 이때부터 도전적인 과제가 시작된다. 하지만 이 과정도 몇 가지 비결만 있으면 쉽게 극복할 수 있다.

말하는 사람이 실천한다

— 목표가 실현될 확률은 일관성의 원칙, 다시 말해 확신과 행위를 자신이 한 말과 일치시키려는 인간적 성향을 통해 커진다. 사회학자인 앤서니 그린월드Anthony Greenwald는 미국에서 실시한 실험에서, 투표할 의사가 있는 사람 중에서 실제로 투표장에 갈 확률이 높은 사람은 단순히 결심에 그치지 않고 제3자에게 자신의 의도를 말로 표현한 사람이라는 것을 보여주었다. 무작위로 선정한 집단에 투표의사를 물었을 때 이에 말로 대답한 이들의 투표참여율은 여론조사에서 단순한 의사표시를 한 사람에 비해 25퍼센트나 더 높았다.

이런 심리를 실생활에도 적용할 수 있다. 내가 강의를 했던 전문대학의 강사들은 학생들이 수업을 마치면 늘 책상을 치우지 않고 가는 것에 분개했다. 책상은 늘 커피 자국이나 빵 부스러기, 흘리고 간 수건 등으로 지저분했다. 이후 학생들은 매일 아침, 하루 수업이 다 끝나면 자신이 사용했던 책상을 깨끗이 치워야 한다는 말을 들었다. 하지만 매시간 다른 강사가 들어오기 때문에 학생들은 오후가 되면 아침 첫 수업의 강사가 한 말을 잊어버렸다. 그래서 우리는 전술을 바꿨다. 학생들에게 요구하는 데서 그치지 않고 강의를 시작하면서 모든 학생들에게 일일이 자신의 책상을 치울 것인지 물었다. 또는 간단한 대화를 하거나 쉬는 시간에 가볍게 물어보면서 구체적인 대답을 요구했다. 예상했던 것처럼 거부하는 학생은 당연히 한 명도 없었다. 우리가 바란 것은 단순히 분위기를 조성하자는 것이 아니라 정말 행동으로 옮기는 것이었다. 그리고 오후가 되자 모든 책상이 실제로 깨끗이 치워져 있었다. 우리는 그 다음 몇 주간 틈나는 대로 이 과정을 반복했다. 그리고 며칠간은 물어보지 않았는데도 책상은 늘 깨끗하게 유지되었다. 이후 질문을 완전히 중단한 뒤에도 문제는 더 이상 발생하지 않았다.

무슨 일이 있었던 것일까? 이전처럼 학생들에게 단지 무엇을 하라고 요구한 데서 그치지 않고 학생들이 할 일을 스스로 말로 표현하게 한 것이다. 그들이 할 일을 스스로 말하게 함으로써 실제로 그 일을 행할 확률이 대폭 높아진 것이다. 즉 일관성의 원칙을 통해서 스스로 말하기 이전의 생각을 뒤로 미뤘을 뿐만 아니라 실천할 확률이 현저히 올라갔다고 할 수 있다. 남편이 아내에게 꽃을 갖다 줄 마음이 있다고 할 때, 생각하는 데서 그치지 않고 아침에 그 생각을 직접 말로 표현하게 하면 실제로 저녁에 꽃을 들고 귀가할 확률은 아주 높아질 것이다. 더불어 꽃가게의 매출도 분명히 올라간다. 놀랄 일이 아니다.

그러므로 실제 행동으로 전환할 확률을 높이고 싶다면 상대에게 행동을 요구하는 데 그치지 말고 할 것인지 아닌지, 하면 어떻게 할 것인지 의도적으로 물어보라. 이 방법은 집단 전체 앞에서 말로 행동의 의도를 표현할 때 한층 효과적이다. 동시에 군중심리를 통해서 이 효과는 다른 사람들에게 '전염'된다. 일관성의 원칙은 목격자가 많을수록 효과가 더 크다는 말이다. 또 좀 더 구체적으로 그에 걸맞은 조치를 통해서 행동의 의도를 미화시킬 때, 실천할 확률은 높아진다.

▶ 회사의 목표나 부서의 목표를 정하는 회의를 하기 전에 직원들과 목표설정을 공유하라. 그런 다음 모든 직원에게 회사의 목표를 직접 언급하도록 하고 그들이 그 목표에 동의하는지 물어보라. 그리고 이 목표에 도달하기 위해 어떤 조치를 취하고 싶은지 물어보라. 서로 의도를 설명하는 과정은 실질적인 행위로 이어질 가능성을 키워준다.

▶ 회사의 새로운 근무방식에 합의를 보았다고 가정해보자. 그러면 다른 주장이 나오기 전에, 다시 한 번 간결하게 합의사항의 장점이 무엇인지, 각자가 어떤 조치를 취해야 하고 각각의 임무 범위가 무엇인지 설명하게 만들어라.

▶ 무엇을 할 것인지 말지 묻지 말고 어떻게 할 것인지를 물어라. 긍정적인 표현은 그 자체로 한 단계 진척된 것이다. 상대가 자신의 행동을 보기 좋게 꾸미게 만들면 한층 효과적이다. 당신의 아이가 자전거를 수리해야 한다면 어떤 과정을 밟을 것인지, 언제 시작하고 어떤 부품이 필요한지 물어보라.

글로 쓰는 사람은 더 많이 행동한다

—   입으로 한 말보다 이를 글로 표현할 때 인간의 행위는 더 큰 자극을 받는다. 글로 의무를 부과할 때는 단순한 계약 이상의 특징을 띤다. 말에 그치지 않고 실제 행동으로 이어질 확률을 높여준다. 문서상의 의무가 측정 가능한 효과를 낸다는 것을 보여주기 위해 우리는 다시 학생들을 동원했다. 참여자들을 각각 36명씩 두 그룹으로 나누고 학생들에게 30일간

매일 러시아의 고아원을 위한 그룹별 모금함에 돈을 넣도록 했다. 그리고 각 그룹의 구성원들 스스로 매일 얼마를 기부할지 설명하도록 했다. 즉 자신에게 가능한 액수를 기부하도록 한 것이다. 이어 최종 기부 목표액을 함께 정하도록 했다. 첫 번째 그룹은 각자의 기부액과 목표 기부액에 대하여 구두로만 의견을 교환하도록 했다. 우리는 내부적으로 이 그룹을 '구두' 그룹이라고 불렀다. 이와 달리 두 번째 그룹에서는 각 참여자들에게 매일 개인적인 기부의 규모를 문서로 작성하게 하고 전원이 이 문서에 서명하도록 했다. 우리는 이 실험과정에 다시 세 그룹을 추가로 참여시켰다. 그러니까 전체적으로 '구두' 그룹과 '문서' 그룹이 각각 네 팀씩 된 것이다.

그 결과 전체 그룹의 참여자 98퍼센트가 매일 기부를 한 것으로 드러났다. 이것은 우리도 예견한 결과였다. 앞 장에서 확인한 대로 본인 스스로 행동의사를 표현할 때 실제 행위로 이어질 확률이 대폭 높아지기 때문이다. 그러면 행동의 질적 수준, 즉 매일의 기부규모와 전체적인 기부액은 어떤 차이가 있었을까? 여기서 아주 흥미로운 두 가지 효과가 나타났음을 알 수 있다.

'구두' 그룹이 처음에 제시한, 즉 목표를 설정할 때 제시한 기부목표액은 훨씬 낙관적이고 '문서' 그룹이 보고한 액수보다 24퍼센트가 많았다. 하지만 30일이 지나서 실제로 도달한 목표액은 완전히 다른 결과를 보여주었다. '문서' 그룹이 실제로 달성한 기부액은 문서로 설정한 목표와 불과 8퍼센트밖에 차이가 나지 않은 데 비해(개별적으로는 목표를 살짝 웃돌거나 밑돌았다), '구두' 그룹의 결과는 큰 차이가 났다. 보고한 목표액에서 평균 21퍼센트나 모자랐던 것이다.

이 실험은 두 가지 결과를 보여주었다. 우선 인간은 뭔가를 글로 쓸 때보다 말로 할 때 더 경솔하며 목표를 더 높게 잡는다는 것이다. 더욱이 글로 표현할 때는 단순히 말로 하는 것보다 뭔가를 실천할 가능성이 크다. 그러므로 당신이 뭔가가 실현되기를 바란다면, 주변사람들이 직접 말로 표현하게 하는 것이 좋다. 하지만 동시에 실천의 질적 수준을 극대화시키려면 그들의 생각을 글로 쓰게 하라. 이 방법은 또 나중에 기대했던 것과 차이가 날 때, 글을 증거로 활용할 수 있다는 장점이 있다. 물론 사람들의 의도를 매번 글로 기록하게 할 수는 없는 노릇이다. 그렇기는 해도 조금만 착상의 폭을 넓힌다면 가능성이 커진다는 것을 알 것이다. 그러므로 가령 직원들에게 차기 사업연도의 목표를 정하게 할 때는 문서로 작성하도록 하라.

글로 쓰인 것은 상대 앞에서 본인이 직접 작성하지 않고 상대 스스로 작성하게 할 때 더 설득력이 있다. 이 효과는 펜슬 셀링 Pencil-Selling(물건을 팔 때, 제품의 특징을 연필로 그려 보이는 것 — 옮긴이)에 적극 활용할 수 있다. 물건을 파는 사람은 대화를 나누다 일정한 시점에 제품의 장점과 구입할 때의 이점을 고객에게 그려 보이기 시작한다. 판매자는 두 가지 옵션을 스케치하고 고객은 더 좋아 보이는 것에 동그라미를 친다. 자신이 선호하는 옵션에 그린 동그라미 하나 때문에 고객의 잠재의식은 이미 의무감을 느낀다. 당신이 설사 판매행위와 무관한 일을 하더라도 펜슬 셀링을 활용할 수 있다. 상담이나 대화를 할 때 늘 연필과 종이 또는 플립차트를 이용해 당신의 생각을 간단히 스케치하면 된다. 사람의 뇌는 시각적인 설명을 더 쉽게 이해하기 때문에 설득하기도 더 쉽다. 상대에게 긍정적으로 덧쓰기를 하게 하면 감정상의 동의와 의무감이 강화되는 것이다.

직원 두 명이 서로 다른 의견을 낼 때, 그중에 당신이 선호하는 의견은 플립차트에 스케치하게 하고 좋지 않은 의견은 단순히 말로 설명하게 하라. 물론 공정한 방법은 아니지만 이것을 주목할 사람은 거의 없고 또 한편으로 당신이 심판 역할을 하지 않고도 목표에 이를 수 있다.

또 이 방법은 자신의 나약한 면을 극복하는 데도 큰 도움이 된다. 당신의 목표에 관련해 당신 자신과 계약서를 작성하라. 그리고 이 계약서를 잘 보이는 곳에 걸어둔다. 내 경우에는 욕실 거울에 걸려 있다. 나는 하루에도 몇 번씩 나 자신과 합의한 내용을 보게 되고 잠재의식은 나를 압박하기 시작한다. 뭔가 완성되지 않았을 때 사람의 뇌가 얼마나 스트레스를 받는지를 우리는 잘 알고 있다.

그 밖의 적용사례

▶ 동료에게 완료시점을 듣고 싶으면 이것을 이메일로 물어보고 문서로 답변을 요구하라. 문서로 표시된 기한은 훨씬 구속력이 강하다.

▶ 성가신 일을 도와줄 사람, 가령 이사할 때 자원봉사자가 필요하다면 전화로 물어보라. 직접 만나서 부탁하는 것은 상대가 대부분 더 힘들게 느끼기 때문이다. 이어 다시 이메일로 언제 올 것인지, 구체적으로 무엇을 할 수 있는지(옷장 나르기나 페인트칠하기 등)에 대한 정보를 요구하라.

▶ 보험설계사는 고객에게 노후자금 수요를 직접 써보게 하고 노년에 발생할 부족자금을 적어 보게 하는 경우가 많다. 고객 자신이 쓴 기록이므로

> 그만큼 더 설득력을 지닌다. 당신도 고객에게 어떤 변화가 닥칠 것인지, 어떤 문제가 발생할 것인지 직접 기록하게 하면서 이 방법을 활용할 수 있다.

주변사람들의 욕망을 높여라

—— 우리는 풍요 속의 절대 결핍시대에 살고 있다. 어쨌든 매일 광고를 보거나 각종 매장 안을 들여다볼 때면 이런 인상을 받는다. '지금이 기회', '단 일주일 동안만', '재고품에 한해서', '1천 개 한정판매' 같은 광고는 여러 가지 방법 중에서 이른바 '결핍강조효과'를 노린 것이다. 사람은 공급이 달리는 것일수록 더 갖고 싶기 마련이다. 부족한 것이 욕망을 부추긴다. 이때 그 상품이 실제로 필요한 것인지 여부는 아무 상관이 없다. 대개는 전혀 필요 없는 것이다. 그래도 부족한 것은 매력적으로 보이고 우리의 욕망을 부추긴다.

2012년에 건축자재 체인점인 호른바흐Hornbach는 체코 전차(탱크)를 구입한 다음 이 쇠를 녹여 7천 개의 망치, 이른바 전차망치를 만들었다. 그리고 단 한 번의 광고로 이 제품을 팔았다. 고객들은 앞다투어 호른바흐 매장으로 몰려들었다. 전차로 만든 망치 7천 개를 한정판매한다는 말을 들었기 때문이다. 냉정히 생각하면 전차를 녹인 쇠로 만든 망치가 무엇에 필요하겠는가? 사람들은 무슨 생각으로 몰려간 걸까? 설마 전차를 파괴하려고? 하기는 손재주와는 인연이 먼 나 자신도 그것을 구입하려고 했다. 다행히 망치가 매진되어서 사지는 못했지만. 아마 구입했더라면 사용할 일이 없어 구석에 처박아두었을 것이다.

당신도 이 효과를 활용하면 놀라운 결과를 볼 것이다. 비단 물건을 팔 때뿐만이 아니다. 일상에는 결핍강조효과를 이용해 전에는 전혀 알지도 못하던 욕망을 의도적으로 일깨울 수 있는 상황이 널려 있다.

나는 컨설팅 회사에서 직장생활을 시작했다. 회사를 설립한 사장은 강연회 인기 강사로 출장이 잦았다. 나는 사장 곁에서 일했기 때문에 프레젠테이션이나 강연 요청을 접수하는 일이 많았다. 사장과 처음 일을 시작할 때만 해도 강연 일정이 꽉 찬 것은 아니었지만 사장과 직접 통화할 시간을 얻기가 꽤나 힘들었다. 그래도 두세 번 만에 통화를 하고 가능한 강연 일정을 잡을 수 있었다. 전화 연결이 되어 사장과 직접 조건을 조율하다 보면 그중에 평균 3분의 1은 계약으로 이어졌다. 시간이 지나면서 강연 요청이 끝없이 늘어나고 사장의 일정표가 빈틈이 없을 정도로 빽빽해졌을 때, 나는 다음과 같은 효과를 깨달았다. 즉 고객이 사장과 통화하려는 시도가 실패로 돌아가는 빈도가 높을수록 이들이 전화하는 간격이 더 짧아진다는 것이다. 세 번 전화한다고 할 때, 처음에는 그 간격이 일주일에서 열흘이 걸렸다면 뒤에 가서는 매일 한 번씩 전화를 걸어왔다. 이것은 그만큼 긴급한 용건이었기 때문이 아니라 잠재적인 고객들이 통화를 하지 못할수록 애를 태웠기 때문이다. 뿐만 아니라 나는 잠재적인 고객이 전화를 자주 할수록 어렵게 이루어진 통화에서 계약을 할 확률이 높아진다는 것을 깨달았다.

사장이 시간을 내어 회신전화를 할 때는 계약 확률이 한층 더 높아졌다. 그러면 고객들은 운이 좋았다며 감지덕지했다. "정말 행운이야. 그 유명한 컨설턴트가 나에게 시간을 내주다니!" 몇 차례 통화에 실패했을 경우, 나는 완전히 '예외'라고 하면서 개인적이고 '절대 비밀'이라는 단서를 달아 사장의 휴대전화 번호를 주었다. 그러면 고객이 계약할 확률은 대폭 올라갔다.

이 예는 무엇을 의미하는가? 아주 바쁜 사람은 찾는 사람이 많고 찾는 사람이 많다면 중요하고 가치가 큰 인물이라는 뜻이며 권위가 주어진다는 것이다. 본인이 직접 나선다면 권위가 없다. 기업체의 회장이나 사장 혹은 자신의 주가를 올리고 싶은 사람이 목표를 이루고 싶을 때, 이 방법을 쓰면 효과를 본다. 나는 이 현상을 '고위층 연극'이라고 부른다. 고위인사에게 할 말이 있을 때, 나는 절대 직접 전화하지 않는다. 내 개인 여비서가 상대의 개인 여비서에게 전화를 한다. 그러면 비서들끼리 여러 차례 일정을 맞추고 생각을 해보고 협의를 하다가 마침내 만남이 이루어진다. 솔직히 말하면 이것은 누가 시간이 더 부족하고 더 가치가 큰 인물인지를 놓고 벌이는 연극에 지나지 않는다. 하지만 이것이 당신의 개인적인 가치를 높여준다. 개인 비서가 없을 경우에도(개인이라는 말 자체가 이미 꽤나 중요하다는 인상을 준다) 마찬가지다. 이때도 내가 한 방식대로 할 수 있다. 옆에 있는 동료에게 개인 비서 역할을 해달라고 부탁하면 된다. 그러면 목표적중률을 대폭 높일 수 있다. 뭔가 설욕할 일이 있을 때도 이 방법은 효과적이다.

동료에게 호감을 베풀 때, 꽤 가치가 있는 것으로 보이게 하려면 호감의 빈도를 줄여야 한다. 인위적으로 일정 짜기가 복잡한 것처럼 보이게 하면서 뜸을 들이다가 어렵게 호감을 베푸는 것처럼 해야 한다. 꼭 자신이나 자신의 능력을 돋보이기 위해서만은 아니다. 자신의 시간이 소중한 것처럼 보이게 하지 않는 사람은 높은 평가를 받지 못하고 결국 함부로 취급당할 위험이 있다.

새로 부임한 부서장이 업무를 시작하면서 직원들에게 다음과 같은 인사를 했다. "나에게는 직원들이 소중합니다. 그러므로 내 방문은 직원들에게 항상 열려 있을 것입니다. 여러분에게 무슨 문제가 있다면 아무 때나 나를 찾으십시오." 이 결과 직원들은 수시로 이 문을 드나들었고 사소한 일에도 부서장의 시간을 빼앗았다. 큰 소리로 대화를 하고 수시로 회의를 여는 바람에 부서장은 일할 시간이 없었다. 그의 시간은 남아돈다는 인상을 주었기 때문이다. 다음과 같은 인사가 더 좋았을 것이다. "할 일도 많고 신경 쓸 일도 많지만, 직원들은 나에게 소중합니다. 사전에 일정을 잡으면 여러분에게 시간을 내겠습니다. 오래 걸리는 일이라고 해도 일단 만나서 간단히 협의할 수 있을 것입니다. 여러분은 내게 소중하기 때문에 만날 시간을 내어 보겠습니다." 이랬다면 그는 직원들에게 중요하게 인식되었을 것이고 소중한 시간을 희생하려고 한다는 인상을 주었을 것이다. 직원들은 부서장의 시간을 소중하게 생각하기 때문에 허투루 낭비하는 일은 없었을 것이다.

따라서 언제나 상대보다 더 바쁘다는 것을 보여줌으로써 당신의 능력과 솜씨를 더 돋보이게 해야 한다. 그렇다고 시간이 남아 빈둥거리면서 바쁜 것처럼 보이라는 것이 아니라 정말 바빠야 한다. 이것이 핵심이다. 그러므로 때로 정중하게 시간상 안 된다고 말하라. 그렇게 해서 목표를 달성할 수 있다.

다만 내 첫 직장의 사장처럼 과장해서는 안 된다. 그와 통화하는 것이 너무 힘들었으므로 언젠가부터 사람들은 더 이상 그와 통화하려고 애쓰지 않았다. 또 회사에도 더 이상 전화를 하지 않았다. 일정을 잡기가 너무 힘들었기 때문이다. 그 결과 계약건수는 뚝 떨어졌다. 결핍강조효과는 일상적으로 부족하거나 배타적이면서도 상대적으로 쉽게 접근이 수월해 가치가 크다는 인상을 줄 때 적중률이 가장 높다. 뭔가 부족한 것은 매우 제한되어 있으면서도 즉시 잡을 수 있을 때 흥미를 불러일으킨다. 하지만 이때 실생활에서는 터무니없는 주장을 하는 경우가 있음을 노련한 전문가들조차 종종 잊을 때가 있다. 결핍강조효과에 속기도 하고 80퍼센트의 수익을 '완전 보장'한다는 말을 믿기도 한다.

욕망이 안락추구 심리를 동반할 때는 같은 목표를 겨냥하는 두 가지 동기가 작용한다. 만나기가 너무 힘들어서 당신과 3분간 대화하는 것이 복권당첨보다 힘들어지면 사람들은 당신에게 흥미를 잃을 것이다. 마치 마을에서 가장 예쁜 아가씨가 모든 남자의 시선을 끌다가 정작 무도회가 시작되면 혼자 앉아 있는 것과 같다. 춤추자고 말할 기회가 없다고 생각해 더 이상 아무도 신청하지 않기 때문이다.

그 밖의 적용사례

▶ 고객이 부가서비스를 원할 때는 원칙적으로 이번에는 안 되지만 한번 알아보겠다고 말하라. 그리고 고객을 안절부절못하게 만들어라. 며칠 후 전화로 기쁜 소식이 있다고 전하면서 회사 내부에서 '예외적으로' 해드리

기로 했다는 말을 하고 다만 아주 적은 비용이 들 것이라고 하라.

▶ 사장이 당신과 의논할 일이 있다고 할 때, 당장 달려가지 말고 쉽게 만나기 힘든 직원인 것처럼 하라. 바쁘고 중요한 일을 한다는 인상을 주는 것이다. 그러면 사장에게 당신은 더 관심이 가고 소중한 직원으로 보일 것이다. 늘 시간이 남아도는 직원은 가치가 낮아 보인다. 내가 신입사원이었을 때, 여자 상사는 여러 직원 중에서도 특히 나를 만나기 위해 일부러 런던에서 비행기를 타고 왔다. 그녀가 일정을 10분 늦추자 나는 그 약속을 취소했다. 내가 약속시간에 엄격해서만은 아니었다. 실제로 나는 엄청 바빴다. 결국 상사는 다음 약속을 정확히 지켰다. 그러므로 만나기 힘든 사람처럼 행동할수록 당신은 더 높은 평가를 받을 것이다.

손실에 대한 불안을 활용하라

—   상대에게 특이한 반응을 보이고 갈피를 못 잡게 만드는 것은 욕망보다 불안 쪽이다. 인간의 경제적 합리성이 얼마나 쉽게 한계에 부딪치는가는 미국의 심리학자 맥스 베이저먼Max Bazerman이 실시한 다음의 간단한 실험으로 알 수 있다. 두 명의 입찰자가 100달러짜리 은행권을 놓고 경매게임을 벌였다. 최고가를 부른 사람이 100달러를 가져가는 게임이었다. 단, 여기에는 함정이 있었다. 낙찰될 때, 게임에 진 사람은 이른바 손실보전금으로 마지막에 부른 액수를 지불해야 했다. 따라서 낙찰된 사람이 80달러를 제시하고 진 사람이 75달러를 불렀다면 승자는 80달러를 지불하고 100달러짜리 지폐를 얻기 때문에 20달러의 이익을 보는 셈이고 진 사람은 마지막에 부른 액수를 지

불해야 하기 때문에 75달러의 손실을 보는 셈이다. 100달러짜리 지폐를 차지하기 위한 이 게임에서 최고가는 얼마였을까? 무려 468달러였다. 이 실험은 1회로 그치지 않고 600회나 반복해 실시되었다. 낙찰가가 100달러를 밑돈 적은 단 한 번도 없었다. 그리고 게임에 참여한 사람은 모두 돈과 관련된 일을 하는 사람들, 다시 말해 경제적 기본 이해력을 갖춘 사람들이었다.

무슨 일이 벌어진 것일까? 경매를 시작할 때는 욕심이 앞섰다. 40달러나 50달러로 100달러를 얻을 수 있다는 생각을 했기 때문이다. 욕심을 낼 만하다. 하지만 시간이 지나면서 다른 시나리오가 등장했다. 불안이 지배적인 동기가 된 것이다. 즉 부른 돈을 한 푼도 못 건지고 날릴지 모른다는 불안이 생긴 것이다.

욕망이 뭔가를 하도록 자극했지만 잃을지도 모른다는 불안이 더 강하게 작용한 것이다. 그리고 여기에는 물질적인 손실만 해당되지 않는다. 살면서 어떤 것에 '나의 것'이라는 말을 붙이는지 생각해보라. 내 집, 내 자동차뿐 아니라 내 아이들, 내 남편, 내 아내, 내 지위, 내 권리(이와 달리 내 의무라는 말은 별로 개인적인 소유로 생각하지 않는다) 등등. 나의 것이란 말은 모두 소유 대상을 가리키는 대명사로서 잃어버릴 수도 있는 뭔가를 뜻한다. 가진 것이 많을수록 잃을 것도 많다. 가진 것이 없는 사람은 잃을 것도 없다. 당신은 늘 이런 인식을 마음에 새겨야 한다. 그러므로 나는 당신에게 소유물을 대폭 줄이라는 말을 하고 싶다. 그러면 시간이 더 늘어날 뿐만 아니라 손실에 대한 불안도 줄어들 것이다. 2013년 홍수가 났을 때 전 재산을 잃어버린 바이에른 주 데겐도르프의 한 가정은 2014년의 한 라디오 인터뷰에서 예전보다 사실 더 행복한 것 같다는 말을 했다. 모든 것을 잃었기 때문에 이

제는 얻을 일만 남았다는 말이었다. 흥미로운 발상이었다. 어쩌면 정말 강한 사람은 많은 것을 소유한 사람이 아니라 가진 것이 아무것도 없는 사람인지도 모른다. 잃을 것이 없으므로 훨씬 더 자유롭기 때문이다.

손실에 대한 불안은 하버드의 경제학자인 롤런드 프라이어 Roland Fryer가 현장의 교사보너스 실험으로 보여준 적이 있다.

프라이어 일행은 학생 9명과 시카고 하이츠에서 공동 작업을 하며 교사보너스의 효과를 실험으로 측정했다. 이들은 교사들을 두 그룹으로 나누었다. 한 그룹에는 학생들의 성적이 비교평가에서 평균 이상을 기록할 때, 교사들에게 8천 달러까지 보너스를 지급하겠다는 제안을 했다. 두 번째 그룹의 교사들에게는 미리 4천 달러를 지급한 다음 학생들이 미리 제시한 점수를 올리지 못할 때 반환하는 조건을 달았다. 물론 보너스라는 자극 요인을 제시하지 않은 비교 집단도 있었다.

학기말 평가 후 연구진은 놀라운 결과를 접했다. 시험이 끝난 뒤에 보너스를 받기로 한 교사들에게 배운 학생은 아무런 혜택이 없는 비교집단의 교사들에게 배운 학생보다 높은 점수를 올리지 못한 것이다. 그런데 시험에서 유난히 높은 점수를 받은 학생집단이 있었다.

학기 초에 연구진으로부터 4천 달러를 미리 받은 교사그룹의 학생들이었다. 푸짐한 보너스에 대한 기대감으로 자극을 주는 것보다 돈을 다시 돌려주어야 한다는 불안을 안겨준 것이 더 효과가 컸던 것이다.

물론 이것은 미국에서 실시한 실험이고 독일에서는 노동법상 이런 실험을 할 수 없다. 하지만 어떤 것이 더 효과가 큰지 생각해볼 일이다. 가령 실적이 좋으면 회사차를 내어준다는 조건과 실적이 나쁠 때는 회사차를 다시 반납해야 한다는 조건 중 어느 것이 더 효과가 크겠는가? 이때는 더욱이 동료들 앞에서 굴욕을 당한다는 것도 염두에 둬야 한다. 연구결과에 따르면 사람들은 세금환급과 달리 체납을 위한 신고를 할 때 세금을 속이는 것으로 나타났다. 세금환급에서 돈은 이미 지출된 것이고 '단지' 소득이 생길 일만 남았다. 세금체납은 앞으로 없어질 돈이기 때문에 좀 더 '창의적'인 성향이 커진다고 할 수 있다.

사람들을 괴롭히거나 무시하라는 말이 아니다. 다른 사람의 입장이 되어 보고 상대가 무엇을 잃고 싶어 하지 않는지를 안다면 상대가 행동하는 때를 정확히 알 수 있을 것이다. 물론 교묘하게 처리해야 하며 위협을 가하면 안 된다. 경우에 따라서는 누군가에게 가상의 소유물을 만들어주고 그것을 다시 반환하게 할 수도

있다. 이를테면 자동차를 구입하기 위해 시험주행을 하는 경우
다. 시내를 달려보고 가족들은 탄성을 지르다가 시운전이 끝나면
당사자는 그 '멋진' 차를 다시 반환해야 한다. 이런 상황에서 구
매는 쉽게 이루어진다. 이런 수법은 사무실에서도 얼마든지 적용
할 수 있다. 일 잘하는 직원들에게 인턴사원 한 명을 보내주며 인
턴 한 명 때문에 매출이 올라갈 거라는 기대는 안 한다고 말해보
라. 그러면 매출이 올라갈 것이다. 복사기와 인쇄기를 파는 사람
이 매출을 3배로 올린 적이 있는데, 이 사람은 인쇄기를 파는 대
신 3개월간 시험적으로 사용해보라고 하는 수법을 썼다. 이 제안
을 받아들이지 않은 곳은 한 군데도 없었다. 무료로 사용하라는
데 누가 마다하겠는가? 인쇄기를 반환할 시점이 되었을 때는 반
환하기가 너무 아쉬워 구매 욕망이 그만큼 더 커졌다. 손실에 대
한 불안감은 다용도로 활용될 수 있다. 다만 어떻게 그 불안을 자
극하고 동력을 실어주는지를 아는 것이 관건이다.

그 밖의 적용사례

▶ 어느 여직원이 전혀 원치 않는 업무를 인수한다고 해보자. 이때는 일정
  한 기간만 시험적으로 근무하도록 타협하면 된다. 시험근무는 부담이 더
  적기 때문이다. 몇 주가 지나면(아낌없이 칭찬해주고 최고호칭의 방법을
  적용한 뒤) 그 직원은 '본인의' 자리로 느끼게 될 것이다. 그 자리를 다시
  내어주고 싶지 않기 때문이다.

▶ 직원들에게 실적을 더 올리도록 격려하고 싶다면 그들에게 신뢰를 보내
  고 독점적으로 정보에 접근할 권한을 주어라. 그 뒤에 실적이 오르지 않
  으면 신뢰를 제한하고 정보를 차단하라. 무관심은 아주 효과적인 인사관

리 수단의 하나다.

▶ 한 직원이 회의시간에 무절제하게 장황한 발언을 할 경우에는 따로 불러내, 당신의 의견이 중요하기는 하지만 회의시간이 너무 길어지기 때문에 발언권을 제한할 수밖에 없다고 하라. 그다음 회의에서도 이런 태도를 유지한다. 그리고 그다음에 만났을 때 시험적으로 발언을 허용하라. 그러면 그는 즉시 절제된 발언을 할 것이다.

▶ 당신이 소중하게 생각하고 기꺼이 협력하고 싶은 고객이(아마 전화도 자주 주고받는 사이일 것이다) 일정한 시간이 지나자 계약물량을 줄였다. 그러면 그에게 계약물량이 줄어서 더 이상 도움을 줄 수 없다고 설명하라. 큰 고객에 대해서만 책임을 지는 것이 회사 방침이라고 말하는 것이다. 그러면 계약물량이 다시 늘어날 확률이 매우 높아진다.

매몰비용의 힘을 활용하라

—   손실에 대한 불안감은 매몰비용(이미 지출되었기 때문에 회수가 불가능한 비용—옮긴이)의 효과라는 또 다른 긴장 현상으로 이어진다. 사람은 손실을 싫어하기 때문에 손실에 대한 감가상각도 하기 싫어한다. 쓸모없는 돈에 소중한 돈을 추가로 쏟아 넣는 인간의 성향을 '매몰비용효과'라고 부른다.

1985년 심리학자 핼 아르케스Hal Arkes와 캐서린 블러머Catherine Blumer가 최초로 이 현상을 정의한 뒤로, 다양한 조건의 수많은 심리학 실험에서 이 효과가 인상 깊게 입증되었다. 그중에서 1990년에 심리학자 하워드 갤런드Howard Garland가 다음과 같은 과제를 실험한 연구도 꽤나 흥미로웠다. 무작위로 선정한 실험참여자들에게 항공기 제조사의 대표 역할을 맡겼다. 그리고 진행 중인 신종스텔스 폭격기 개발을 완성하는 임무를 부여했다. 이 프로젝트는 90퍼센트가 진척되어서 총 투자비 1천만 달러 중에 이미 9백만 달러가 지출되었다고 했다. 그런데 경쟁사에서도 똑같이 새 스텔스 폭격기를 개발하여 이미 시판에 들어갔다는 충격적인 소식을 전해주었다. 이 기종은 아직 개발 중인 자사의 폭격기보다 가격이 쌌고 속도도 빠른데다가 성능까지 더 우수하다고 했다. 실험참여자들은 이제 어떻게 해야 할지 결정을 내려야 하는 상황에 직면했다. 계획을 포기할 것인가, 아니면 나머지 1백만 달러를 더 투입할 것인가? 참여자의 82퍼센트는 프로젝트를 계속하기로 결정했다. 이와 반대로 프로젝트를 중단하기로 결정한 참여자는 18퍼센트밖에 되지 않았다. 이들은 9백만 달러를 감각상각 처리하고 나머지 1백만 달러라도 건지기로 한 것이다. 말하자면 참여자들은 대부분 아낄 수 있는 자금을 건지기보다 쓸모없는 돈에 소중한 돈을 다시 쏟아 붓기로 결정했다.

프로젝트의 지속에 매달린, 즉 매몰비용효과에 굴복한 참여자의 다수가 보여준 행동이 놀라운 것은 실제 상황보다 이런 매몰비용효과의 시뮬레이션에서는 손실에 대한 부담이 훨씬 적을 수밖에 없다는 데 있다. 투자자금은 단지 가정에 불과한 것이고 참여자들이 실제로 돈을 투자한 것도 아니며 노력을 들인 것도 아니기 때문에 실제 프로젝트만큼 정서적으로 구속을 받는 것도 아니다. 이것을 보면 일상에서 매몰비용효과가 얼마나 널리 퍼진 현상인지 짐작할 수 있다. 매몰비용효과는 왜 투자자들이 손해를 본 주식에 그렇게 오랫동안 집착하는지, 왜 정부는 무의미한 사업에 계속 매달리는지, 또 왜 기업은 이미 기회를 놓치고 시장참

여자들 모두가 개발을 중단하고 비용을 감가상각 처리하는 것이 더 낫다고 생각하는 제품을 굳이 출시하는지를 설명해준다.

매몰비용효과는 적극적으로 이익을 남기는 데도 활용할 수 있다. 고객충성도를 강화하기 위한 애플의 최고 전략은 고객이 구입한 앱을 이용해 고객이 다음에 경쟁사의 전화기나 태블릿 PC를 구입할 확률을 떨어트리는 것이다. 고객은 이미 소소한 프로그램에 너무 많은 투자를 했기 때문이다. 경쟁사의 제품이나 가격이 매혹적이라고 해도 이미 들어간 투자 때문에 교체장벽이 높아지는 것이다. 매몰비용효과는 우리의 일상생활에서도 결정적인 역할을 하고 우리의 행동에 큰 영향을 미친다. 나는 또 인간관계의 상당 부분은 매몰비용효과에 기인한다는 확신이 있다. 당신의 인간관계가 여기에 포함되지 않도록 조심하라. 가장 간단한 방법은 매일 아침 "지나간 일은 무시하자. 앞으로는 절대 그런 일이 없을 거야"라고 스스로 다짐하는 것이다. 이러면 과거의 관계와 단절될 확률이 높다. 그렇지 못하다면 그것은 순수한 애정이지 매몰비용효과가 아니다.

매몰비용효과는 놀랍게도 일상에서 돈을 투자하지 않을 때도 적용된다. 당신이 누군가에게 시간과 노력을 투자하게 만든다. "직원들이 그 프로젝트에 너무 많은 시간을 들였기 때문에 우리가 이제 와서 멈출 수는 없어." 이 말은 전형적인 매몰비용에 대한 주장이지만 어떻게 효과가 드러나는지 보여준다. 상대가 스스로 일하게 만들면 당신은 목적을 달성한 것이나 다름없다. 보험설계사는 고객에게 재무제표를 작성하게 할 때가 종종 있다. 이것은 수요조사뿐 아니라 매몰비용효과에도 기여한다. 이미 노력을 쏟아 부었다면 고객은 설계사의 말에 더 귀를 기울일 뿐만 아니라 계약을 할 가능성도 커진다.

기업에 사무용품을 공급해주는 회사는 잠재적인 고객에게 비교의 목적으로 묵은 계산서와 화물인도증을 찾아보게 만든다. 비교는 부수적인 것이고 주된 목적은 상대가 노력을 들이고 시간을 쏟아 붓게 한다는 데 있다.

예컨대 내 경우에는 사전에 설문지를 작성하지 않은 상태에서는 일정을 잡지 않는다. 워크숍에서 돌린 설문지는 주의를 환기시키는 역할을 하고 잠재적인 고객이 일정조율을 진지하게 검토하며 계약할 확률이 높아진다. 나는 설문지를 작성하지 않은 사람을 절대 방문하지 않는다. 시간적 여유가 없기 때문이다.

당신이 동료들에게 새로운 구상을 하도록 설득하고 싶은데 논의에 진척이 없을 때는 다음의 거래를 제안하라. "그 구상을 실제로 채택할 것인지는 다음에 결정해도 돼. 일단 천천히 생각해보면서 구체적으로 다듬어보는 것이 좋을 거야." 그런 다음 당신이 없을 때 동료들 스스로 그 구상을 구체적으로 다듬게 하라. 그러면 그 구상이 현실화될 확률은 대폭 올라간다. 단, 그것을 논의하는 자리에 당신이 참석하면 성공하지 못할 것이다. 그 자리에 있으면 동료들은 그 구상에 반대한다는 태도를 보일 수 있고 자신이 먼저 생각한 것이 아니라고 할 것이기 때문이다.

매몰비용효과는 쉽게 활용할 수 있기 때문에 아주 편리하다. 당신은 직접 나설 필요가 없고 다른 사람들이 하도록 하면 된다. 그래야 그들이 더 열심히 매달리기 때문이다. 만일 동료들이 포기하려고 한다면 "이미 많은 시간과 비용을 들였는데, 이제 와서 백지화한다는 것은……"이라고 기억을 환기시켜주면 된다.

마음속의 작은 경리를 조종하라

— 매몰비용이라는 말이 나온 김에 한마디 덧붙이자면, 나는 2년 전에 몽블랑 만년필을 구입했다. 멋진 제품이지만 너무 비쌌다. 고백하자면 260유로나 했다. 만년필 하나에 그렇게 많은 돈을 쓴단 말인가? 그 만년필을 쓴다고 해서, 글씨를 더 잘 쓰는 것도 아니고 글이 더 현명해지는 것도 아니다. 솔직히 말해 50센트짜리 볼펜을 써도 그만이다. 하지만 난 지금까지 그것을 구입한 것을 후회해본 적이 없다. 단순히 필기도구를 하나 산 것이 아니라 보상을 받기도 했기 때문이다. 중요

한 계약에 서명할 때 이 만년필을 요긴하게 사용한 적도 있다. 사실, 중요한 문서에는 이 만년필로 서명해야 한다고 다짐하고 있다. 이런 만년필은 상대에게 내가 성공한 사람이라는 신호로 작용하기 때문이다. 물론 지극히 어리석은 생각인지도 모른다. 아무튼 이 만년필은 내가 필기도구 하나에 너무 많은 돈을 소비했다는 증거일 것이다. 그럼에도 불구하고 내 마음속에 있는 작은 경리는 이 비용을 아주 긍정적으로 평가하므로 나는 양심의 가책을 느끼지 않는다.

사람은 누구나 마음속에 그런 경리를 두고 있다. 평소에 하지 못할 일을 하기 위해서는 이 경리에게 영향을 주어야 한다. 자동차광고는 가족의 행복과 안전을 암시한다. 우리는 그 차를 살 때, 마음속으로는 가족의 행복과 안전을 생각하면서 싸게 샀다고 장부에 기입하는 것이다.

사람들에게 어떤 일을 하도록 만들려면 이 마음속의 경리를 활용하라. 사무실 책상을 새것으로 바꾸고 싶은가? 그럼 사장에게 가서 더 이상 낡은 책상을 쓸 수 없다고 말하지 마라. 대신 고객에게 주는 이미지와 근무시간의 인체공학에 대해서 말하라. 그러면 더 빨리 목표를 달성할 것이다. 당신이 하고 싶지 않은 잡무를 맡아줄 인턴사원이 필요한가? 그러면 당신의 급여에 걸맞게 부가가치가 높은 임무에 매달릴 때의 장점을 설명하라. 우리는 처음에 의미 부여에 대한 논의를 했다. 그러므로 마음속의 작은 경리가 기뻐하도록 의미를 바꿔라. 상대가 무엇을 보고 달려들지, 다시 말해 4대 행동동기를 부여하는 작은 도우미가 어떤 반응을 보이고 이런 의미 부여가 어떤 영향을 주는지만 이해하면 된다.

게으른 팀을 조심하라

—　　　　　　　당신은 개개인의 동기부여나 행동 욕망을 가장 밑바닥으로 끌어내리는 최선의 방법을 알고 있는가? 팀을 꾸려보라! 집단 역학이나 시너지효과와 같은 멋진 개념은 잊어버려라. 그럴듯한 이론일 뿐이다. 실제로 두 명 이상이 협력하여 일하게 되면 이내 나태 현상이 나타난다. 가장 인상적인 실험으로는 빕 라탄Bibb Latané 교수가 사회적 나태효과를 입증한 것이 있다. 그는 이 실험을 위해 다수의 학생을 동원했다. 실험을 시작하면서 그는 학생들의 눈을 가리고 헤드폰을 끼게 해 아무 소리도 들리지 않게 했다. 그런 다음 학생들에게 지금은 혼자다,

둘이다. 5명이 그룹을 지었다라고 번갈아 말해주면서 있는 힘껏 큰 소리를 지르거나 손뼉을 치게 했다. 참여 학생들 자신은 볼 수도 없고 들을 수도 없었기 때문에 자신이 혼자 앉아 있는지, 여럿이 한 공간에 함께 앉아 있는지 알지 못했다. 실제로는 계속 혼자였다. 지금은 둘이 앉아 있다고 말해주면 학생들은 혼자 앉아 있다고 생각할 때에 비해 소리를 87퍼센트밖에 내지 않았다. 5명이 앉아 있다고 말해줄 때는 소리의 크기가 겨우 74퍼센트로 노력을 훨씬 덜 기울였다. 따라서 팀의 일원이라고 느끼게 되면 개인적인 성취도가 떨어지는 것이다. 극단적으로 말하자면 인간은 팀을 구성하자마자 나태해진다고 할 수 있다.

이 이론에 따른다면 모든 기업은 팀 활동을 금지해야 할 것이고 이를 통해서만 두 자릿수의 생산성 증가율을 기대할 수 있을 것이다. 하지만 당연히 이런 방법은 생산 현장에서 별 의미가 없다. 축구선수들도 때로는 사회적 나태에 굴복할 때가 있다. 하지만 그렇다고 감독이 득점전략으로 한 사람만 빼고 선수 전원을 퇴장시킨다는 생각은 할 수 없을 것이다. 서로 협력하고 경험을 교환하며 상호보완적인 강점을 살린다면 팀 활동은 엄청난 의미를 지닌다. 또 팀에 들어갔을 때 비로소 역량을 발휘하는 사람도 많다. 단지 이런 긍정적인 측면이 사회적인 나태로 사라지지 않도록 조심하기만 하면 된다.

팀이 개인의 동기부여를 가두고 있는 두드러진 은신처라는 것을 안다면 의도적으로 이에 맞서는 대처를 할 수도 있다. 러시아의 니츠니 노프고로드 고등경제학회Higher School of Economics in Nischni Nowgorod와 공동으로 약 250명의 영업직 및 기술직 사원을 조사한 연구에서 우리는 사회적 나태가 책임의 투명한 한계설정과 성과의 측정을 통해서만 효과적으로 퇴치될 수 있다는 것을 보여주었다. 시간적으로 정확하게 측정할수록 성과는 올라갔다. 흥미로운 것은 이들의 상급자가 성과측정의 결과를 전혀 볼 수 없었다는 것이다. 오로지 직원 자신만 본인의 성과지표를 볼 수 있었고 이것은 동료 직원들에게만 알려졌다. 따라서 실적증가로 이어진 것은 직원들이 매일 자신의 할당량을 채웠는지 여부를 알 수 있다는 사실 때문이지 간부진의 압력 때문이 아니었다. 따라서 매일 자신의 성과를 눈으로 확인하는 사람이 더 부지런했다. 더 이상 동료들 뒤로 숨을 수 없었기 때문이다.

▶ 직원들이 당신의 뜻대로 행동하도록 동기를 부여하려면 팀 내부에서 개인의 업무 진척을 측정할 수 있어야 한다.

▶ 개인의 성과를 정확하게 알아볼수록 더 좋다. 월별로 확인하는 것보다는 주별로 확인하는 것이 더 낫고 그보다 더 좋은 것은 매일 확인하는 것이다.

▶ 업무진척 상황은 각 개인이 아무 때나 볼 수 있어야 하며, 동료들이 늘 불러주는(당겨주기) 대신 직접 작성하는 것(밀어주기)이 가장 좋다. 그러면 이런 문화는 즉시 일상에 자리 잡을 것이다.

▶ 업무진척을 개인만 볼 수 있는 것도 무방하다. 실적을 공개하는 것이 어떤 의미가 있는지, 어떤 위험이 따르는지에 대해서는 뒤에서 다시 언급할 것이다.

집단적인 나태를 극복하라

────   집단적 나태의 경우도 적절한 조치
를 취해 올바른 방향으로 유도할 수 있다. 90년대 초반에 나는 라
스베이거스에서 유명한 마술사 랜스 버튼Lance Burton의 쇼를 보러
간 적이 있다. 내 자리는 맨 앞줄에 있었기 때문에 무대로 불려나
가는 행운 아닌 행운도 누렸다. 무대에서 나는 수건을 들고 랜스
버튼의 '조수 역할'을 해야 했다. 내 임무가 끝나자 그는 나에게
고개 숙여 진심으로 고맙다는 인사를 하고는 내 귀에 대고 속삭
였다. "끝날 때 기립박수 치는 것 잊지 마세요!" 쇼가 진행되는
동안 10명 정도는 나처럼 무대에 불려나갔는데 이들이 내려갈
때, 랜스 버튼은 한결같이 귀에 대고 뭐라고 속삭였다. 나에게 한
것과 똑같은 말을 한 것이 분명했다.

쇼가 끝났을 때, 우레와 같은 박수가 터지면서 나와 동시에 그
10명의 관객은 자리에서 일어났다. 그러자 곧 관객 전체가 일어
나 박수를 쳤다. 랜스 버튼이 기립박수를 받은 것이다. 눈속임의
대가大家로서 그는 당연히 자신의 쇼를 성황리에 마치는 데 두 가
지 심리적 술책을 삽입할 줄 알았다. 당신도 이 두 가지 술책을
곧 알게 될 것이다. 그것은 바로 상호주의 원칙으로 치장된 군중
심리다.

갑자기 무대에 올라간 관객은 우쭐한 기분이 든다. 물론 조금
수줍기도 하고 조금 불쾌한 기분이 들 수도 있다. 하지만 밤무대
의 권위자 옆에 선다는 것은 영예이기도 하다. 랜스 버튼은 우리
관객들에게 무대에서 뭔가 아주 귀중한 체험을 할 기회를 주었다
고 할 수 있다. 대중의 인정과 사회적 지위 같은 것으로 이른바

'5분간의 명성'이라고 할 수 있다. 그리고 우리는 받으면 줄 줄도 안다. 이런 이유로 우리는 기립박수에 대한 그의 바람을 기꺼이 충족시켜준 것이다.

바로 이 순간 우리가 이미 칼디아니의 수건실험을 통해 알고 있는 군중심리가 나타났다. 관객들은 다른 사람들이 기립박수를 치는 모습을 보고 그대로 따라 한 것이다. 홀 전체가 일어나 우레 와 같은 박수를 치는 데는 단지 앞장서는 몇 명만 있으면 되었다. 먼저 일어나서 박수를 치는 사람들이 쇼를 진행할 때 무대에 올 랐던 사람들이라는 것도 큰 도움이 되었다. 이들이 '평균관객'보 다는 서열상 조금 높다는 인식, 즉 무리의 지도자라는 인상을 주 었기 때문이다.

훌륭한 계획이나 공동으로 내린 결정을 성공적으로 추진하는 것은 대부분 이 군중심리와 관계된다. 이 때문에 계획을 설득할 때뿐이 아니라 그것의 실행과정에서도 이 중요한 효과를 조절하 며 아무것도 궤도에서 벗어나지 않도록 하는 것이 아주 중요하 다. 다만 세부적으로 들어가면 어려움이 따른다. 그래서 우리는 종종 직원들이 올바른 행동을 하도록 격려할 때, 잘못해서 군중 심리가 우리 의도에 역행하는 경우도 있다.

"우리 부서는 대체로 회의에 지각들을 하는데, 이대로 묵과할 수는 없어요! 정시에 참석하는 사람은 몇 명 안 되니 말이오." 부 서장이 회의시간에 목청을 높였다. "바꾸어야 합니다." 이후로 더 많은 직원이 시간을 정확히 지키지 않았다. 부서장의 말은 옳 았지만 그가 자신의 주장을 제대로 제기했다고는 볼 수 없다. 다 수의 행동을 지적함으로써 이것은 현상태가 되었고 직원들은 무의식중에 이 현상태에 맞추기 시작한 것이다. 이때 다수가 잘못 행동했다는 것은 큰 의미가 없다. 군중심리는 윤리적 또는 합리적 주장보다 더 큰 힘을 발휘하기 때문이다.

부서장이 흥분해서 나온 발언을 살짝 바꿔 "몇몇 사람이 계속 시간을 지키지 않는 마당에 우수사원이 모두 시간을 지킬 수는 없겠죠"라고 말했다면 더 좋았을 것이다. 주의할 것은 시간을 지키지 않는 사람은 다수가 아니라 일부라는 표현이며 그것도 우수사원은 아니라는 말이다. 이것은 사실왜곡과는 전혀 다른 것이다.

사회적 신뢰성은 다수를 통해서 나오기도 하지만 계급을 통해 나오기도 한다. 우리보다 한 단계 높은 지위에 있는 사람은 우리와 우리 주변사람들에게 방향을 제시하는 역할을 한다. 조금 높은 이 지위가 상급자처럼 계급적인 역할을 할 수 있다. 하지만 가령 더 많은 성과나 근무기간, 인정받는 전문적 권위 등 공식적인 측면은 큰 역할을 하지 못한다. 조심할 것은 칼디아니의 수건실험에서 보았듯이 누군가 우리와 비슷할수록 사회적 신뢰성은 더 원활하게 작용한다는 것이다. 지위를 넘어 군중심리가 작동하기 위해서는 계급적 차이가 작아야지 크면 안 된다. 계급적 차이가 클 경우 개인은 낯선 인상을 주고 '무리의 우두머리'로 기여하지 못한다. 랜스 버튼의 경우, 무대에 올라간 우리는 객석에 있는 나머지 사람들과 똑같은 관객이었지만 아주 조금 차이가 났다는 것이 중요하다.

원칙적으로 학교에서도 마찬가지다. 반에서 대장 노릇하는 아이가 새로 등장한 밴드의 노래를 들으면 모든 아이들이 멋지게 보이려고 따라 한다. 또 반에서 여자스타를 흉내 내는 아이가 새로운 헤어스타일을 하고 나오면 이것이 유행이 되어 모든 여자애들이 따라 하느라 바쁘다. 유행이란 것은 모두 군중심리와 다름없다. 개성을 뽐내는 아이들(개성주의자) 몇몇이 유난히 눈길을 끄는 장식을 하는 것은 아이들 전체를 따라오게 만들려는 것이다. 그러면 나머지 아이들도 의도적으로 그 장식을 흉내 내기 시작한다. 이들이 유행을 따르며 의도적으로 개성주의자를 모방하는 것은 자신도 개성 있게 보이려는 심리 때문이다. 이런 심리는 늦어도 30대말의 기성세대가 젊음을 과시하려는 의도에서 모방할 때쯤이면 깨진다. 늘 선두에 서기를 좋아하는 개성주의자는 주류사회가 따라올 때는 돋보이기 위해 뭔가 새로운 것을 찾아내야 한다. 이것은 개성주의자의 운명이라고 할 수 있다. 이들은 무조건 뒤를 따르는 군중들에게 늘 쫓기고 있기 때문이다.

그러므로 당신이 뭔가 흐름을 유도하려면 랜스 버튼처럼 해야한다. 군중심리가 나타나기를 가만히 기다리지 말고 다음과 같이 의도적으로 군중심리를 유도하라.

1| 다수와 비슷하면서도 긍정적인 특징으로 돋보이는 대상을 찾아내어 이들이 기준으로 작용하도록 해야 한다. 예컨대 특별한 경험이나 장기근속, 평균 이상의 능력 등으로 차별화되는 사람이면 좋다.
2| 이런 직원들에게 그들이 유난히 좋은 본보기가 되고 프로젝트나 계획을 위해 모범적인 기능을 할 수 있다고 알려주어라. 이런 식으로 높은 평가를 해준다(상호주의효과).
3| 그들을 보고 나머지 직원이 방향을 정하려고 할 때, 그들이 어떻게 행동해야 하는지 정확히 알게 하라(사회적 신뢰성).

제대로 효과를 내려면 다른 직원들에게 누가 모범 기준인지 강조해서는 절대 안 된다. 사회적 신뢰성은 저절로 작용하는 것이다. 단지 중요한 것은 선발된 이 동료들 자신이 무엇을 해야 할지 규칙적으로 보여주며 소통하는 것이고 다른 사람도 그들과 똑같이 행동하는 것이 좋겠다고 말하는 것이다.

그 밖의 적용사례

▶ 특별한 방법으로 오퍼를 작성해야 하는데 불완전하게 작성한 직원이 있다면, 다른 사람들은 늘 제대로 작성한다는 사실을 언급하라. 그리고 도움이 필요한 사람은 누구나 예를 들어 마이어 씨나 프라우 슐체를 만나보라고 말해준다.

▶ 나이 든 직원이 불편하다는 이유로 새 소프트웨어를 사용하지 않는다. 그런데 다른 직원들은 그 소프트웨어를 아무 문제 없이 사용한다는 사실을 지적한다고 할 때, 그들이 가령 더 젊거나 교육수준이 다르다고 하면, 다시 말해 그 나이 든 직원과 비슷하지 않다면 이 방법은 효과가 없다. 그럴 때는 그와 연령이나 교육수준이 비슷한 사람 중에 그 소프트웨어를 잘 다루는 사람을 보여주면 된다.

▶ 상사에게 마케팅 개념을 설득시키려면 그와 비슷한 개념으로 이미 성공을 거둔 비교 가능한 기업의 예를 제시하라.

▶ 사람들에게 특별한 행동방식을 반드시 가르쳐줄 필요는 없다. 그저 간단히 언급하는 것만으로도 충분할 때가 많다. 고객을 유치할 때는 다른 고객의 말을 인용하되 구체적인 그림을 보여주는 것이 가장 좋다. 1천 명의 말을 인용할 필요는 없고 고객들이 들려준 서너 가지의 반응을 실감나게 소개하면 사회적 신뢰성의 효과가 나타날 것이다.

평균에 대한 충동

─   우스꽝스럽게도 군중심리는 때로
평균을 지향한다. 누가 평균을 원하는가? 이런 현상은 '게으른
팀을 조심하라'에서 이미 인상 깊게 보았다. 첫 번째 단계에서 우
리는 고유한 동기를 부여하는 실적향상을 측정하기 위해 개인의
성과지표를 의도적으로 공개하지 않았다. 이어 두 번째 단계에서
는 평균적인 생산성과를 주간 단위로 공개했다. 예를 들어 1주일
동안 1인당 완성한 생산 개수, 오류율 등을 측정해 발표하는 식
이었다. 물론 개인적인 성과를 팀원들에게만 알렸지 완전히 공개
한 것은 아니다. 이 수치를 지침으로 보여주어 성과가 부진한 직
원들에게 군중심리를 자극하려는 의도였다. 실제로 평균에 못 미
친 하위 절반의 성과는 12퍼센트 포인트나 올라갔다. 안타까운
것은 평균 이상의 상위 절반도 평균을 지향하려는 경향을 보여주
어 성과가 7퍼센트 포인트가 떨어졌다는 점이다. 이것은 군중심
리의 흡인력이 양날의 칼이라는 것을 보여준다.

군중심리는 병을 부르기도 한다. 몸이 아파 결근한 일수를 주
간 단위로 게시한 기업의 예에서 놀랍게도 이 같은 현상이 입증
되었다. 이 방법은 사실 직원들에게 건강한 생활방식과 좀 더
안정적인 근무를 독려하기 위해 호의에서 나온 행동이다. 다만
안타깝게도 규칙적으로 나타난 결과는 자주 결근하지 않는 사
람들도 갑자기 질병 발생이 늘어났다는 것이다. 이들은 말하자
면 다수와 비교할 때, 자신이 며칠간은 '여유가 있다'는 생각에
그 다음에는 질병기간이 다소 늘어난 것이다. 그 밖에 다른 예를

보더라도 호의에서 나온 행동이 반드시 좋은 결과를 낳는 것은 아니다.

이때 간단한 비결 몇 가지만 있으면 전체가 평균을 지향하는 흐름을 피해갈 수 있다. 우리는 이미 군중심리가 계산적인 생각이 아니라 감정을 바탕으로 다수를 따른다는 것을 보았다. 사람의 뇌는 본능적인 결정을 할 때 다수의 행동을 계산하지는 않는다. 그러므로 당신은 무엇을 다수로 느끼는가를 판단해야 한다. 우리가 행한 실험에서는 성과가 갑자기 개선되었다는 것이 드러났다. 그리고 성과가 좋은 사람들은 팀 전체의 평균성과를 보여주지 않았을 때 실적이 떨어지는 현상이 줄어들었다. 대신 우리는 상위 4분의 1, 즉 최상위 25퍼센트의 평균 수치를 알려줌으로써 간단하게 수치를 향상시켰다. 이런 간단한 수법을 통해 감각으로 느끼는 평균치가 갑자기 높은 수준으로 올라간 것이다. 마찬가지로 결근일이 가장 적은 25퍼센트를 보여준다면 질병에 따른 문제도 개선할 수 있을 것이다.

여기서 한 걸음 더 나가 우리가 처음의 실험에서 실시했듯이 직원 또는 팀원들에게 그들 자신의 수치만 보여줄 수도 있다. 하지만 다수와 비교해서 자신이 어떤 위치에 있는지 보여주거나 군중심리를 이용하기 위해서는 다른 방법을 활용하면 된다. 가령 추가적인 방법을 동원해 성과가 상위 4분의 1에 해당하는 팀은 녹색 표시를, 그 다음부터 중간까지 분포하는 팀은 노란색, 그리고 중간 이하의 전체는 빨간 표시를 해주는 것이다. 이렇게 하면 성과가 좋은 팀은 잘했다는 것을 알지만 얼마나 잘했는지는 모른다. 또 절대적인 수치를 공개할 때보다 성과를 지연시킬 가능성이 줄어들 것이다. 평균 이하나 중간성과를 낸 팀은 자신들이 다수를 차지한다는 것은 알지만 감각으로 느껴지는 다수는 실적이 우수한 팀이기 때문에 자신들이 평균 이하라고 생각하게 된다. 여기서 실적향상에 대한 자극을 받게 된다.

위협하는 사람은 이미 진 것과 다름없다

—　　　　　　　　이상 거론한 기술은 실천의 확률과 속도를 높여주는 것들이다. 그렇다고 해도 동료나 직원, 부서장 스스로 복지부동하는 상황이 되풀이되는 것을 완전히 피할 수는 없다. 근본원인은 다양하다. 시간이 부족할 때도 많고 어쩌면 불안 때문에 많은 사람이 고집을 부리거나 편한 길을 택할 수도 있다.

입술을 깨물며 되풀이해서 포기해야 하는 상황이 올 때, 당신은 더 이상 자제하지 못하고 갑자기 감정을 폭발하며 위협을 가할지도 모른다. "당신이 하지 않으면 내가 해야 한다고!" 물론 이렇게 위협적인 발언이 도움이 될 때가 있다는 것을 전적으로 부인하지는 않지만 어떤 대가가 따르는지 생각해보았는가?

위협에는 몇 가지 함정이 있다는 것을 늘 염두에 둬야 한다.

1 | 위협은 악감정을 부르고 관계를 초토화시킨다.
2 | 일단 위협적인 표현이 나오면 상대는 앞으로 위협받을 수 있는 상황을 모면하려 할 것이고 당신의 잠재적 위협을 벗어나려고 애쓸 것이다. 따라서 위협은 1회적인 무기에 지나지 않는다.

3| 위협은 상대가 그것에 영향을 받을 때만 효력이 발생한다. 하지만 아무런 영향을 받지 않는다면 어찌 되겠는가? 아주 우스꽝스러운 처지가 되고 만다. "당장 그렇게 하지 않으면 사표를 쓸 거요." "좋아요, 사표 쓰세요." 이렇게 되면 난감해진다. 당연히 사표를 쓸 수는 있지만 그것은 결코 본래 의도한 바가 아니다.

4| 위협을 통해 상대에게 영향을 주는 것만으로는 충분치 않다. 당신 스스로 위협할 수 있는 용기와 힘, 능력이 있어야 한다.

5| 끝으로 가장 중요한 것! 위협으로 문제를 해결하려는 사람은 압박감을 주게 되고 이것은 언제나 자발적인 행동보다 못한 결과를 부른다. 또 강요받고 싶은 사람이 어디 있겠는가? 우리는 누구나 내가 원하는 대로, 상대가 자발적으로, 또 좋은 감정으로 해주기를 바란다.

그렇기는 해도 상대가 위협으로 받아들이지 않으면서도 교묘하게 상대를 압박할 수 있는 방법이 있다. 이를테면 상대에게 정말 고통스러울 수 있는 손실 시나리오를 설명해주는 것이다. 그것이 위협과 다를 게 무엇이 있느냐고 물을지 모르지만 사실 이작은 차이가 결정적인 효과를 가져다준다. 위협이란 처벌조치와 관련된 협박이라고 할 수 있다. "이렇게 하면(하지 않으면), 나는 이렇게 할 거요(하지 않을 거요)." 이에 비해 손실 시나리오는 뭔가를 하거나 하지 않는 것에 따른 논리적이면서도 가능한 결과를 설명해준다. "이렇게 하면(하지 않으면), 이러이러한 사태가 일어날 수(일어나지 않을 수) 있어요."

세무 서류의 처리를 자꾸 미루는 상사에게 서둘러 마무리 짓게 하고 싶은데 상사가 그 일을 처리하지 않을 때, 당신이 부서 이동 신청을 하겠다고 하든가 윗선에 전화를 하겠다든가 세무서에 신고하겠다고 하면 이것은 위협이라고 할 수 있다. 이때 당신이 세무 서류가 제대로 갖춰지지 않으면 회사에 큰 비용이 초래되고, 그 여파가 상사에게 미치는 것을 방지하고 싶다고 말해준다면 이것은 손실 시나리오의 방법이다. 또 다른 예를 들어보자. 크리스마스 파티에 도움이 필요한데 아무도 나서려고 하지 않는다. 이때 "아무도 도와주지 않으면 나도 팽개칠 거야. 그러면 파티고 뭐고 없는 거지"라고 말하면 위협이지만, 손실 시나리오는 이와 달리 "내가 하고 싶어도 나 혼자 파티를 준비할 수는 없어. 아무도 도와주지 않으면 파티를 포기할 수밖에 없다고"라고 말하는 것이다.

손실 시나리오에 대한 설명은 다음과 같이 세 가지 중요한 특징이 있다.

▶ 개인적인 감정을 배제하고
▶ 처벌에 대한 조치가 아니라 불가피하게 뒤따를 결과를 제시하며
▶ 누군가를 협박하지 않는 상태에서 원치 않는 결과를 피하기 위해 도움을 요청한다.

위협과 손실 시나리오의 차이를 놓고 시비가 일 수 있지만 거기에는 엄연한 차이가 있다. 언쟁이 달아오를 때, 위협적인 발언을 하고 싶은 유혹이 생기겠지만 위협으로는 아무 유익이 없다.

다음 장에서 보겠지만 위협에 대한 유혹은 사실 아주 쉽게 제거할 수 있다. 위협이 언제나 양측에 대치전선을 형성한다면 손실 시나리오는 그 반대라고 할 수 있다. 이것은 우리 자신과 상대의 이익에 똑같이 기여하기 때문이다.

7장

상대의
공격을
조심하라

▶▶▶　당신은 모든 것이 아무 문제가 없다고 생각한다. 일은 잘 진행되고 있고 주변사람들은 당신에게 호감을 보이며 고객들도 만족하고 있다. 바로 이런 상황에서 완전히 뜻밖에 눈앞이 캄캄해지는 사태가 발생한다. 다른 사람들이 갑자기 당신을 공격하는 것이다. 예기치 못한 공격일수록 아픔도 크다. 아마 어느 정도는 합당한 비판일 수도 있고 온갖 호의에도 불구하고 자아와 욕망, 안락, 불안 이 4대 행동동기를 주목하지 않아서 생긴 결과일 때도 많다. 상대의 공격이 합당하든 부당하든, 또 납득이 가든 안 가든, 그런 공격은 우리를 정상적인 궤도에서 벗어나게 만든다. 상대를 불안하게 만들고 자신의 우월한 지위를 이용해 사사건건 윽박지르는 사람은 언제나 있기 마련이다. 그리고 남보다 유리한 위치를 차지하기 위해 기회를 이용하거나 자신의 이점을 확보하기 위해 듣기 거북한 목소리로 목청을 높이는 사람들도 많다. 그러면 이쪽에서도 갑자기 상대 이상으로 반발할 수 있다. 그러므

로 재빨리 주도권을 되찾는 것이 최선의 대응방법이다.

빨리 안정을 찾아라

——   이런 상황에서 사람은 당연히 기를
쓰고 반격하면서 본능적으로 대응하려고 한다. 누군가가 우리에
게 소리를 치면 우리도 맞받아 소리를 지른다. 누군가 우리의 실
수나 무능력을 비난하면 우리도 그에 걸맞게 반격한다. 이러면
단기적으로는 성공할지 모르지만 대개는 복잡하게 뒤치다꺼리를
해야 한다. 이런 행동방식을 권장할 만한 것이 못되는 상황은 얼
마든지 있을 수 있다. 실생활에서는 상사나 회사의 주요 고객, 교
통 통제를 하고 있는 경찰관에게 화를 내거나 큰 소리로 무능력
을 비난할 때, 아무 이익이 없다는 것이 입증될 때가 많다.

어떤 방향에서 공격이 오든지 상관없이 가장 먼저 지켜야 할
대응규칙은 마음의 안정을 유지하고 평정심을 되찾는 것이다. 특
히 공격이 부당하거나 극도로 감정에 치우쳐 있을 때 이는 더 중
요하다.

그러므로 감정의 흐름에서 벗어나야 하며 무엇보다 당신 자신
의 감정을 털어내야 한다. 감정이란 주고받다 보면 똑같이 격해
지기 때문이다. 사람이란 화를 낼 수도 있고 실망하거나 불안을
느낄 수도 있으며, 이것은 인간적인 현상이기도 하다. 심리학자
들은 이미 수십 년 전에 트라우마를 다스리는 데 반드시 거치게
되는 네 가지 단계를 확인한 바 있다. 그리고 공격이란 트라우마
와 다를 것이 없다.

▶ 첫 번째 반응은 '의심'이다. 눈앞에서 벌어진 일을 현실로 인정하려 들지 않는다는 말이다.

▶ 그런 다음 '분노'가 찾아온다.

▶ 비로소 차츰 상황을 '수용'하기 시작한다.

▶ 이어 '거래'를 시작한다.

그러니까 대개 공격에 대한 반응의 절반은 아무것도 하지 않는데 시간을 보낸다고 할 수 있다. 감정적으로 처리하면서 완전히 비생산적인 반응을 보이는 것이다. 심리학자들이 권하듯이, 모든 단계를 의식적으로 '체험'하고 처리하는 것이 바람직하고 의미 있는 반응 태도라고 할 수 있다. 그리고 공격에 대처하는 데 여러 날이 걸리고 문제를 빨리 해결할 필요가 없을 때 이렇게 하는 것이 좋다. 하지만 대부분의 경우 이런 사치를 누릴 여유가 없다. 더 중요한 것은 첫 번째 단계인 '의심'과 '분노'를 가능하면 빨리 벗어던지고 전반적인 감정의 체험곡선을 대폭 줄이는 법을 스스로 깨닫는 것이다. '수용' 단계에 들어가면 이미 깊은 생각과 더불어 생산적인 반응이 시작된다. 일단 의심과 분노가 사실 감정적인 시간낭비에 지나지 않는다는 것을 깨닫는다면 그것을 포기하기는 더 쉬워진다. 다음으로 계속 거센 비판을 듣거나 맞서 싸워야 하는 상황이 온다면 당신 자신의 입장을 벗어나 외부적인 시각으로 관찰할 필요가 있다. 당신은 여전히 그 상황을 믿을 수 없고 놀라며 어리둥절할 것이다. 좋다. 어쨌든 그런 심리에서 벗어나라. 비난에 집중하지 마라. 일기예보에서 뭐라고 말했든 상관없이 비가 오는지 안 오는지, 30분 정도 하늘을 바라보라. 다 그럴 만한 이유가 있으니까 그런 일이 생긴 것이다. 상대의 입장을 생각할 여유가 있다면 쓸데없는 반응시간은 대폭 줄일 수 있다.

의심 다음으로 분노가 찾아오지만 이것도 다스릴 수 있다. 그리고 사람들이 흔히 생각하는 것보다 더 쉽다. 우리 인간이 쉽게 빠지는 동물적인 분노는 보통 과격해지고 대개 육체적인 반응으로 이어지는 경우가 많다. 당신은 화가 났을 때, 얼마나 자주 상대에게 달려드는가?

나는 그런 반응을 보이는 경우가 거의 없다. 당신이 화를 다스리거나 다른 방향으로 돌리는 법을 배웠다면 분노를 안으로 삭이거나 말로 응수할 수 있을 것이다. 물론 분노는 사람의 마음속에서 폭력반사를 일으키지만 얼마든지 억제할 수 있다. 마찬가지로 분노가 계속 남아 있을 때는 세련된 형태로 다듬어 긍정적인 힘으로 돌릴 수 있다. 상대의 감정적 흐름을 바꾸고 마치 고분고분한 개처럼 당신을 따르도록 하는 것이 간단하다는 것을 알 수 있을 것이다. 물론 이런 생각이 윤리적으로 논란의 여지가 있을 수는 있겠지만 상대의 분노가 그대로 터지도록 방치하는 것보다는 훨씬 낫다. 시각화하라는 말은 당신이 상대를 지배하는 모습을 그려보고 다음에 소개하는 방법으로 분위기를 돌리라는 뜻이다. 이 방법이 훨씬 재미있을뿐더러 단순히 대치된 상태에서 얼굴을 찌푸리는 것보다 훨씬 만족스러울 것이다.

우선 흔히 알려진 대로 상대가 실제로 원하는 것이 무엇인지 가만히 생각해본다. 시각을 바꿔서 생각해보고 상황을 이해하고 동기를 확인하는 것은 모두 우리가 알고 있는 방법들이다. 상대가 우리에게 목청을 높이는 까닭은, 감정상으로 뭔가 억눌리고 있다는 뜻이며 분노를 발산해야 하기 때문이다. 이런 상황에서 객관적으로 논증하거나 상대가 옳지 않다는 것을 설득하려는 것은 마치 러시아에 가서 중국어를 하듯이 소용없는 짓이다. 그 순간에 누가 옳고 그른가는 전혀 중요하지 않으며 문제는 상대를 조심스럽게 올바른 방향으로 유도하고 신중하게 상대의 분노가 어떤 형태로든 발산되도록 해야 한다는 것이다.

상대의 위협을 효과적으로 둔화시켜라

—   당연히 상대를 언제나 즉시 안정시킬 수는 없는 노릇이다. 정말 불쾌한 상대는 위협을 논쟁의 합법적인 수단으로 이용하는 사람들이다. 위협을 어떻게 다스릴 것인지는 이미 앞에서 언급했다. 그럼에도 불구하고 위협은 생각 이상으로 우리에게 영향을 준다. 위협은 아주 우스꽝스러운 경우가 아니라면 적어도 우리를 불안하게 만든다. 이때 당신은 절대 위협에 위축되어서는 안 된다! 당신에게 신체적인 폭력으로 위협하는 경우가 아니라면, 즉각 입장을 바꿔서 생각해보는 것이 중요하다. 독일 기업의 경우에는 이런 일촉즉발의 위기상황이 거의 일어나지 않기 때문에 냉정을 유지하는 것이 바람직한 태도다. 누군가에게 위협을 받는 즉시 당신은 이미 우위에 있을 수 있기 때문이다. 당신에게 무슨 일이 닥쳤는지 아는 상태에서 그 상황에 걸맞은 반응을 보일 수 있다는 말이다. 위협을 받을 때는, 공격을 받을 때와 마찬가지로 먼저 심호흡을 하고 처음의 두 단계, 즉 의심과 분노의 상태를 노련하게 뛰어넘는 자세가 필요하다.

그러고 나서 다음 세 단계를 거치면 된다.

시각화

위협은 대개 우리 마음속에서 대부분 불안반사나 아니면 적어도 갑갑한 느낌을 불러일으키기 때문에 먼저 그것에 대한 충격을 제거할 필요가 있다. 상대가 실제로 위협을 가할 때, 그것이 무슨 의미인지 간단하게 시각화해보라. 악감정이라고 해도, 알려진 것은 언제나 알려지지 않은 것보다 덜 위협적이다. 누군가 위협적인 자세를 보인다고 할 때, 대부분 전혀 위험하지 않거나 기본적으로는 우스꽝스러운 것으로 드러날 때가 많다.

평가

이제 상대가 그 위협을 정말 실행에 옮길 것인지 따져봐야 한다. 그리고 설사 실행한다고 해도 전체를 시각화해보고 좀 더 냉정하게 당신에게 어떤 결과가 생길 것인지 생각해보라. 최악의 경우, 무슨 일이 일어날 것 같은가? 어쩌면 사장을 찾아가 고충을 털어놓겠다고 당신을 위협할지도 모른다. 그러면 어떻게 될까? 최악의 사태가 벌어진다고 해도 사장에게 질책을 받는 것이 고작일 것이다. 그러므로 크게 협박받을 일은 아니다. 운이 좋으면 당신이 문제를 설명할 기회가 생기고 아무 일도 일어나지 않을 수도 있다. 변호사를 끌어들여서 위협한다면 오히려 고마운 일이다. 이것은 어쨌든 감정이 배제된 이성적인 전문가에게 문제를 맡긴다는 뜻이기 때문이다. 당신이 더 이상 상대의 고함을 들을 필요가 없기 때문에 고마운 것이다. 냉정하게 볼 때, 인간의 존재 자체를 해칠 수 있는 위협은 극히 드물다. 위협이란 것은 대부분 대

수롭잖은 아동극 같은 것이며 기껏해야 몇 가지 성가신 결과가
따를 뿐이다.

둔화

위협을 받을 때는, 원칙적으로 늘 고집스럽게 맞대응할 필요가
없다. 하지만 어떤 경우에도 위협을 둔화시킬 필요는 있다. 우선
위협에 절대 말려들어가지 않는 것이 성공적인 결과로 이어질 가
능성이 가장 크다. 그냥 무시하는 것이다. 이후 어떻게 행동할 것
인가는 전적으로 당신에게 달렸다. 양보할 수도 있고 입장을 바
꿀 수도 있다. 아무튼 이후 어떻게 행동할 것인가는 당신 스스로
선택한다는 사실을 분명히 밝혀라. 일단 위협에 영향을 받았다는
인상을 주게 되면 당신은 위협이 통하는 사람이 되기 때문이다.
위협을 가하는 상대가 그런 판단을 한다면, 앞으로도 멈추지 않
고 자신에게 이익이 된다고 생각할 때마다 위협이라는 수단을 이
용할 것이다. 그것이 알맹이가 없는 위협이거나 전혀 겁낼 필요
가 없다는 것을 알 때는 "그렇게 하세요"라고 말하는 것이 가장
효과적인 대응이다. 물론 이 말로 모든 인간관계가 해결되는 것
은 아니지만 위협을 가하는 상대는 그 방법을 포기할 것이다. 그
러면 믿을 수 없을 만큼 자유로워진다.

다행히 일상에서 위협이 문제가 되는 경우는 드물지만 합당한
비판에는 어느 정도 주의해야 한다. 이것도 자신에게 유리하게
활용할 수 있다.

주도권을 되찾아라

—   사람은 당연히 비판을 싫어한다. 하
지만 비판에 제대로 대처할 때, 비판받는 사람의 처지가 훨씬 좋
아진다는 것을 생각해보자. 고객만족도 조사에서 자주 확인되는
사실이지만, 불만을 제기한 고객은 기업 측에서 아주 친절하고
성의 있게 문제를 해결해주었을 때, 문제발생 이전보다 대부분
해당 기업에 더 만족하고 신뢰를 보낸다. 그렇다고 해서 고객만
족도를 높이기 위해 고객에게 문젯거리를 만들라는 말은 아니다.
다만 모든 문제에는 기회가 들어 있다는 것이다. 장기적으로 좋
은 관계는 단순히 즐거운 순간이 쌓여서 만들어지는 것이 아니라
서로 문제가 발생하고 그 문제를 해결해 나가는 과정에서 형성되
는 것이다.

당신도 분명히 이런 경험을 해보았을 것이다. 누군가 실수를
저질렀다. 당신은 무척 화가 나고 실수가 반복될수록 분노가 쌓
인다. 여러 날 아니면 여러 시간 어떻게 대응해야 할지, 뭐라고
말해야 할지 고민한다. 그러다가 드디어 참지 못하고 불만을 터
트린다. 그런데 상대는 놀랄 정도로 당신의 비판에 긍정적인 반
응을 보인다. 그러면 당신은 이전보다 그 사람과 더 좋은 관계를
유지할 것이다. 바로 이것이 비판에 대처하는 진정한 기술이다.

무엇보다 중요한 것은 당신이 다시 주도권을 쥐어야 한다는 것
이다. 이것은 당신이 여러 사람 앞에서 또는 비신사적인 방법으
로 공격받을 때 더 중요하다. 이 상황에서 반드시 기억해두어야
할 행동규범이다. 이런 행동으로 공감을 받지 못할지는 모르지만
일단 흥분을 진정시키는 것은 가치가 있는 일이다. 예를 들어 여

러 사람이 모인 자리에서 상사에게 비판을 받을 때, 직접 비판의 내용에 맞대응하지 않고 다른 측면을 제기하는 것이 좋다.

"그 말씀은 옳습니다만, 여러 사람이 모인 자리가 아니라 개인적인 대화를 하며 설명드릴 문제 같습니다."

물론 더 친절하고 더 비굴한 태도를 보일 수도 있다.

"그런 일이 벌어지지 않도록 정말 애를 썼는데요. 언제 따로 조용한 자리에서 마음에 안 드는 부분을 자세하게 말씀해주시면 좋겠습니다."

고객이 큰 소리로 불만을 털어놓으며 당신에게 화를 낼 때는, 정중하게 좀 더 차분하게 말하도록 유도할 수 있다.

"고객님의 관심사는 분명히 옳은 것입니다. 그렇기 때문에 문제를 냉정하게 봐야 해요."

물론 이 말도 더 부드럽게 표현할 수 있다.

"화를 내실 만도 하군요. 하지만 너무 빨리 말씀하셔서 문제가 정확하게 뭔지 잘 몰라 해결해드릴 수가 없네요. 처음부터 다시 천천히 말씀해주시겠어요?"

고객에게 자제를 요구하는 것이 아니라 본인의 문제를 더 빨리 해결하도록 길을 열어주는 것이다.

상대가 간단한 예의조차 지키지 않는 경우에도 전혀 어려울 것이 없다. 당신이 여러 사람 앞에서 놀랍고 불쾌한 일을 당할 때도, 전문가답게 냉정을 유지하기만 한다면 얼마든지 유연하게 그 상황에 대처할 수 있다. 큰 소리를 내는 사람은 대부분 냉정한 사람보다 미숙한 인상을 주기 때문이다. 화를 잘 내는 담즙질형 인간은 이런 이치를 모른다. 그러므로 당신 자신과 주변사람들만 알면 된다. 냉정을 유지하고 아무 반응을 보이지 않는다는 것은 무기력하거나 아무 대책이 없다는 말과는 전혀 다르다. 언제 행동하고 언제 행동하지 않을지 결정하는 사람이 주도권을 쥐기 마련이다.

당신은 당연히 그런 담즙질형의 생각을 돌려놓을 수 있다. 기본적으로 상대가 불쾌한 태도를 보일 때 효과적인 대응수단은 잘못을 지적해주는 것이다. 적어도 단기적으로는 이 방법으로 태도가 대부분 개선된다. 상대가 예의에 어긋나는 행동을 할 때는 그가 어떤 태도를 취했는지, 어떤 인상을 주었는지 말로 지적해주어라.

"불쾌하신 것은 이해합니다만 당신은 다른 사람들과 달리 언제나 침착하고 사려 깊은 분인 줄 알았는데요." 도발적인 말 같은가? 그렇지 않다. 최악의 경우 "내 입장을 생각해봐요"라는 말을 듣는 것이 고작일 것이다. 그런 다음이면 상대의 어조는 갑자기 부드러워질 것이다.

다음과 같은 말도 도움이 된다.

"평소에 문제가 생기면 침착하게 사실에 입각해서 대응해야 한다고 늘 말씀하시잖아요. 문제 자체에만 집중하면 해결이 될 것 같습니다만."

"언제나 노련하게 대응하시다가 오늘은 이렇게 흥분하시는 걸 보니 단단히 화가 나셨군요. 그러면 차근차근 문제를 짚어볼까요."

말을 살짝 바꿔주기만 하면 깨끗한 해결방법이 나온다. 특히 양자 대화를 할 경우에 적합하다. 가령 상사가 사무실에서 호되게 당신을 질책한다. 그럴 때는 충격을 받은 표정으로 상대를 바라보라. 그 옆으로 가서 놀란 눈으로 또 동물원에 새로 들여놓은 낯선 동물을 바라보듯이 조금은 흥미로운 시선으로 상대를 관찰하라. 간간이 어안이 벙벙한 듯 고개를 흔들어라. 조금 지나면 상사가 오히려 당황해서 당신에게 물어볼 것이다. "고개는 왜 흔드는 거요?" 또는 "할 말이 있는 거요 아니면 아무 생각이 없는 거요?"라고 말할지도 모른다. 천천히 고개를 조금 숙이고 상사의 눈을 들여다보면서 침착하고 부드러운 목소리로 말하라. "이러시는 모습은 처음 보네요. 이렇게 화를 내게 해서 정말 죄송합니다. 당장 그 문제를 해결하고 싶습니다. 그런 일이 다시 일어나지 않게 하려면 무엇을 바꿔야 할지 하나하나 살펴보는 것이 중요하겠지요." 이러면 그만이다. 주도권은 이미 당신 손으로 넘어온다. 당신이 앞으로 일어날 일을 미리 말했기 때문이다. 팽팽한 분위기가 싱겁게 바뀐 것이다. 실수를 저질렀다는 것을 당신이 시인한 것은 전혀 손해가 아니다. 앞으로 보겠지만 문제를 다시 당신이 유리한 쪽으로 돌려놓을 수 있다. 중요한 것은 당신이 잘못을 인정하고 갑자기 태도변화를 보였다는 것이다.

비판자를 편들기

—   이상과 같은 식으로 공격과 비판에
대처한다면 우리는 이전보다 더 나은 입지를 확보함은 물론 모든
것이 유리한 방향으로 전개되도록 할 수 있을 것이다. 이 방법은
'이해, 축소, 개선'의 세 단계를 거치면서 효과를 드러낸다.

'이해'란 상대가 무엇 때문에 공격하는지를 무조건 객관적으로
이해한다는 말이 아니다. 어쩌면 공격은 전혀 근거가 없을지도
모른다. 따라서 공격 자체가 중요한 것은 아니다. '정서적'으로
이해하라는 말이다. 우리 회사에서는 한동안 나이 든 컨설턴트를
고용한 적이 있는데, 기업자문 분야에서는 전문성이 떨어지는 사
람이었다. 흔히 일어나는 일은 아니지만 불만을 품은 고객을 진
정시켜야 할 때는 언제나 이 사람을 불렀다. 불만을 품은 고객과
대화한다는 것은 크게 보람을 느낄 만한 일은 아니었지만 그는
이런 일을 좋아했다. 그는 고객에게 아낌없이 시간을 들였고 부
드러운 어조로 말을 하면서 문제의 본질을 정확하게 간파하기 시
작했다. "고객님이 우리 회사에 100퍼센트 만족하는 것은 아니라
는 인상을 받았습니다. 정확하게 뭐가 문제인지 알고 싶군요." 그
러면 고객은 불만을 쏟아내기 시작했다. 나이 든 컨설턴트는 상
대의 말을 주의 깊게 들으며 이해한다는 듯 고개를 끄떡였고 마
치 환자를 배려하는 치료사처럼 중간에 깊은 관심에서 우러나는
질문을 했다.

"그 문제가 불거졌을 때, 느낌이 어땠나요? 그것이 고객님에게
어떤 결과를 가져왔는지요?" 또는 간간이 공감한다는 듯 말을 보

태며 고객에게 어떤 문제가 발생했는지 이해한다는 반응을 보였다. "어떤 기분인지 알 것 같습니다. 그런 일이 있어서는 안 되죠." 그러고는 고객의 변호사 노릇을 했다. "그 말씀을 그대로 전해도 되겠지요? 동료에게 그 말씀을 기꺼이 전달하겠습니다. 그런 일이 다시는 일어나지 않도록 말입니다."

사람 좋은 이 컨설턴트는 고객에게는 치료사와 변호사이자 아주 친한 친구 역할을 하면서 문제해결에 믿을 수 없는 성공률을 보였다. 그렇다고 모든 비판을 무제한적으로 시인해야 한다는 말은 아니다. 하지만 상대의 상황을 이해한다는 태도를 보일 때, 대치전선은 풀리며 얼마 지나지 않아 쌍방이 같은 편에 서게 된다. 공감을 하는데다 양측이 문제해결을 원하기 때문이다.

이 방법이 아주 효과적이고 또 쉽게 적용할 수 있다는 것을, 나는 최근에 자주 기차여행을 하면서 경험했다. 승객들이 타고 있는 이체에 ICE(독일고속전철)가 승강장에 멈춘 채 30분가량 지났을 때, 중간에 아무 일도 없었는데 열차가 고장 났으니 전원 하차하라는 안내방송이 나왔다. 승강장에 서서 다시 30분을 기다리자 열차는 예상했던 고장이 아니어서 계속 운행할 수 있으니 승차하라는 방송이 나왔다. 승객들은 완전히 기분을 망쳤고 이 혼란에 대해 최소한 해명할 책임이 있는 승무원들에게 분노를 쏟아냈다. 그때 다시 안내방송이 나왔다. "승객 여러분, 잠시 갈피를 못 잡은 데 대하여 진심으로 죄송하게 생각합니다. 여러분이 어떤 기분인지 잘 압니다. 또 저와 제 동료들도 이 사태에 여러분과 똑같이 화가 나 있다는 것을 아시리라 믿습니다. 우리는 이제 오로지 그동안 낭비한 시간을 만회하는 데만 전력을 기울이겠습니다."

기관사는 훌륭하게 고비를 넘겼다. 핑계를 대지도 않았고, 이해하는 태도를 보이면서 연대해서 문제를 해결하려는 자세를 드러냈다. 나라면 이런 사람을 즉시 채용할 것이다.

흔히 그렇듯, 여기서도 적용되는 법칙은 상대의 관점에서 문제를 바라보라는 것이다. 중요한 것은 누구에게 책임이 있는가가 아니라 상대의 기분이 어떤지, 문제발생에 대하여 어떻게 느낄지 이해한다는 것이다. 따라서 정서적으로 비판자의 편에 서는 것이 중요하다.

문제를 올바른 기준에서 바라보라

── 　　　　　　　　　그 다음 단계를 위한 최선의 출발점은 결과를 축소화하라는 것이다. 가볍게 대처하라는 말이 아니다. 사람은 본능적으로 비판을 깎아내리려고 한다. "보이는 것처럼 그렇게 심각하지는 않아요." 그렇지 않다. 상대의 관점에서 볼 때는 보이는 것처럼 심각한 법이다. 문제를 평가절하하면 당신은 해결에 실패하고 처음부터 다시 시작해야 할 것이다. 문제가 발생한 순간, 당사자는 크게 받아들이기 마련이다. 비판자의 편에 서는 것이 가장 좋다는 것만 생각하면 당신은 상황을 주도할 수 있을 것이다. 문제발생에 대하여 화를 내면 감정적으로 부풀려진다. 문제에 따른 결과는 처음 생각했던 것보다 사소할 때가 많다. 이제는 당신의 섬세한 감각에 달려 있다. 객관적인 영향이 실제로는 보기보다 작고 오히려 문제는 행동의 4대 동기인 자아와 불

안, 안락, 욕망 중 하나에서 불거진 거라면 당신은 그 영향을 상대와 공동으로 조명해볼 수 있을 것이다.

예를 들어 어느 여직원이 참조 수신인에 자신의 이름이 빠진 것을 보고 화를 낸다. 사실 이 때문에 받은 편지함에 불필요한 이메일이 적다면 기뻐해야 마땅하다. 하지만 참조 수신인에 들어간다는 것은 일종의 지위의 상징으로서 조금은 자신의 위치가 중요하다는 느낌을 받는다. 이때 당신은 관심과 배려의 차원에서 그로 인해 무슨 문제가 생겼는지 물어보라. "정말 미안해요. 그 때문에 별 문제가 안 생겼으면 좋겠어요. 그로 인해 어려움이 생겼나요? 그렇다면 말해줘요. 다시 작성해볼게요." 이러면 상대는 본인이 생각했던 것보다 사소한 문제라는 것을 재빨리 깨달을 것이다. 여기서 중요한 것은 원칙의 문제라고 할 수 있다. 원칙이란 '내 자아'에 대한 암호다.

순수하게 객관적인 문제라고 해도 일단 말로 표현한 다음에 좀 더 자세하게 들여다보면 비교적 사소한 경우가 종종 있다. 사람이 내뱉는 말은 지나치게 과장되었다는 것이 금세 드러나는 경우가 많다. "다수의 학생이 과제부과와 학습량에 대해 불만을 토로했습니다." 한 학생이 내가 제시한 학기말 리포트에 대해 이 같은 불만사항을 제기했다. 당사자와 대화를 해보니 '다수의 학생'이란 그 학생 본인과 리포트를 같이 준비해야 할 친구 두 사람이었던 것으로 드러났다. 이와 마찬가지로 고객 불만사항을 접할 때, '수없이 전화를 해도 통화가 안 되고'라는 말은 사실 한두 번 전화를 한 것에 불과하고, 잘못 배달한 것도(과오인도) '적어도 20회'라지만 알고 보면 3회였으며, '한 시간 이상 지체'도 확인해

보면 20분이었던 것으로 드러난다.

중요한 것은 문제를 평가절하하거나 손실이 없는 것으로 설명하는 것이 아니다. 문제를 좀 더 자세히 살피면 실제로 문제가 뭔지 양측이 분명히 파악하는 경우가 드물지 않다. 대개는 객관적으로 볼 때 일부가 문제로 불거진 것일 뿐이고 대부분은 인간의 4대 동기에서 기인하는 불합리한 측면에 해당하는 경우가 많다. 자신을 진지하게 대하지 않는다고 느끼는 고객(자아), 긴 보고서를 처리해야 하는 사장(안락), 손실에 대한 보상으로 쿠폰을 받으려고 하는 고객(욕망), 또는 뒤처질 것을 겁내며 정보를 얻지 못하는 직원(불안)을 예로 들 수 있을 것이다.

객관적인 불만의 근거가 사실보다 훨씬 적고 사실상 문제는 4대 동기에 있을 때, 당신은 종종 두꺼운 벽을 절감할 것이다. 한 팀장은 여러 직원이 자신의 '느슨한' 운영방식에 강한 불만을 제기했다는 말을 사장에게 들었을 때, 당연히 뭔가를 바꾸고 싶었다. 그래서 그는 문제가 있다면 직원들과 기꺼이 대화로 해결할 것이라면서 그 사람들이 누구냐고 물었다. "여기는 슈타지Stasi(구동독의 비밀경찰—옮긴이)가 아니야!"라는 말이 사장의 입에서 튀어나왔다. 이후 집중적인 코칭 과정에서 우리는 실제로 불만을 제기한 사람은 한 명뿐이며 팀장보다 나이가 많은데 대접을 받지 못한다고 느끼는 사람이라는 것을 확인했다. 사장은 그에 앞서 직원들에게 물어보고 나서 팀장이 훌륭한 사람이며 늘 직원들의 편에서 생각한다는 대답을 들었었다. 사장 자신보다 더 인기가 있는 팀장이란 말인가? 이런 생각이 든 사장은 자아의 반응이 지나치게 고조돼 의혹을 품을 수밖에 없었던 것이다. 의혹은 다른 의혹을 불렀고 갑자기 한 명의 불만과 다수의 긍정적인 평가가 합쳐 불만 덩어리로 바뀌었다. 당사자와 직접 대화를 하면 진실이 드러날지도 모르는 일이었다. 그래서 노골적으로 슈타지라는 말을 내뱉은 것이다. 따라서 당신은 노골적인 질책을 들을 때도 그 말에 반발할 필요가 없다.

당신은 그저 상대의 말에 귀를 기울이는 것을 최대의 임무로 여기는 심리치료사 같은 역할을 한다는 생각만 하라. 사람은 자신의 문제를 털어놓기만 해도 감정이 진정될 수 있다. 또 그렇게 함으로써 좀 더 자기인식을 하는 경우가 종종 있다. 하지만 앞에서 말한 대로, 섬세한 감각이 조금은 있어야 한다. 담즙질형 인간을 진정시키려다 문제가 발생했다면, 그래서 상대가 다시 분노를 터트린다면 별 도움이 안 된다.

현재 불거진 문제가 사소하다는 것을 보여주기 위해 훨씬 이례적인 다른 상황을 지적하는 것도 별 도움이 안 된다. 그런 상황은 틀짜기 효과가 적용되지 않는 드문 경우의 하나일 뿐이다. 의사가 심장마비 환자에게 이중 바이패스(우회로) 수술을 비관적으로 생각하면 안 된다고 말하고 나서 환자가 엉뚱한 이유로 사망한다면 이것은 좋은 전략이라고 할 수 없다. 가장 큰 고통을 받는 쪽은 환자인 것처럼 고통과 근심의 중심에 있는 사람은 비판을 가하고 불만을 제기하는 사람이다.

하지만 당신이 문제가 발생해 거기서 실제로 나타날 영향을 상대와 함께 관찰한다면 그 영향이란 것은 처음에 우려했던 것보다 대부분 사소한 경우가 많다. 그리고 비록 말로 표현은 안 했지만 의심이 가는 4대 동기(자아, 욕망, 불안, 안락)에서 비롯된 것일 수 있다.

외견상의 패배를 승리로 바꿔라

─   이제 문제는 구체적으로 개선하는 것이며 상대의 상황뿐 아니라 당신 자신의 상황까지 개선하는 것이다. 말하자면 이제 패배로 보이는 것을 승리로 바꾸라는 말이다. 분명한 것 한 가지는, 무슨 일이 됐든 언제나 책임질 사람은 있어야 한다는 것이다. 일요일 날씨가 예상과 달리 흐리다고 할 때, 우리는 일기예보와 기상학자들을 나무랄 수 있다. 금융위기가 닥쳤을 때, 탐욕스런 은행에 책임을 전가하고 지나친 국가부채를 비난하는 동안 사람들은 열심히 소비자신용을 받아들였다. 자기 아이가 3개월에 네 번씩 감기를 집 안으로 끌어들인다면 학교나 이웃집 아이에게 책임을 돌릴 수도 있고 아니면 옷을 제대로 껴입지 않은 아이 자신에게 책임을 지울 수도 있다. 책임질 대상을 찾는 것은 의미를 찾는 것과 같다. 그래야 문제를 파악하기가 쉽기 때문이다.

당신이 이미 정서적으로 상대의 편을 들었다고 해도 두 사람이 서로 상대를 비난하고 싶은 유혹은 클 것이다. 하지만 이것은 인간적으로 지극히 세련되지 못한 태도다. 처음에는 압박감에서 벗어날지는 모르지만 개운치 않은 뒷맛이 남는다. 기본적인 상황은 두 가지가 있다. 당신 스스로 일을 잘못 처리했거나 아니면 다른 누군가의 잘못이다. 그리고 뭔가 오해로 당신이 죄인 취급을 당하면서 화풀이 대상이 되기도 한다. 사실 문제는 실수 자체가 아니라 책임전가에 있다. 그리고 어떤 이유에서 당신은 이제 책임을 지고 문제를 해결할 위치에 있게 되는 것이다.

만약 당신이 실제로 잘못을 저질렀다면 그저 잘못을 인정하고 간단히 근거를 제시하라(의미부여)! 핑계를 대라는 말이 아니다. 실수를 인정하기를 싫어하는 사람이 많지만 실수는 인간적으로 보이게 해주고 공감을 사기까지 한다. 이 밖에 부드러운 효과를 내는 방법이 또 있다. 개 두 마리가 서로 싸울 때, 싸움에 진 개가 목을 드러내면 이긴 개는 더 이상 물지 않는다. 완전히 정신이상 증세가 있는 투견이 아니라면 공격을 멈추고 다시 관계는 회복된다. 바로 이런 효과를 당신도 이용할 수 있다.

동료 한 명이 보고서 완성을 잊었다는 이유로 당신에게 심하게 화를 낼 때, 당신은 자료가 부족하다든가 일이 너무 많다는 것을 이유로 들며 오랫동안 격렬한 논쟁을 할 수도 있고 아니면 간단히 인정할 수도 있다. "자네 말이 맞아. 내가 일을 망쳤어. 그 때문에 자네에게 문제가 생겨 정말 미안해. 사실 그동안 해야 할 일과 신경 쓸 일이 많았어. 핑계를 대는 것은 아니지만 악의가 없었다는 것을 알면 좋겠어. 앞으로는 이런 일이 일어나지 않도록 주의할게." 당신 스스로 잘못을 인정하는데 누가 계속 불만을 제기하겠는가? 이러면 아마 한두 마디 탄식을 늘어놓은 다음 다시 분위기는 회복될 것이다.

물론 당신이 똑같은 실수를 스무 번씩 저지른다면 이것은 예외다. 이때는 솔직하게 잘못을 인정해도 아무 도움이 되지 못할 것이다.

앞에서 개의 방식을 예로 들었지만 이것은 굴복과는 전혀 상관이 없다. 방향을 보여주고 해결책을 제시하는 것일 뿐이다.

솔직하게 책임을 인정하는 태도는 대개 계속 인정하지 않는 것보다 큰 도움이 된다. 단지 당신이 그 문제를 제대로 다룰 줄 안다는 것만 알려주면 된다. 수많은 고객만족도 연구를 통해 알 수 있는 것은, 변화가 가능한 상황에서 발생한 문제는 바꿀 수 없는 상황에서 나온 것보다 훨씬 사소하다는 것이다. "우리 컴퓨터 시스템이 문제예요"라는 말은 컴퓨터가 말썽이라는 내용과 함께 지속적인 문제가 있다는 암시를 한 셈이 된다. 이와 달리, "우리 컴퓨터 시스템이 문제예요. 하지만 지금 기술을 업그레이드하고 있어요"라고 말하면 일시적인 문제라는 것을 알린 것이고 희망을 보여준 셈이다. 따라서 책임을 받아들인 다음에는 희망을 전하라. 이래야 공감을 얻고 유능하게 보일 것이다. 바로 이렇게 간단한 요령으로 당신의 입장은 이전보다 오히려 더 나아질 수 있다. 그러므로 잘못에 대한 책임을 인정한 다음에는 끊임없이 해결책을 제시함과 동시에 해결을 위해 노력중이라는 신호를 보내라. 다음에서 보듯 잘못을 인정하는 태도에는 비판을 자신에게 유리한 쪽으로 돌리는 데 중요한 요소가 모두 들어 있다.

▶ 명백한 인정
▶ 사과
▶ 근거 제시
▶ 해결

"보고서에 정말 실수가 많아. 미안해, 사실 정신없이 바빴거든. 앞으로는 좀 더 시간을 들일게." 또는 "유감스럽게도 인도 과정에서 뭔가 잘못된 것 같군요. 정말 죄송합니다. 아마 재검 과정이 빠진 것 같습니다. 앞으로는 직원들에게 더 꼼꼼하게 검사하라고 지시하겠습니다." 실수는 인간적인 현상이며 대기업도 다를 것이 없다. 솔직하고 진지한 사과를 하려면 작은 용기가 필요하다. 하지만 이런 과정을 거쳐 당신은 상대의 신뢰와 호감을 얻을 것이다.

· 결론 ·
가장 중요한 것

지금까지 당신의 뜻대로 다른 사람이 행동하도록 만드는 수많은 방법을 다루었다. 모쪼록 당신의 목표를 달성하는 데 이 방법들이 도움이 되었으면 좋겠다. 매사가 그렇듯 훈련을 통해 달인이 나오는 법이다. 자주 적용할수록 더 직관적이면서도 더 효과적으로 활용할 수 있을 것이다. 모든 경우에 효과만점이라고는 할 수 없겠지만 분명 우리는 일상에서 이것을 자주 잊고 산다.

삶을 들여다보라. 혹시 특정한 누군가를 위해 더 많이 행동했거나 하고 있지는 않은가? 그 사람을 위해 평소라면 하지 않을 일을 하고 있는가? 바로 그이가 당신을 행복하게 만들어줄 사람이다.

행복은 너무 귀하고 쉽게 가버리기 때문에 우리 인간이 가진 것 중 가장 고귀하다. 그리고 행복은 선물로 받을 때 그만큼 더 값지다. 행복이란 사랑이나 가족을 통해서만 경험하는 것이 아니다. 일상적으로 소소한 행복의 순간들도 많다. 예상치 못한 감사 인사나 조그만 선물, 진심에서 우러난 칭찬, 힘들 때 기댈 수 있는 어깨 등 소소한 것들이 사람들을 행복하게 만들어준다. 모두 우리가 주변사람에게 제공할 수 있는 일상의 작은 행복의 순간들이다. 이런 순간을 발견할 수 있는 이유는 우리 인간이 감정이 메마른 로봇이 아니라 작지만 그만큼 중요한 감정 하나로도 상처받을 수 있는 존재이기 때문이다.

진심에서 우러나는 행복을 선물하면 상대 역시 똑같이 진심으로 우리를 위해 일할 것이다. 설사 그렇지 않다 해도 무엇이 문제인가? 다른 사람에게 작은 행복을 안겨주는 것보다 더 아름다운 것은 없다. 돈이 드는 것도 아닌데!

그런 의미에서 너무 자기만 내세우지 말고 행복한 순간을 만끽하면서 행복을 전파했으면 좋겠다.

· 감사의 말 ·

우선 아낌없이 사랑해주고 언제나 믿어주며 따뜻한 가정을 안겨준 소중한 아내에게 고맙다는 인사를 전한다. 아내는, 이 책에서 소개한 방법이 통하지 않는 몇 안 되는 사람 중 하나라는 사실이 무엇보다 고맙다. 그런데도 아내가 나를 인정해준 것이 이루 말할 수 없이 기쁘고 놀랍다. 사랑과 인내로 끝까지 기다려준 부모님께도 감사인사를 드린다.

언제나 미덥고 안전하게, 또 친절하게 독일 전국을 여행할 수 있게 해준 데 대해 독일철도(DB) 직원 여러분에게 진심으로 감사한다. 이 책은 대부분 숱한 독일 철도여행을 통해 나온 것이며 그를 통해 정말 흥미로운 사람들도 알게 되었기 때문이다.

그 밖에 직업적으로나 개인적으로 지원해준 모든 분에게 감사를 드린다. 그분들이 없었다면 지금의 나는 있을 수 없다. 일일이 이름을 대자면 누군가는 실수로 빠질 위험도 있을 테고, 그러면 빠진 분에게는 정말 미안한 일이 될 것 같아 이름을 언급하지는 않으련다. 고맙다는 인사는 만나서 전하기로 한다.

옮긴이_박병화

고려대학교 대학원을 졸업하고 독일 뮌스터 대학에서 문학 박사 과정을 수학했다. 고려대학교와 건국대
학교에서 독문학을 강의했고, 현재는 전문번역가로 일하며 저술활동을 겸하고 있다. 옮긴 책으로 《공정사
회란 무엇인가》, 《구글은 어떻게 일하는가》, 《유럽의 명문서점》, 《소설의 이론》, 《최고들이 사는 법》, 《하버
드 글쓰기 강의》, 《자연은 왜 이런 선택을 했을까》, 《석기시대 인간처럼 건강하게》, 《슬로우》, 《단 한 줄의
역사》, 《마야의 달력》, 《천국의 저녁식사》, 《십자가에 매달린 원숭이》, 《두려움 없는 미래》, 《에바 브라운
히틀러의 거울》, 《의사의 한마디가 병을 부른다》, 《사고의 오류》 등 다수가 있다.

생각의 역습

초판 1쇄 발행일 2015년 7월 31일

지은이 키스호르 스리다르
옮긴이 박병화
펴낸이 김현관
펴낸곳 율리시즈

디자인 Song디자인
종이 세종페이퍼
인쇄 및 제본 올인피앤비

주소 서울시 양천구 목4동 775-19 102호
전화 (02) 2655-0166/0167
팩스 (02) 2655-0168
E-mail ulyssesbook@naver.com
ISBN 978-89-98229-25-2 03190

등록 2010년 8월 23일 제2010-000046호

ⓒ 2015 율리시즈 KOREA

이 도서의 국립중앙도서관 출판시도서목록(CIP)은 서지정보유통지원시스템
홈페이지(http://seoji.nl.go.kr)와 국가자료공동목록시스템(http://www.nl.go.kr/kolisnet)에서
이용하실 수 있습니다.(CIP제어번호: CIP2015019767)

책값은 뒤표지에 있습니다.